中国教育学会中学语文教学专业委员会专家审定

礼　记

【一本关于仁义道德的教科书】

〔汉〕戴圣◎纂辑
《青少年经典阅读书系》编委会◎主编

首都师范大学出版社
CAPITAL NORMAL UNIVERSITY PRESS

图书在版编目(CIP)数据

礼记/《青少年经典阅读书系》编委会主编.—北京：
首都师范大学出版社,2011.12(2025 年 2 月重印)
（青少年经典阅读书系.国学系列）
ISBN 978-7-5656-0606-9

Ⅰ.①大… Ⅱ.①青… Ⅲ.①儒家 ②大学-青年读物
③大学-少年读物 Ⅳ.①B222.1-49

中国版本图书馆 CIP 数据核字(2011)第 256526 号

礼　记

《青少年经典阅读书系》编委会 主编

策划编辑　徐建辉
首都师范大学出版社出版发行
地　　址　北京西三环北路 105 号
邮　　编　100048
电　　话　68418523(总编室)　68908110(发行部)
网　　址　www.cnupn.com.cn
印　　厂　廊坊市安次区团结印刷有限公司
经　　销　全国新华书店发行
版　　次　2012 年 9 月第 1 版
印　　次　2025 年 2 月第 7 次印刷
书　　号　978-7-5656-0606-9
开　　本　710mm×1000mm　1/16
印　　张　18
字　　数　287 千
定　　价　63.00 元

总　序

Total order

被称为经典的作品是人类精神宝库中最灿烂的部分，是经过岁月的磨砺及时间的检验而沉淀下来的宝贵文化遗产，凝结着人类的睿智与哲思。在滔滔的历史长河里，大浪淘沙，能够留存下来的必然是精华中的精华，是闪闪发光的黄金。在浩瀚的书海中如何才能找到我们所渴望的精华，那些闪闪发光的黄金呢？唯一的办法，我想那就是去阅读经典了！

说起文学经典的教育和影响，我们每个人都会立刻想起我们读过的许许多多优秀的作品——那些童话、诗歌、小说、散文等，会立刻想起我们阅读时的那种美好的精神享受的过程，那种完全沉浸其中、受着作品的感染，与作品中的人物，或者有时就是与作者一起欢笑、一起悲哭、一起激愤、一起评判。读过之后，还要长时间地想着，想着……这个过程其实就是我们接受文学经典的熏陶感染的过程，接受文学教育的过程。每一部优秀的传世经典作品的背后，都站着一位杰出的人，都有一颗高尚的灵魂。经常地接受他们的教育，同他们对话，他们对社会、对人生的睿智的思考、对美的不懈的追求，怎么会不点点滴滴地渗透到我们的心灵，渗透到我们的思想和感情里呢！巴金先生说：“读书是在别人思想的帮助下，建立自己的思想。”“品读经典似饮清露，鉴赏圣书如含甘饴。”这些话说得多么恰当，这些感

总 序

Total order

受多么美好啊！让我们展开双臂、敞开心灵，去和那些高尚的灵魂、不朽的作品去对话、交流吧，一个吸收了优秀的多元文化滋养的人，才能做到营养均衡，才能成为精神上最丰富、最健康的人。这样的人，才能有眼光，才能不怕挫折，才能一往无前，因而才有可能走在队伍的前列。

《青少年经典阅读书系》给了我们一把打开智慧之门的钥匙，会让我们结识世界上许许多多优秀的作家作品，会让这个世界的许多秘密在我们面前一览无余地展开，会让我们更好地去感悟时间的纵深和历史的厚重。

来吧！让我们一起品读“经典”！

国家教育部中小学继续教育教材评审专家
中国教育学会中学语文教学专业委员会秘书长

丛书编委会

阅读导航

《礼记》为儒家经典“四书五经”中的“五经”之一，是中国古代一部关于典章制度名物的书籍，自汉以来的两千多年一直被整个专制王权社会奉为礼治的圭臬。

《礼记》是战国至秦汉年间儒家学者解释说明经书《仪礼》的文章选集，是一部儒家礼治思想的资料汇编。汉代把孔子删定的典籍称为“经”，其弟子及后学对“经”的解说是“传”或“记”，《礼记》因此得名，即对“礼经”的解释。到西汉前期关于传、礼经的著作共有一百三十一篇。相传，《礼记》一书是西汉礼学家戴德和他的侄子戴圣删节整理上述著述而编订成的。戴德选编的八十五篇本叫《大戴礼记》；戴圣选编的四十九篇本叫《小戴礼记》，即我们今天见到的《礼记》。这两种书各有侧重和取舍，各有特色。因《小戴礼记》立有学官，故将小戴本专称了《礼记》，并且和《周礼》《仪礼》合称“三礼”，著名学者郑玄为《小戴礼记》作了出色的注解，后来这个本子便盛行不衰，地位上升为“经”，到唐代被列为“九经”之一，到宋代被列入“十三经”之中，成为士人必读之书。

《礼记》的内容主要是记载和论述先秦的礼制、礼仪的内容及产生与变迁，记录孔子和弟子及他人的问答，记述修身做人的准则，论述如何以礼正确处理各种人伦关系等。这部九万字左右的著作内容广博，门类杂多，涉及政治、法律、道德、哲学、历史、祭祀、文艺、生活习俗、历法、地理等诸多方面，几乎包罗万象，集中体现了先秦儒家的政治、哲学和伦理思想，是研究先秦社会的重要资料。

《礼记》全书用散文写成，一些篇章具有一定的文学价值。有的用短小的生动故事阐明某一道理，有的气势磅礴、结构严谨，有的言简意赅、意味隽永，有的擅长心理描写和刻画，书中还收有大量富有哲理的格言、警句，精辟而深刻。《礼记》还结集了如《中庸》《大学》《礼运》等蕴涵深邃思想内容的学术论文，它们是中国学术思想史上的名作，影响极其深远，其中《大学》和《中庸》两章更位列“四书”，堪称经典中之经典。

礼，是体现儒家“仁”与“德”的各种社会规范，在中华民族历史上曾经是维系社会人群生活秩序的重要因素，是我们传统文化中色彩最浓厚、影响最深远的重要内容，在时下浮躁而对传统文化一知半解，甚至粗率地一概否定传统文化的风气之下，对正在建设和谐社会的现代中国人来说，礼文化仍有我们批判地借鉴，甚至批判地继承的成分。无论就个人生活习惯的培养、行为品格的塑造，或是对中国伦理学、社会学、政治学等的研究，《礼记》都应该是一部必读的经典。

诚然，《礼记》中有些封建糟粕，如强调建立在亲亲尊尊基础上的等级制度、繁饰礼乐、靡费财物的丧服制度与祭祀制度，以及宣扬男尊女卑等，这些对于近现代社会来说，早已失去了它们赖以存在的社会基础，对于今人已经成为无用的东西了。对于这些，读者当予以分析鉴别，仅可作为历史知识去了解。而《礼记》中许多说得很好的有关学习、教育、生活、修身养性和为人处世的道理，具有超越时空的永恒价值，对今人仍有教益，很值得认真研读。

孔子说：“不学礼，无以立。”意思是说，不学礼就没法立足于社会。中国号称礼仪之邦，如果我们给礼赋予现代意义的诠释，那么一个不讲礼的人，他就不足以成为堂堂正正的中国人。曾国藩也曾说过：“先王之道，所谓修己治人，经纬万汇者何归乎？亦曰礼而已矣。”他所说的“修己治人”、“经纬万汇”，那就是指小至个人修养，大到治国平天下，都应该包括在礼中，由此可见礼的内涵和外延，范围真是广泛而浩大，学习礼、实践礼也真是太重要了。

目
录

曲 礼 上

【原文】

《曲礼》曰：毋不敬，俨若思，安定辞，安民哉。

【译文】

《曲礼》说：做事情不要不慎重，神态要庄重得若有所思的样子，说话时神情安详而言辞确定，这样才能使民众安定。

【原文】

敖不可长[1]，欲不可从，志不可满，乐不可极。

【注释】

①敖：通“傲”，傲慢。

【译文】

傲慢不能滋长，欲望不能放纵，志意不能自满，享乐不能过度。

【原文】

贤者狎而敬之[1]，畏而爱之。爱而知其恶，憎而知其善。积而能散，安安而能迁。临财毋苟得，临难毋苟免，很毋求胜，分毋求多，疑事毋质[2]，直而勿有。

【注释】

①狎：亲近。

②质：判定，证明。

【译文】

对于贤能的人要亲近并且尊敬，敬畏并且爱戴。对于爱戴的人要知道他的短处，对于憎恨的人要知道他的优点。能积聚财产又能分散救济贫困，能安于现实又能适应变迁。遇到财物不要随便据为己有，遇到危难不要轻易躲避，与人争执不必追求胜利，分派财物不要求多得，有怀疑的事情不要臆断，已经明白的事情不要自夸知道。

【原文】

若夫坐如尸[1]，立如齐[2]，礼从宜，使从俗。

【注释】

①若夫（fú）：如果。夫，语气助词。

②齐（zhāi）：通“斋”，斋戒。

【译文】

如果要做到坐着像受祭的人一样端正，站着像处于斋戒中一样恭敬，礼应该适当，出使到国外要遵从当地的风俗。

【原文】

夫礼者，所以定亲疏、决嫌疑、别同异、明是非也。礼，不妄说人[1]，不辞费。礼，不逾节，不侵侮，不好狎。修身，践言[2]，谓之善行。行修，言道，礼之质也[3]。礼闻取于人，不闻取人；礼闻来学，不闻往教。

【注释】

① 说（yuè）：后写作“悦”，喜欢，高兴。

②践：履行，实践。

③质：内在、本性。

【译文】

礼啊，是用来确定亲近疏远、判断疑惑怀疑、区别相同与不同、明辨正确与错误的。依照礼而言，不随便取悦于人，不说没有用的话。依照礼而行，不僭越节度，不侵犯、怠慢，不因喜欢而亲近显得不庄重。提高自身修养，履行诺言，这就是所谓的良好品行。品行得到完善，并且言谈符合常理，这就是礼的本质啊。关于礼的学问，只听说过从别人身上取法学习，没听说过自己能够体会出来的；只听说过不懂的人前来投师学习，没听说主动上门去传授的。

【原文】

道德仁义，非礼不成；教训正俗[1]，非礼不备；分争辨讼，非礼不决；君臣、上下、父子、兄弟，非礼不定；宦学事师[2]，非礼不亲；班朝治军[3]，莅官行法[4]，非礼威严不行；祷祠祭祀，供给鬼神，非礼不诚不庄。是以君子恭敬、撙节[5]、退让以明礼。鹦鹉能言，不离飞鸟；猩猩能言，不离禽兽。今人而无礼，虽能言，不亦禽兽之心乎？夫唯禽兽无礼，故父子聚麀[6]。是故圣人

【注释】

①训：规范，准则。

②宦学：出外游学。

③班：排列。

④莅：临，从上监视着，统治。

⑤撙（zǔn）：节制，抑制。节：节制，节约。

⑥聚麀（yōu）：指兽类父子共一牝的行为。

作，为礼以教人，使人以有礼，知自别于禽兽。

【译文】

道德仁义，没有礼就不能成其为道德仁义；教导民众规范准则、纠正风俗习惯，没有礼就不能完备；分解争辩、辨别争讼，没有礼就不能决断。君主和臣下，地位高的和地位低的，父亲和儿子，哥哥和弟弟，他们之间的名分，没有礼就不能确定；出外游学、侍奉老师，没有礼就不能做到亲密；排列朝廷上的等级、治理军队、监督官员、行使法律，没有礼就不能树立威严；到祠堂祈祷祭祀，供奉鬼神，没有礼就显得不真诚、不庄重。这就是君子用恭敬慎重、节制退让来阐明礼的原因啊。鹦鹉能学舌，但是脱离不了飞鸟的范畴；猩猩能言语，但是脱离不了禽兽的范畴。现在作为人而不懂礼，虽然能说话，不也是禽兽的心态吗？只有像禽兽一样没有礼，才会出现父子共妻这样的现象。所以圣人兴起时，就制作礼来教导人们，使人们因为有礼，知道把自己和禽兽区别开来。

【原文】

太上贵德[1]，其次务施报。礼尚往来：往而不来，非礼也；来而不往，亦非礼也。人有礼则安，无礼则危，故曰："礼者，不可不学也。"夫礼者，自卑而尊人，虽负贩者，必有尊也，而况富贵乎？富贵而知好礼，则不骄不淫；贫贱而知好礼，则志不慑[2]。

【注释】

①贵：重视，崇尚。

②慑：恐惧，害怕。

【译文】

上古时代崇尚"德行"，后来才逐渐讲究施惠和报答。礼提倡往来：此人前往施惠而彼受惠者不来报答，不符合礼的要求；彼人来施惠而此人不前往报答，也不符合礼的要求。人有礼社会就安定，没有礼社会就会产生危险，所以说："礼啊，是不可不学的。"礼的原则，就是要求自己谦卑而尊重别人，即使是挑担子卖东西的人，也必然有尊严，更何况富裕显贵的人呢？富裕显贵的人如果懂得喜好礼，就不会自满和无节制；贫苦而地位低下的人如果知道喜好礼，就不会因为胆怯屈服而改变志向。

【注释】

①冠（guàn）：古代的一种礼仪，男子二十岁举行冠礼，表示已经成人。

②谢：推辞。

③几：矮而小的桌子，用以放置东西或倚靠休息。

④安车：可安稳乘坐的小车。

【原文】

人生十年曰幼，学。二十曰弱，冠[①]。三十曰壮，有室。四十曰强，而仕。五十曰艾，服官政。六十曰耆，指使。七十曰老，而传。八十、九十曰耄，七年曰悼，悼与耄，虽有罪，不加刑焉。百年曰期，颐。大夫七十而致事，若不得谢[②]，则必赐之几杖[③]，行役以妇人，适四方乘安车[④]，自称曰老夫，于其国则称名，越国而问焉，必告之以其制。

【译文】

人十岁的时候称为“幼”，开始学习。二十岁的时候称为“弱”，举行冠礼。三十岁的时候称为“壮”，结婚成家。四十岁的时候称为“强”，可以担任官职。五十岁的时候称为“艾”，可以主持行政大事。六十岁的时候称为“耆”，可以指使别人做事。七十岁的时候称为“老”，可以传授宗庙祭祀事务给后辈。八十、九十岁的时候称为“耄”，七岁称为“悼”。处于“悼”和“耄”年龄的人即使触犯法律，也不施加刑罚。一百岁的时候称为“期”，应保养休息。大夫到七十岁应该结束做官生涯了。如果辞官没有得到允许，那么就必然赐给他桌几、拐杖，因公事外出时要派着妇人跟随照料，到各地去视察，乘坐着安稳的车子。可以自称“老夫”，但是在国内就要称名字。在别的国家被提问，一定要告诉本国的典章制度给他们。

【注释】

①从：往。

【原文】

谋于长者，必操几杖以从之[①]。长者问，不辞让而对，非礼也。

【译文】

和年长的人商量事情，一定要拿着桌几、拐杖前往。年长的人问话，不谦让就回答，那就不符合礼。

【原文】

凡为人子之礼，冬温而夏凊①，昏定而晨省②，在丑夷不争③。

【注释】

①凊（qìng）：寒冷，凉。

②省（xǐng）：探视，问候。

③丑：同类。夷：平辈。

【译文】

凡做儿子之礼，在于冬天要使父母感觉温暖、夏天使父母感觉凉爽，傍晚的时候要为父母整理床铺，早晨的时候要向父母问安，在平辈之间不与人争斗。

【原文】

夫为人子者，三赐不及车马①，故州闾乡党称其孝也，兄弟亲戚称其慈也，僚友称其弟也②，执友称其仁也③，交游称其信也；见父之执，不谓之进不敢进，不谓之退不敢退，不问不敢对：此孝子之行也。

【注释】

①三赐不及车马：三赐，即"三命三赐"，命是官的品级；这句话的意思是，即使做了三命的官，却也不敢享用父亲不能享用的车马，所以不受。

②弟：通"悌"，敬顺兄长。这里指以对兄长的态度来对待同僚。

③执友：志同道合的朋友。

【译文】

做儿子的人，做三命之官而不接受赏赐的车马。因此州闾乡党的人都称赞他的孝顺，兄弟和亲戚都称赞他的慈爱，一起做官的人和朋友们都称赞他的孝悌，志同道合的朋友都称赞他的仁爱，和他交往的人都称赞他的信用。见到和父亲志同道合的朋友，他不说上前就不敢上前，不说退下就不敢退下；没有问话，不敢发言。这就是孝子应有的行为啊。

【原文】

夫为人子者，出必告，反必面，所游必有常①，所习必有业，恒言不称老。年长以倍，则父事之；十年以长，则兄事之；五年以长，则肩随之②。群居五人，则长者必异席。

【注释】

①常：常规，经常不变。这里指出游有规律，总去一定的地方，以免父母担心。

②肩随：并行而稍居后，表示谦逊。

【译文】

做儿子的人，从家里出去必须告知父母，从外面回家必须面见父母，出游必须有规律，所学的必须是正业。平常说话不称自己“老”。对于年纪比自己大一倍的人，就像侍奉父亲那样侍奉他，比自己大十岁的人就像侍奉兄长那样侍奉他；比自己大五岁的人，就可以与他并行而稍微靠后一些。五个人坐在一块儿，就必须要为年纪最长的人另外设立席位。

【注释】

①奥：屋子里的西南角，引申为隐蔽、机要的地方。

②食飨：宴请宾客。

③訾（zǐ）：毁谤，诋毁，非议。

【原文】

为人子者，居不主奥[①]，坐不中席，行不中道，立不中门，食飨不为概[②]，祭祀不为尸。听于无声，视于无形。不登高，不临深。不苟訾[③]，不苟笑。孝子不服暗，不登危，惧辱亲也。父母存，不许友以死，不有私财。

【译文】

做儿子的，起居不能占据屋中西南角的位置，坐不能坐在席子的中间，走路不能走在路的中间，站不能站在门的中间，宴请宾客时不能做主事，祭祀的时候不能做受祭的人。在与父母的日常相处中，能在无声中听到自己应该听到的，能在无形中看到自己应该看到的。不攀登高的地方，不去到低洼的地方。不随便诋毁别人，不随便嬉笑。孝子不做暗事，不登临危险的地方，担心辱没父母的名声。父母在世的时候，不能对朋友许死，不能私存钱财。

【注释】

①纯（zhǔn）：衣服鞋帽的镶边。

②孤：未婚娶而父已亡故。

【原文】

为人子者，父母存，冠衣不纯素[①]。孤子当室[②]，冠衣不纯采。

【译文】

做儿子的，父母在世的时候，帽子、衣服不能是白色的镶边。父亲去世自己主持家务，帽子和衣服不能是彩色的镶边。

【原文】

幼子常视毋诳。童子不衣裘、裳。立必正方，不倾听。长者与之提携，则两手奉长者之手。负，剑[①]，辟、咡诏之[②]，则掩口而对。

【注释】

①剑：指挟在身旁。

②咡：口旁，两颊。

【译文】

对幼小的孩子应该时常用正确的东西来教育他而不要欺骗他。儿童不能穿皮衣。站的时候必须端正，不能侧着身子听别人说话。年长的人伸手要后辈搀扶，后辈就必须两只手捧着年长的人的手。长者在胁下夹抱儿童或者探身在儿童耳边吩咐事情时，儿童要用手遮住嘴巴来回答。

【原文】

从于先生，不越路而与人言。遭先生于道，趋而进[①]，正立拱手。先生与之言则对，不与之言则趋而退。从长者而上丘陵，则必乡长者所视[②]。

【注释】

①趋：小步快走，表示恭敬。

②乡（xiàng）：通“向”，面对着，面向。

【译文】

跟着老师一块儿走路，不能走到前面去和别人说话。在路上遇到老师，应该小步迅速地走到老师面前，站直身子向老师拱手致意。老师和你说话你就回答，不和你说话就小步迅速地退下去。跟随年长的人登山，必须面向着年长的人所看的方向。

【原文】

登城不指，城上不呼。将适舍，求毋固。将上堂，声必扬。户外有二屦[①]，言闻则入，言不闻则不入。将入户，视必下，入户奉扃[②]，视瞻毋回[③]。户开亦开，户阖亦阖。有后入者，阖而勿遂。毋践屦，毋踖席，抠衣趋隅[④]，必慎唯诺。

【注释】

①屦（jù）：用麻、葛制成的鞋。

②扃（jiōng）：从外面关门的门闩。

③瞻：往上或往前看。
④抠：提起。

【译文】

登临城楼不能指指点点，在城楼上不能大声呼叫。将要到别人家里的时候，要求不要像平常那样的随便。将要进正屋的时候，必须传出声音让人知道。看到门外有两双鞋子，如果听到屋里有人说话就进去，听不到说话就不进去。将要进门的时候，必须看着下方。进门以后要双手捧着门闩，看着前方不要向四周看；门原来开着的就让它开着，如果门原来是关着的就再把它关上；如果后面还有人跟着要进来，关门时就要慢慢地而不可随即把门完全关上。不要踩在别人的鞋子上，不要跨过别人的坐席，要提起衣裳小步迅速走到席角去登席。言谈时必须谨慎地应答。

【注释】
①闑（niè）：门橛，即大门中竖立的短木。
②阈（yù）：门槛。

【原文】

大夫、士出入君门，由右闑[①]，不践阈[②]。

【译文】

士大夫出入国君的门庭，要从门橛的右侧走，出入时不得踩踏门槛。

【注释】
①肃：邀请，引导。
②拾（shè）级聚足：上台阶时，前脚登一阶，后脚跟上与前脚并立。

【原文】

凡与客人者，每门让于客。客至于寝门，则主人请入，为席，然后出迎客。客固辞，主人肃客而入[①]。主人入门而右，客入门而左。主人就东阶，客就西阶。客若降等，则就主人之阶。主人固辞，然后客复就西阶。主人与客让登，主人先登，客从之，拾级聚足[②]，连步以上。上于东阶，则先右足。上于西阶，则先左足。

【译文】

凡是主人与客人在一块儿，每走到一个门前主人都要让客人先进。当与客人走到卧室门前时，主人要请客人稍等，自己先进去整理坐席，然后出来迎接客人进去。客人坚持推辞的时候，主人就引导客人让他进来。主人进门后向右边走，客人进门后向左边走。主人走路靠近东边台阶，客人走路靠近西边的台阶。客人的地位如果低于主人，就要到主人的台阶前（准备随主人上堂），主人坚决推辞，然后客人回到西边的台阶。登阶之前主人和客人谦让一番，然后主人就先登阶，客人跟在后面，一级一级台阶、一步一步往上走。在东边台阶就先上右脚，在西边台阶就先上左脚。

【原文】

帷薄之外不趋①。堂上不趋。执玉不趋。堂上接武②。堂下布武③。室中不翔④。并坐不横肱。授立不跪。授坐不立。

【注释】

①帷：围在四周的幕布。

②武：脚印。

③布：分开。

④翔：盘旋地飞，在这里指随便走动。

【译文】

在幕布帘子外面不能小步快走。正屋里面不能小步快走。拿着玉器不能小步快走，正屋里面走路要小心翼翼。正屋外面走路就可以大步。屋子里不要随便走动，一起坐的时候不能把手臂横着。给予东西时，对方站立着自己就不用跪下，对方坐着自己就不要站立着。

【原文】

凡为长者粪之礼①，必加帚于箕上。以袂拘而退，其尘不及长者。以箕自乡而扱之②。奉席如桥衡，请席何乡，请衽何趾。席南乡，北乡，以西方为上；东乡，西乡，以南方为上。

【注释】

①粪：扫除，除去秽土。

②乡：通“向”。下同。扱（xī）：收取。

【译文】

凡是为长者扫除之礼，必须是把扫帚放在箕斗上面两手捧着前往。扫除时，要用衣袖遮住灰尘而向后退着扫，使尘土不飞扬到长者身上。用箕斗装尘土的时候，要向自己这边扫。捧席子给长者时，要使席卷像桥梁一样横着，铺席时要请教长者坐席应该面朝哪个方向，卧席脚那头应该朝着哪个方向。席子如果朝南或朝北方向，就以西边为尊；如果朝东或朝西方向，就以南边为尊。

【原文】

先生书策琴瑟在前，坐而迁之，戒勿越。虚坐尽后，食坐尽前。坐必安，执尔颜。长者不及，毋儳言[1]。正尔容，听必恭。毋剿说[2]，毋雷同。必则古昔，称先王。侍坐于先生，先生问焉，终则对。请业则起，请益则起。父召无诺，先生召无诺，唯而起。侍坐于所尊，敬毋余席。见同等不起。烛至，起。食至，起。上客，起。烛不见跋[3]。尊客之前不叱狗。让食不唾。

【注释】

①毋儳（chán）言：如长者正谈论甲事，少者不得忽然以乙事打岔插入。

②剿（chāo）：套用引用别人说的话以为己说。

③跋：火把的柄。

【译文】

有老师的书策琴瑟在前面，弟子就要跪着绕行过去，千万别从上面跨过去。闲坐的时候，尽可能地靠后面坐；吃饭的时候，尽可能地靠前面坐。坐着的时候，必须安稳，控制自己的面容表情。长者没有同你谈话，就不要随便插话。要端正自己的仪容，倾听必须恭敬。不要把别人的话拿来当成自己的来说，不要什么都和别人相同。必须效仿古代的先贤，在话语中引用先前帝王的言论。在老师身边陪坐的时候，老师问到什么，等他说完了再回答。向老师请教学业上的问题，就要站起来；请求老师讲更多的东西也要站起来。对于父亲呼唤不能只口头上答应，老师呼唤也不能只口头上答应，要答应着并且站立起来。在尊敬的人身边陪坐的时候，要尽量靠近他，中间不要有空余的席位。见到和自己地位相当的人进来，不需要站起来。晚上，有人点了火把送来的时候，要站起来。到吃饭时，有人把食物送来的时候，要站起来。有尊贵的客人来到的时候，要站起来。火把不能烧到柄了，才拿去更换。在尊贵的客人面前，不能大声呵斥狗。向客人让食的时候，不能吐唾沫。

【原文】

【注释】

①欠：哈欠，疲倦时张口出气。

②撰：持，拿。

③莫（mù）：日落的时候。

④屏（bǐng）：退，隐退。

⑤鬀（tì）：通“剃”，剃发。

侍坐于君子，君子欠伸[1]，撰杖屦[2]，视日蚤莫[3]，侍坐者请出矣。侍坐于君子，君子问更端，则起而对。侍坐于君子，若有告者曰："少间，愿有复也。"则左右屏而待[4]。毋侧听，毋噭应，毋淫视，毋怠荒，游毋倨，立毋跛，坐毋箕，寝毋伏，敛发毋髢[5]，冠毋免，劳毋袒，暑毋褰裳。

【译文】

在君子身边陪坐，他打哈欠伸懒腰，并且拿过来拐杖和鞋子，看天色的早晚，陪坐的人就应该请求退下了。在君子身边陪坐，如果君子转换话题问别的事情，就应该站起来回答。在君子身边陪坐，如果有人告诉他说："等一下，希望能向您报告。"那周围的人都应退下去等待。不要侧身倾听说话，不要号呼着答应，不要一直盯着别人看，不要懒惰松懈放纵自己。走路时不要显得傲慢，站立时不要偏斜，坐的时候不要像箕斗一样分开两脚，睡觉的时候不要趴着身子。头发要束好，不要剃发，戴着帽子的时候不要把帽子脱下，劳动的时候不要脱去上衣袒露身体，天气炎热的时候不要撩起衣服。

【原文】

侍坐于长者，屦不上于堂，解屦不敢当阶。就屦，跪而举之，屏于侧。乡长者而屦，跪而迁屦，俯而纳屦。

【译文】

在年长的人身边陪坐，不能穿着鞋子进正屋，不能在台阶上面解鞋带。穿鞋子的时候，跪下来拿着鞋子退到一边去穿。为长者穿鞋子的时候，要面对着长者，跪下来拿过鞋子，俯下身子穿上鞋子。

【原文】

【注释】

①参：参与，这里有挤身上前的意思。

②椸（yí）枷：椸，衣架；枷，通"架"，衣架。

③币：古人用作礼物的丝织品，这里指聘礼。

④取：通"娶"。

离坐，离立，毋往参焉[①]。离立者不出中间。男女不杂坐，不同椸枷[②]，不同巾栉，不亲授。嫂叔不通问。诸母不漱裳。外言不入于梱，内言不出于梱。女子许嫁，缨，非有大故，不入其门。姑、姊妹、女子子已嫁而反，兄弟弗与同席而坐，弗与同器而食。父子不同席。男女非有行媒，不相知名。非受币[③]，不交不亲。故日月以告君，齐戒以告鬼神，为酒食以召乡党僚友，以厚其别也。取妻不取同姓[④]，故买妾不知其姓则卜之。寡妇之子，非有见焉，弗与为友。

【译文】

见到有两个人并坐或者并站在一起，就不要再到那儿挤了。见到两个人并站在一起，不能从他们中间穿过去。男女不能混杂坐在一起，男女不能共用一个衣架，不能共用手巾、梳子、篦子，不能亲手给予东西。嫂子和小叔子不能往来问候，女性长辈不能给晚辈洗衣服。男人在外面的职事不要传到家中的女性，家中的女人们的职事也不要拿来烦扰男人。女孩子许嫁了，举行笄礼，没有什么重要的原因，不能到她家里去。女子已经出嫁返回娘家的，兄弟不能和她同席坐在一块儿，不能和她共用餐具吃饭。父子也不同席坐在一块儿。男女之间没有经过媒人的介绍，不能互相知道姓名。女家没有接受男家的聘礼，双方不交往相亲。因此把结婚日期报告给国君，用斋戒来告慰鬼神，准备酒和食物来招待乡亲、同事和朋友，用来强调这之间的分别。娶妻不能娶同一姓氏的女子，所以买妾的时候不知道她的姓氏就占卜一下吉凶。寡妇的儿子，如果不是有见识的，不要和他交朋友。

【原文】

贺取妻者，曰：“某子使某[①]，闻子有客，使某羞[②]。”贫者不以货财为礼，老者不以筋力为礼。

【注释】

①某子使某：前“某”指贺者，后“某”指代表贺者送礼的使者。

②羞：进献。

【译文】

庆贺别人娶妻的人，说：“某人派我前来，听说您这里有客人，派我给你进献礼物。”贫穷的人不必拿钱财作为礼物，年纪大的不必耗费精力来行礼。

【原文】

名子者，不以国，不以日月，不以隐疾[1]，不以山川。

【注释】

①隐：伤痛。

【译文】

给孩子取名，不用国家的名称，不用日月的名称，不用身体伤痛疾病的名称，不用山川的名称。

【原文】

男女异长[1]。男子二十，冠而字，父前子名，君前臣名。女子许嫁，笄而字。

【注释】

①男女异长：兄弟与姊妹各自排行，不相杂混。

【译文】

男女分别按长幼排行。男子到了二十岁的时候，举行冠礼并取字。在父亲面前凡兄弟都互相称名，在君王面前凡臣僚也都互相称名。女儿许嫁后，要为她举行加笄礼，并且为她取字。

【原文】

凡进食之礼，左殽[1]，右胾[2]，食居人之左，羹居人之右。脍炙处外，醯酱处内[3]，葱渫处末，酒、浆处右。以脯、脩置者[4]，左朐右末[5]。客若降等，执食兴，辞。主人兴，辞于客，然后客坐。主人延客祭。祭食，祭所先进，殽之序，遍祭之。三饭，主人延客食胾，然后辩殽。主人未辩，客不虚口。

【注释】

①殽(yáo)：通“肴”，切成大块的带骨头的熟肉。

②胾(zì)：切成大块的不带骨头的熟肉。

③醯(xī)：醋。

④脯、脩：都是干肉的意思。

⑤朐(qú)：干肉中央呈弯曲状的部位。

【译文】

凡向客人进食之礼，有骨头的熟肉应放左边，没有骨头的熟肉应放右边，饭食放在客人的左边，喝的羹汤放在客人的右边。肉类都放在外侧，醋酱放在里面，葱屑放在末端，酒浆放在右边。如果另加脯、脩两种干肉的，那就把它们弯曲的部分朝左，而把干肉的末端朝向最右边。客人的地位如果低于主人，就要拿着食物站起来谦让。主人也要站起来向客人谦让，然后客人坐下。主人引导客人行食前祭礼。行祭礼时，要按照所进食物的先后顺序，从带骨头的熟肉开始，依次遍祭全部的食物。客人吃过三口饭以后，主人请客人吃不带骨头的熟肉，然后客人依次遍吃各种食物，而最后吃带骨头的熟肉。主人还没有把所有食物吃过一遍的时候，客人不饮酒洁口。

【注释】

①馈(kuì)：进奉食馔。

【原文】

侍食于长者，主人亲馈[①]，则拜而食；主人不亲馈，则不拜而食。

【译文】

陪着年长的人吃饭的时候，主人亲自馈赠食物，就要行拜礼然后吃；主人不亲自馈赠，就不行拜礼而开始吃。

【注释】

①共食：共用食器吃饭。

【原文】

共食不饱[①]，共饭不泽手。

【译文】

与人共用食器吃饭不要求自己吃饱，与人共用食器吃饭时不得揉搓双手。

【注释】

①歠(chuò)：饮。

②嚃(tà)：不嚼而吞咽。

③窭(jù)：贫寒。

④濡：浸渍，沾湿。

⑤嘬(chuài)：咬，这里有大口吃的意思。

【原文】

毋抟饭。毋放饭。毋流歠[①]。毋咤食。毋啮骨。毋反鱼肉。毋投与狗骨。毋固获。毋扬饭。饭黍毋以箸，毋嚃羹[②]。毋絮羹。毋刺齿。毋歠醢。客絮羹，主人辞“不能亨”。客歠醢，主人辞以“窭”[③]。濡肉齿决[④]，干肉不齿决。毋嘬炙[⑤]，卒食，客自前跪，彻饭齐，以授相者。主人兴，辞于客，然后客坐。

【译文】

不要把食物捏聚成团来吃。已经抓取的饭不要放回食器中。不要大口地喝汤。不要发出声响。不要啃咬骨头。已经拿起的鱼和肉类食物不要放回食器中。不要把骨头投掷给狗。不要单单吃一种好吃的食物，不要为使食物快点凉而把食物簸扬起来。吃黏黄米不要用筷子。不要不咀嚼羹汤中的菜就连菜一块儿把汤喝下去。不要自己往汤中添加作料。不要在吃饭时剔牙。不要像饮汤一样饮酱。客人如果往汤中添加作料，主人就要以“不善烹饪”来辞让。客人喝肉汤，主人要以“家贫以致礼不周”来辞让。沾湿的肉可以用牙齿咬断来吃，干肉不能用牙齿咬断（而用手撕开）来吃。不要大口吃烤肉。吃完饭以后，客人应向席前跪下，收拾剩下的食物交给服侍的仆人。主人站起来，对客人亲撤饭菜的做法加以推辞，然后客人才坐回席位。

【原文】

侍饮于长者，酒进则起，拜受于尊所[①]。长者辞，少者反席而饮。长者举未釂[②]，少者不敢饮。

【注释】

①尊：盛酒器。

②釂(jiào)：饮完。

【译文】

年少的陪着年长的人喝酒，年长的拿酒上来的时候，年少的要站起来，到陈放酒器的地方去向长者行拜礼而后接受酒。年长的人推辞，年少的人再回到席位上喝酒。但年长的人把酒器拿起来还没有饮完，年少的人不能喝。

【原文】

父母有疾，冠者不栉，行不翔，言不惰，琴瑟不御，食肉不至变味，饮酒不至变貌，笑不至矧[①]，怒不至詈。疾止复故。有忧者[②]，侧席而坐[③]。有丧者，专席而坐。

【注释】

①矧(shěn)：齿根，牙龈。

②有忧：指因父母患病而担忧。

③侧：特。

【译文】

父母有疾病的时候，做儿子的戴帽子而顾不上梳头，走路顾不上注意姿态，说话顾不上讲究言辞，琴瑟也不弹奏了，吃肉少到不能改变食物的滋味，喝酒少到不致改变脸上的颜色，笑不露出牙龈，怒不致大声责骂。等父母疾病痊愈了，才恢复到原来的常态。有忧患的人，应能独席而坐。为父母服丧的人，只坐单席。

【原文】

凡为君使者，已受命，君言不宿于家。君言至，则主人出拜君言之辱。使者归，则必拜送于门外。若使人于君所，则必朝服而命之。使者反，则必下堂而受命。

【译文】

凡是作为国君的使者，已经接受使命了，应该马上行动不能在家逗留过夜。君主的命令一传到，主人就要出来礼拜，并且说些屈尊前来的话。使者回去，主人必须到门外面拜送。假若派人到君主那儿去，就必须穿上上朝的衣服再命令他。等到派去的人回来，就必须走出正屋去接受国君的命令。

【原文】

博闻强识而让，敦善行而不怠，谓之君子。君子不尽人之欢，不竭人之忠，以全交也。

【译文】

见识广博记忆力强而能谦让，厚道、品行良好而不会懈怠，这才能称为君子。君子不会尽力让别人喜欢自己，不会竭力让别人忠于自己，这样用来保全交情。

【原文】

《礼》曰："君子抱孙不抱子。"此言孙可以为王父尸，子不

【注释】

①式：通"轼"，古代车厢前供站立乘车人扶持凭靠的横木，此处表示乘车人扶着轼敬礼。

可以为父尸。为君尸者，大夫、士见之，则下之。君知所以为尸者，则自下之。尸必式[①]。乘必以几。

【译文】

《礼》书上说："君子抱孙子而不抱儿子。"这就是说孙子可以代表死去的爷爷受祭，儿子不可以代表父亲受祭。代表君主受祭的人，大夫、士见了，也要下车行礼。君主如果知道代表先君受祭的人，也要下车。代表受祭的人必须扶着轼行礼，上车时一定要用桌几垫脚而上。

【原文】

齐者不乐不吊。

【译文】

斋戒的人不能听音乐、不能吊丧。

【原文】

居丧之礼，毁瘠不形[①]，视听不衰，升降不由阼阶，出入不当门隧[②]。居丧之礼，头有创则沐，身有疡则浴，有疾则饮酒食肉，疾止复初。不胜丧，乃比于不慈、不孝。五十不致毁，六十不毁，七十唯衰麻在身[③]，饮酒食肉，处于内。

【注释】

①毁：哀痛过度而伤害身体。瘠：消瘦。

②门隧：门外正中的通道。

③衰（cuī）：古代丧服的一种。

【译文】

守丧之礼，因哀痛过度而身体消瘦但不至于瘦骨嶙峋，视觉和听觉也不会因此衰退；上下都不走大堂前东面的台阶，出入门不走正中的通道。守丧之礼，头上有疮疖就洗头，身上有疮疖就洗澡，有疾病就喝酒吃肉，疾病痊愈就恢复原来的样子。如果经不起丧痛，就会看做和不慈不孝一样。五十岁的时候守丧不能因为哀伤而让身体受到伤害，六十岁的时候守丧不能让身体受到影响，七十岁的时候守丧只要穿着丧服就行了，可以喝酒吃肉，仍旧处在室内。

【注释】

①与：数，计算。

【原文】

生与来日[①]，死与往日。

【译文】

活人为死者服丧的日期应该从死者死亡的第二天算起，死者的殓葬日期应该从死亡的当天算起。

【注释】

①吊：吊唁，指对死者亲属的慰问。

②伤：伤辞，指对死者的哀悼。

【原文】

知生者吊[①]，知死者伤[②]。知生而不知死，吊而不伤；知死而不知生，伤而不吊。

【译文】

认识死者亲属的，要去致吊唁。认识死者的，要去致伤辞。认识死者亲属却不认识死者，只致吊辞不致伤辞。认识死者却不认识死者亲属，只致伤辞不致吊唁。

【注释】

①赙（fù）：送布帛财物助人办丧事。

②绋：指引棺的绳索。

③柩：装有尸体的棺材。

④潦（lǎo）：雨后积水。

【原文】

吊丧弗能赙[①]，不问其所费。问疾弗能遗，不问其所欲。见人弗能馆，不问其所舍。赐人者不曰“来取”。与人者不问其所欲。适墓不登垄。助葬必执绋[②]。临丧不笑。揖人必违其位。望柩不歌[③]。入临不翔。当食不叹。邻有丧，舂不相。里有殡，不巷歌。适墓不歌。哭日不歌。送丧不由径。送葬不避涂潦[④]。临丧则必有哀色。执绋不笑。临乐不叹。介胄则有不可犯之色。故君子戒慎，不失色于人。国君抚式，大夫下之。大夫抚式，士下之。

【译文】

吊丧却不能拿出布帛财物帮助办丧事，就不要问人家花费多少。探望病人却不能赠送礼物，就不要问他想要什么。见到别人却不能安排住舍，就不要问他住在哪儿。赏赐给别人东西时不说

“过来取。”给予别人东西不要到给他时才问他想要什么。到墓地不能登到坟上。帮助葬礼必须拿着引棺的绳索。在办丧事的地方不能笑。对人作揖必须避开灵位。面对着灵柩不能唱歌。哭丧的时候不能身子摇摆不定。面对着食物不可叹息。邻居有丧事，舂米时不能唱歌助兴。乡里有葬礼，不能在巷子里唱歌。到墓地不能唱歌。吊丧的那天不能唱歌。送葬不能走小路。送葬不能避开积水的道路。参加丧礼脸上必须有悲哀的神色。拿着引棺的绳子不能笑。听到音乐不能赞叹。穿上盔甲、戴上头盔，就要显出不可侵犯的样子。因此君子要小心谨慎，不要在别人面前失态。国君扶着轼行礼的时候，大夫要下车。大夫扶着轼行礼的时候，士人要下车。

【原文】

礼不下庶人，刑不上大夫。刑人不在君侧。

【译文】

礼不适用平民百姓，刑罚不适用大夫。受过肉刑处罚的人不能用在国君身边。

【原文】

兵车不式，武车绥旌。德车结旌[①]**。**

【注释】

①德车：指没有兵器装备的车。

【译文】

兵车上的人不必行轼礼，武车上的旌旗应该任其舒展开。德车上的旌旗应该束起来。

【原文】

史载笔，士载言。前有水，则载青旌[①]**。前有尘埃，则载鸣鸢**[②]**；前有车骑，则载飞鸿；前有士师，则载虎皮；前有挚兽**[③]**，则载貔貅；行：前朱鸟而后玄武，左青龙而右白虎，招摇在上，**

【注释】

①青旌（jīng）：青，青雀；青旌指画着青雀的旌旗。

②鸢：指鹰。

③挚：通"鸷"，凶猛。

急缮其怒，进退有度，左右有局，各司其局。

【译文】

国君会盟的时候，史官负责携带笔墨工具，士人负责记载言论。前面有水，就竖起画着青雀的旌旗；前面有尘土飞起，就竖起画着鸣叫的鹰的旌旗；前面有车骑，就竖起画着飞鸿的旌旗；前面有军队，就竖起画着虎皮的旌旗；前面有凶猛的野兽，就竖起画着貔貅的旌旗。排列行军的行阵：前面朱雀阵后面玄武阵，左边青龙阵右边白虎阵；画着北斗星的旌旗在阵行上空飘扬，军队的士气就迅速强盛起来；阵行前进和后退都有一定的法度，分为左右两个部分，各自掌管各个部分。

【注释】

①反：通"返"。兵：指武器。

【原文】

父之雠，弗与共戴天。兄弟之雠，不反兵[①]。**交游之雠，不同国。**

【译文】

对于父亲的仇敌，要和他不共戴天。对于兄弟的仇敌，要随时可以拿出武器去报仇。对于朋友的仇敌，不要和他在同一个国家。

【注释】

①多垒：由于常受敌寇侵伐，因此多军垒。垒，军事壁垒。

【原文】

四郊多垒[①]，**此卿大夫之辱也。地广大，荒而不治，此亦士之辱也。**

【译文】

国都的四郊都是防御的城垒，这是卿相、大夫的耻辱。田地广阔，却荒芜而没有人治理，这也是士人的耻辱。

【注释】

①龟筴：龟，占卜用的龟壳。筴，通"策"，占卜用

【原文】

临祭不惰。祭服敝则焚之。祭器敝则埋之。龟筴敝则埋之[①]。**牲死则埋之。凡祭于公者**[②]，**必自彻其俎**[③]。

【译文】

在祭祀的时候不能怠慢。祭祀的服装如果破旧了就焚烧掉。祭祀的器具如果破旧了就掩埋掉。占卜用的龟壳、蓍草如果破旧了就掩埋掉。供祭祀用的动物死了就掩埋掉。凡是帮助国君祭祀，结束后必须亲自撤去祭祀用的礼器。

的蓍草。

②祭于公：帮助国君祭祀。

③彻：通“撤”，撤去。俎：祭祀时盛牛、羊等的礼器。

【原文】

卒哭乃讳。礼：不讳嫌名①；二名不遍讳；逮事父母，则讳王父母；不逮事父母，则不讳王父母；君所无私讳；大夫之所有公讳；《诗》《书》不讳；临文不讳；庙中不讳；夫人之讳，虽质君之前②，臣不讳也，妇讳不出门；大功、小功不讳。入境而问禁。入国而问俗。入门而问讳。

【注释】

①嫌名：指声音相近的名，如禹与雨、修与须。

②质：对。

【译文】

到哭之后才避讳说死者的名字。按照礼的规定：就是不避讳读音接近的名字；名字中有两个字的，只避讳其中一个字就行了；在侍奉父母的时候，就避讳祖父母的名字；没有赶得上侍奉父母，就不用避讳祖父母的名字了；君主的处所不用避私人的忌讳；大夫的处所要避国君的忌讳；读《诗》《书》的时候不用避讳；在写文章时不用避讳；宗庙之中不用避讳；国君夫人的家讳，虽然在君主面前，臣下也不避讳，这是女子的家讳不出家门的缘故；在服大功、小功的期间不用避死者的忌讳。进入别国的国境要了解该国有什么禁忌。进入别的都城要询问那里的民俗。进入别人家里要询问这家的忌讳。

【原文】

外事以刚日①，内事以柔日。凡卜筮日，旬之外曰“远某日”，旬之内曰“近某日”。丧事先远日，吉事先近日。曰：“为日，假尔泰龟有常②。”“假尔泰筮有常。”卜筮不过三。卜筮不相袭。

【注释】

①刚日：古代以十天干记日，十日中有五奇五偶，奇数日为刚日。

②泰：大，对龟、筮的美称。

【译文】

祭祀天地要在刚日，祭祀宗庙要在柔日。凡是占卜日期，如果结果是十天之外的日期叫做“远某天”，十天之内的日期叫做“近某天”。办丧事要先占卜十天之外的日期，办吉祥的事要先占卜十天之内的日期。占卜时要说：“选择日期，就要凭借您这些大龟甲不出差错了，凭借您这些大蓍草不出差错了。”占卜不能超过三次，不能用龟甲和蓍草重复来占卜。

【原文】

龟为卜，筴为筮。卜筮者，先圣王之所以使民信时日，敬鬼神，畏法令也；所以使民决嫌疑，定犹与也[①]。故曰：“疑而筮之，则弗非也；日而行事，则必践之[②]。”

【注释】

①犹与：犹豫，迟疑不决的样子。

②践：善。

【译文】

占卜用龟甲叫做“卜”，用蓍草叫做“筮”。这是先前的圣贤帝王用来让人们相信时运天数，敬奉鬼神，畏惧法律法令；用来让人们判断所疑惑怀疑，决定所犹豫迟疑。因此说：“有疑问就占卜，就不会有错误；择吉日再做事，就一定能把事情做好。”

【原文】

君车将驾，则仆执策立于马前。已驾，仆展軨[①]，效驾[②]。奋衣，由右上，取贰绥，跪乘，执策分辔，驱之五步而立。君出就车，则仆并辔授绥。左右攘辟，车驱而驺。至于大门，君抚仆之手，而顾命车右就车。门闾沟渠必步。凡仆人之礼，必授人绥。若仆者降等则受，不然则否。若仆者降等，则抚仆之手；不然则自下拘之。

【注释】

①展軨：展，察看，细看；軨，插在车轴上固定车轮的销子。

②效：报告。

【译文】

国君的车将要套马外出，驾车的人就拿着鞭子站在马的前面。已经套好车，驾车的人察看车轴上的车軨之后向国君报告车套好了，然后抖去衣服上的尘土从右边上车，拿住副拉手，跪下来驾车，接着拿着鞭子分开缰绳，赶马走五步再站起来。君主出来走到车的跟前，驾车的人要把缰绳合并在一块儿，把拉手交给君主。身边的人退让避开，驾车的人赶车往前走，身边的人就快步跟着。到了大门那儿，君主按住驾车人的手，回头命令身边的人上车。遇到了门、沟渠，身边的人必须下车步行。按照仆人的礼仪，必须把拉手交给乘车的人。假如仆人地位低于乘车的人就要接受，如果不是这样，就不能接受。假如仆人的地位低于乘车的人，就按住仆人的手再接受；如果不是这样，乘车的人要从仆人手的下面接过拉手。

【原文】

客车不入大门。妇人不立乘。犬马不上于堂。

【译文】

客人的车子不能进入主人家的大门。女人不能站立着乘车。狗和马不能牵到正屋里。

【原文】

故君子式黄发，下卿位，入国不驰，入里必式。君命召虽贱人，大夫、士必自御之。介者不拜，为其拜而蓌拜[①]。祥车旷左。乘君之乘车不敢旷左，左必式。仆御妇人，则进左手，后右手。御国君，则进右手，后左手而俯。国君不乘奇车。车上不广欬，不妄指。立视五巂[②]，式视马尾，顾不过毂[③]。国中以策彗恤勿驱，尘不出轨。国君下齐牛，式宗庙。大夫、士下公门，式路马。乘路马，必朝服，载鞭策，不敢授绥，左必式。步路马，必中道。以足蹙路马刍有诛[④]，齿路马有诛[⑤]。

【注释】

①蓌(cuò)：蹲。

②巂(guī)：通“规”，车轮的周长，一规为一丈九尺八寸，五规就是九十九尺。

③毂：车轮中心的圆木。

④蹙：通“蹴”，踩，踏。

⑤齿：年岁，年龄。

【译文】

所以，君子要按着扶手向老人敬礼，遇到卿就下车，进入国都不要赶马快跑，进入里巷必然按着扶手对人敬礼。君主下命令召见，即使是地位低的人，大夫、士也必须亲自为他们驾驭车马。身穿盔甲的人不用礼拜，因为他的礼拜让人有做作的感觉。祥车应该空缺左边。乘坐君主的车不能空缺左边，在左边必须依扶着车轼。仆人为女子驾车，就把左手放在前面，右手放在后面。为国君驾车，就俯下身子把右手放在前面，左手放在后面。国君不坐乘奇特怪异的车子。在车上不能大声地咳嗽，不能随便指点。站着乘车向前看的距离在五规以内，按着扶手敬礼的时候要看着马的尾巴，回头看的时候不超过车轮中心的圆木。在国都中要用竹帚赶马，小心不要疾驰，车扬起的尘土不能飞出车辙以外。国家的君主见到斋戒用的牛要屈尊下车，要向宗庙行轼礼。大夫、士路过国君的门前要下车，要向国君的车马行轼礼。乘坐国君的车，必须穿上上朝的衣服携带鞭子，不能接受别人送给的拉手，在左边必须依扶着车轼。牵着国君的马行走，必须走在路的中间。用脚踩踏国君的马的草料的人，要受到惩罚，推算国君的马的年龄的人，要受到惩罚。

曲 礼 下

【原文】

凡奉者当心，提者当带。执天子之器则上衡[①]，国君则平衡，大夫则绥之[②]，士则提之。凡执主器，执轻如不克[③]。执主器，操币、圭、璧，则尚左手，行不举足，车轮曳踵，立则磬折垂佩。主佩倚，则臣佩垂；主佩垂，则臣佩委。执玉，其有藉者则裼，无藉者则袭。

【注释】

①衡：通“横”。谓与心平。

②绥：通“妥”，落下。

③克：约定或限定。

【译文】

凡是双手捧东西手要靠在当胸的位置，提东西手要靠在腰带的位置。为天子拿器物要向上高举过头，为国君拿器物要与心平齐，为大夫拿器物低于心，为士人拿器物就提着。凡是为天子拿器物，即使是很轻便的也要像拿重物一样。为国君拿器物，如拿贵重的器物时，就尊崇左手拿，走路的时候不把脚高抬起来，要像车轮滚动一样脚后跟擦地而行。站立的时候，要像磬一样上身前倾，使佩饰垂挂下来。君主的佩饰靠在身上，那么臣下就要上身前倾使佩饰垂挂下来；君主的上身前倾佩饰垂挂下来，那么臣下就要俯身向下使佩饰着地。行聘礼时拿玉器，对那些带有束帛做的垫子的玉器就脱去上衣来拿，没有带束帛做的垫子的就穿好上衣来拿。

【原文】

国君不名卿老、世妇[①]。大夫不名世臣、侄、娣[②]。士不名家相、长妾[③]。君大夫之子，不敢自称曰“余小子”。大夫、士之子，不敢自称曰“嗣子某”，不敢与世子同名[④]。

【注释】

①世妇：地位仅次于夫人的贵族女子。

②侄、娣：意思同“世妇”。

③相：古代主持礼节仪式的人。

【译文】

国家的君主不能称呼卿相和世妇的名字。大夫不能称世代相承的大臣和姪、娣的名字。士人不称家里面主持礼节仪式的人和长妾的名字。国君和大夫的儿子，不能自称“余小子”。大夫、士的儿子，不能自称“嗣子某”，也不能和国君的儿子名字一样。

④世子：国君的儿子，太子。

【原文】

君使士射，不能，则辞以疾，言曰：“某有负薪之忧[①]。”

【注释】

①负薪：背柴。委婉的说法。

【译文】

君主让士人射箭，如果士人不能，就要用患疾病来推辞，说：“我背柴累病了。”

【原文】

侍于君子，不顾望而对，非礼也。

【译文】

侍奉道德高尚的人，（如果他提问），不看看周围（是否有胜过自己的人）就抢先回答，这是不符合礼的。

【原文】

君子行礼，不求变俗。祭祀之礼，居丧之服，哭泣之位，皆如其国之故。谨修其法，而审行之[①]。去国三世，爵禄有列于朝，出入有诏于国。若兄弟宗族犹存，则反告于宗后。去国三世，爵禄无列于朝，出入无诏于国，唯兴之日，从新国之法。

【注释】

①审：慎重。

【译文】

君子（居住在别国）行礼，不要求改变本国的风俗习惯。祭祀的礼仪，处于丧事的服装，哭泣的方位，都依照自己国家原来的礼俗。谨慎地遵循本国的礼法，并且慎重地实行。离开国家已经有三代了，还有爵位和俸禄在朝廷里，那么出入往来别国仍要报告国君。如果本国仍有兄弟宗族在，（遇有喜事或丧事）仍要向本国的族长报告。如果离开本国已经三代，没有爵位和俸禄在朝廷里，出入往来别国就不用向本国国君报告了，但只有在别国做了卿大夫的时候，才遵从新国家的礼法。

【原文】

大夫、士去国，祭器不逾竟。大夫寓祭器于大夫，士寓祭器于士。大夫去国，逾竟为坛位，乡国而哭，素衣，素裳，素冠，彻缘，鞮屦[①]，素簚，乘髦马，不蚤鬋[②]，不祭食，不说人以无罪，妇人不当御，三月而复服。

【注释】

①鞮屦：穿着麻、葛做成的鞋子。

②蚤鬋：指甲和下垂的鬓发。

【译文】

大夫、士离开国都，祭祀的器物不带到国境之外。大夫使用大夫祭祀应该使用的器物，士人使用士人祭祀应该使用的器物。大夫离开国都，到边境之外，制作高台、灵位面向着国都哭泣。穿上白上衣、穿上白裙子、戴上白帽子、撤去衣服的边饰、穿上麻葛做的鞋子、给车轼覆盖上白狗皮制成的车覆栏，骑着不修剪毛发的马，不修剪指甲不理发，吃饭时不行食前祭礼，不向别人诉说自己的冤屈，不能和女子行房事。过三个月以后，才恢复正常的生活。

【原文】

大夫、士见于国君，君若劳之，则还辟，再拜稽首[①]。君若迎拜，则还辟，不敢答拜。大夫、士相见，虽贵贱不敌，主人敬客则先拜客，客敬主人则先拜主人。凡非吊丧，非见国君，无不答拜者。大夫见于国君，国君拜其辱[②]。士见于大夫，大夫拜其辱。同国始相见，主人拜其辱。君于士不答拜也，非其臣则答拜之。大夫于其臣，虽贱，必答拜之。男女相答拜也。

【注释】

①稽(qǐ)首：古时的一种礼节，跪下，拱手至地，头也至地。

②辱：谦辞，表示“承蒙”。这里有“承蒙来访”的意思。

【译文】

大夫、士拜见国君，国君假如慰劳他，就转身避开，再次拜稽首礼。国君假如迎接大夫、士并且礼拜，大夫、士就要后退避让，并且不敢回礼答拜。大夫、士见面，即使地位高低不相等，如果主人尊重客人，就先拜见客人；如果客人尊重主人，就先拜见主人。凡不是慰问奔丧，不是拜见国君，受拜礼没有不回礼答拜的。大夫拜见别国国君，国君要拜谢大夫来访。士人拜见别国大夫，大夫要拜谢士人来访。同一个国家的人第一次见面，主人要拜谢客人来访。国君对于士人即使家臣也不回礼答拜，如果是别国的士而不是本国的臣下，就要答拜。大夫对自己的家臣，即使家臣地位低下，也必须回礼答谢。男女之间要互相回礼答谢。

【原文】

国君春田不围泽[①]，大夫不掩群，士不取麛卵。

【注释】

①泽：聚水的洼地。这里指猎场。

【译文】

国君春天打猎不能合围猎场，大夫不能把兽群灭绝，士人不能猎取幼鹿和鸟卵。

【原文】

岁凶，年谷不登[①]，君膳不祭肺，马不食谷，驰道不除[②]，祭事不县[③]。大夫不食粱，士饮酒不乐。

【注释】

①登：庄稼成熟。

②驰道：这里指宽广的大路。

③县（xuán）：通“悬”，指悬挂的钟、磬等乐器。

【译文】

遇到自然灾害的年份，庄稼收成不好，国君的饭食不能宰杀牲畜，喂马不能用粮食，宽广的大路不能修整，祭祀的时候不能演奏乐器。大夫不能吃稻粱，士人喝酒不能演奏乐器。

【原文】

君无故玉不去身。大夫无故不彻县[①]。士无故不彻琴瑟。

【注释】

①彻：通“撤”。

【译文】

国君没有原因，玉不能离开身上；大夫没有原因不能撤去钟磬，士人没有原因不能撤去琴瑟。

【原文】

士有献于国君，他日君问之曰：“安取彼?”再拜稽首而后对。大夫私行出疆，必请，反必有献。士私行出疆，必请，反必告。君劳之则拜。问其行，拜而后对。

【译文】

士人进献礼物给国君，过些天，国君问他说：“你是从哪里得到那些东西的?”士人再次稽首拜谢然后回答。大夫因为私事出国境，必须请示。返回的时候必须有所进献给国君。士人因为私事出国境，必须请示。返回的时候必须向国君报告。国君慰劳他，就拜谢，问他出行的情况，先拜谢然后回答。

【原文】

国君去其国，止之曰：“奈何去社稷也?”大夫，曰：“奈何去宗庙也?”士，曰：“奈何去坟墓也?”

【译文】

国君要离开自己的国家，就劝止他说：“怎么能放弃自己的国家啊!”如果是大夫，就劝止他说：“怎么能离开自己宗庙啊!”如果是士人，就劝止他说：“怎么能不顾及自己的祖坟啊!”

【原文】

国君死社稷，大夫死众，士死制。

【译文】

国君要为保卫国家而死，大夫要为保护民众而死，士人要为捍卫法制而死。

【原文】

君天下曰“天子”。朝诸侯，分职，授政，任功，曰“予一

【注释】

①践阼：指即位。

②畛(zhěn):致祭。

③甫:古代男子的美称。

④假(xiá):通“遐”,遥远。

⑤主:牌位。

人”。践阼[①],临祭祀,内事曰“孝王某”,外事曰“嗣王某”。临诸侯,畛于鬼神[②],曰“有天王某甫[③]”。崩,曰“天王崩”。复,曰“天子复矣”。告丧,曰“天王登假[④]”。措之庙,立之主[⑤],曰“帝”。天子未除丧,曰“予小子”。生名之,死亦名之。

【译文】

君主统治天下,称“天子”。朝见诸侯,分封职位、授予政事、委以事功时,称“予一人”。即位的时候亲自去祭祀,在祭祀祖先时称“孝王某”,在祭祀天地时称“嗣王某”。到诸侯那里去,向他们国家的鬼神致祭时,称“有天王某甫”。天子死,称“天子崩”。为天子招魂,称“天子回来吧”。为天子发讣告,称“天王升天了”。把灵位安放在宗庙里,设立牌位,称“帝”。天子居丧还没除丧,称“予小子”。活着守丧用“小子王”来称呼他,如果还没除丧就死了也用“小子王”来称呼他。

【注释】

①后:君王的正妻。

【原文】

天子有后[①],有夫人,有世妇,有嫔,有妻,有妾。

【译文】

天子(的女官)有后,有夫人,有世妇,有嫔,有妻,有妾等不同级别。

【注释】

①大:通“太”。

【原文】

天子建天官,先六“大[①]”,曰大宰、大宗、大史、大祝、大士、大卜,典司六典。天子之五官,曰司徒、司马、司空、司士、司寇,典司五众。天子之六府,曰司土、司木、司水、司草、司器、司货,典司六职。天子之六工,曰土工、金工、石工、木工、兽工、草工,典制六材。

【译文】

天子建立天官，首先设立的是掌管祭祀和天文的六“大”，即大宰、大宗、大史、大祝、大士、大卜，掌管有关的六种法典。天子设立主管行政的五个官职，即司徒、司马、司空、司士、司寇，掌管这五个方面的臣下。天子设立主管财物的六个机构，即司土、司木、司水、司草、司器、司货，掌管六个方面的职责。天子设立管理工程的六个机构，即土工、金工、石工、木工、兽工、草工，掌管六个方面器材与制作。

【原文】

天子当依而立[①]，诸侯北面而见天子曰觐。天子当宁而立[②]，诸公东面、诸侯西面曰朝。

【注释】

①依：形状如屏风，设置在正屋的正中位。

②宁（zhù）：古代臣下朝见君主的地方，就是屏风和门之间的地方。

【译文】

天子在屏风前面站立，诸侯面向北边拜见天子，叫“觐”。天子处在屏风和门之间的地方站立，诸公面向东边，诸侯面向西边，叫“朝”。

【原文】

诸侯未及期相见曰遇，相见于郤地曰会[①]。诸侯使大夫问于诸侯曰聘。约信曰誓，莅牲曰盟。

【注释】

①郤（xì）：这里是边境的意思。

【译文】

诸侯没有在约定的时间和地点见面了叫“遇”，约定在两国边境见面叫“会”。诸侯派遣大夫向别的诸侯问候叫“聘”。诸侯相互订立信用的盟约叫“誓”，面对神灵杀牲缔结条约叫“盟”。

【原文】

诸侯见天子曰“臣某侯某”。其与民言自称曰“寡人”。其在凶服曰“嫡子孤”。临祭祀，内事曰“孝子某侯某”，外事曰“曾孙某侯某”。死曰“薨”，复曰“某甫复矣”。既葬见天子曰“类

【注释】

①类：罗列死者生前德行。

见”。言谥曰“类[①]”。诸侯使人使于诸侯，使者自称曰“寡君之老”。

【译文】

诸侯拜见天子自称“臣某侯某”，他和百姓说话，自称“寡人”。诸侯在服丧期间对别的诸侯自称“嫡子孤某”。诸侯主持祭祀的时候，祭祀祖先就自称“孝子某侯某”，祭祀天地就自称“曾孙某侯某”。诸侯死称“薨”，招魂时喊“某甫复矣”。继位的诸侯在下葬后拜见天子称“类见”，将要出葬时向天子请赐谥号称“请类”。诸侯派人出使别的诸侯国，出使的人自称“寡君之老”。

【原文】

天子穆穆[①]，诸侯皇皇[②]，大夫济济[③]，士跄跄[④]，庶人僬僬[⑤]。

【注释】

①穆穆：严肃的样子。

②皇皇：显赫庄重的样子。

③济济：整齐严肃的样子。

④跄(qiāng)跄：步趋有礼节的样子。

⑤僬僬：匆忙急促的样子。

【译文】

天子显出严肃的样子，诸侯显出显赫庄重的样子，大夫显出整齐严肃的样子，士人显出有礼节的样子，平民显出匆忙急促的样子。

【原文】

天子之妃曰后，诸侯曰夫人，大夫曰孺人，士曰妇人，庶人曰妻。公、侯有夫人，有世妇，有妻，有妾。夫人自称于天子曰“老妇”；自称于诸侯曰“寡小君[①]”；自称于其君曰“小童”。自世妇以下，自称曰“婢子”。子于父母则自名也。列国之大夫，入天子之国曰“某士”；自称曰“陪臣某”。于外曰“子”，于其国曰“寡君之老”。使者自称曰“某”。

【注释】

①寡小君：诸侯朝见时对别国诸侯称自己国君的夫人。

【译文】

天子的配偶称“后”，诸侯的配偶称“夫人”，大夫的配偶称“孺人”，士人的配偶称“妇人”，平民的配偶称“妻”。公爵、侯爵有夫人，有世妇，有妻，有妾。诸侯的夫人在天子面前自称“老妇”；在其他诸侯面前自称“寡小君”；在她的丈夫面前自称“小童”。从世妇往下，都自称“婢子”。子女在自己的父母面前称自己的名字。各个诸侯国的大夫，进入到天子的国都称“某国的士人”；对天子自称“陪侍的臣下”。封国之外的人称他“子”，封国之内的人就称他“我们国君的老臣”。出使的人在别国国君面前自称“某”。

【原文】

天子不言“出[①]”。诸侯不生名。君子不亲恶。诸侯失地，名；灭同姓，名。

【注释】

①出：天子以天下为家，出有遗弃天下的意思，故史书不记“出”，而记“居”。

【译文】

天子出奔，史书不能记作“出”。诸侯活着的时候史书不能记载他们的名字。君子不亲近邪恶的人。诸侯失掉国土，史书就可以记载他们的名字；诸侯残害同胞，史书就可以记载他们的名字。

【原文】

为人臣之礼，不显谏，三谏而不听，则逃之[①]。子之事亲也，三谏而不听，则号泣而随之[②]。

【注释】

①逃：躲避。

②随：听任，任随。

【译文】

作为人臣的礼，不能当众指责国君的错误。如果再三进谏而国君还不接受，就离去。儿子侍奉父母，再三进谏父母还不接受，就哭泣着跟随之。

【原文】

君有疾饮药，臣先尝之。亲有疾饮药，子先尝之。医不三

世，不服其药。

【译文】

君主患病吃药的时候，臣下要先尝药。父母患病吃药的时候，儿子要先尝药。行医不到三代的，不服用他的药。

【原文】

天子祭天地，祭四方，祭山川，祭五祀，岁遍。诸侯方祀[①]，祭山川，祭五祀，岁遍。大夫祭五祀，岁遍。士祭其先。

【注释】

①方祀：祭祀该国所在之方。

【译文】

天子祭祀天地，祭祀四方，祭祀山川，祭祀五祀（户、灶、中霤、门、行五神），一年遍祭一次。诸侯在封国内祭祀，祭祀山川，祭祀五祀，一年遍祭一次。大夫祭祀五祀，一年遍祭一次。士人祭祀各自的祖先。

【原文】

凡祭，有其废之，莫敢举也；有其举之，莫敢废也。非其所祭而祭之，名曰淫祀[①]，淫祀无福。

【注释】

①淫：过度，过甚。

【译文】

凡是祭祀，已经废除的就不能再举行；已经举行的，就不能放弃掉。不是自己应该祭祀的却祭祀了，叫做“淫祀”。淫祀不能得到幸福。

【原文】

天子以牺牛，诸侯以肥牛[①]，大夫以索牛[②]，士以羊豕。

【注释】

①肥牛：在屋内喂养三个月以上的牛。

②索牛：临时挑选求得的牛，有别于特地喂养的牛。

【译文】

天子祭祀用毛色纯一的牛，诸侯祭祀用特别喂养的肥牛，大夫祭祀用普通的牛，士人祭祀用羊或猪。

【原文】

支子不祭，祭必告于宗子。

【译文】

分支的后代不能祭祀祖先，如果祭祀必须告诉宗族的直系后代。

【原文】

凡祭宗庙之礼，牛曰“一元大武”，豕曰“刚鬣”，豚曰“腯肥[①]”，羊曰“柔毛[②]”，鸡曰“翰音”，犬曰“羹献”，雉曰“疏趾”，兔曰“明视”，脯曰“尹祭”，槁鱼曰“商祭”，鲜鱼曰“脡祭[③]”，水曰“清涤”，酒曰“清酌”，黍曰“芗合[④]”，粱曰“芗萁”，稷曰“明粢”，稻曰“嘉蔬”，韭曰“丰本”，盐曰“咸鹾[⑤]”，玉曰“嘉玉”，币曰“量币”。

【注释】

①腯(tú)：肥。

②柔毛：羊肥就毛细而柔软。后文“翰音”，鸡肥就善鸣叫；“羹献”，狗肥就能用来煮肉作祭牲；“疏趾”，鸡肥就脚趾间展开较大；“明视”，兔子肥就目光明亮。

③脡(tǐng)：直。

④芗(xiāng)：一种香草。黍味香而性黏，故曰芗合。

⑤鹾(cuó)：盐。

【译文】

凡是祭祀宗庙的祭牲，牛称作“一元大武”，猪称作“刚鬣”，小猪称作“腯肥”，羊称作“柔毛”，鸡称作“翰音”，狗称作“羹献”，野鸡称作“疏趾”，兔子称作“明视”，干肉称作“尹祭”，干鱼称作“商祭”，鲜鱼称作“脡祭”，水称作“清涤”，酒称作“清酌”，黏高粱称作“芗合”，高粱称作“芗萁”，小米称作“明粢”，稻米称作“嘉蔬”，韭菜称作“丰本”，食盐称作“咸鹾”，玉称作“嘉玉”，币称作“量币”。

【原文】

天子死曰崩，诸侯曰薨，大夫曰卒，士曰不禄，庶人曰死。在床曰尸，在棺曰柩。羽鸟曰降，四足曰渍。死寇曰兵。祭王父曰皇祖考，王母曰皇祖妣，父曰皇考，母曰皇妣，夫曰皇辟。生曰父，曰母，曰妻；死曰考，曰妣，曰嫔。寿考曰卒[①]，短折曰不禄。

【注释】

①寿考：寿终正寝。

【译文】

天子死称崩，诸侯死称薨，大夫死称卒，士人死称不禄，平民死称死。尸体放在床上称尸，放在棺材称柩。飞鸟死称降，四只脚的走兽死称渍。抵御敌寇而死称兵。祭祀祖父称皇祖考，祭祀祖母称皇祖妣，祭祀父亲称皇考，祭祀母亲称皇妣，祭祀丈夫称皇辟。活着的时候称父、母、妻，去世后称考、妣、嫔。寿终正寝称卒，夭折而死称不禄。

【原文】

天子视不上于袷[①]，不下于带。国君绥视[②]。大夫衡视。士视五步。凡视，上于面则敖，下于带则忧，倾则奸[③]。

【注释】

①袷（jié）：古代衣服的交领。

②绥视：看的时候目光要稍微低于面部。

③奸：邪恶，狡诈。

【译文】

看天子时，目光上不能超过衣服交领的交叠处，下不过腰带；看国君时，目光要稍微低于面部；看大夫时要平视；看士时，目光可及士周围五步之内的地方。凡看人，视线在面部以上就显得傲慢，在腰带以下就显得忧虑，侧着头就显得狡诈。

【原文】

君命，大夫与士肄[①]。在官言官，在府言府，在库言库，在朝言朝。朝言不及犬马。辍朝而顾[②]，不有异事，必有异虑，故辍朝而顾，君子谓之“固[③]”。在朝言礼：问礼，对以礼。

【注释】

①肄（yì）：学习。

②辍：止。

③固：陋，失礼、无礼的意思。

【译文】

国君下的命令，大夫和士人要仔细揣摩。在官署中谈官署中的事，在武府中谈武府中的事，在库中谈库中的事，在朝廷上谈朝廷的事。在朝廷之上谈论不能涉及狗或马之类逸乐的东西。散朝又回头看，若没有其他的事，就必然有其他的想法。所以散朝又回头看，君子认为这是鄙陋的。在朝廷上谈话要注意依礼：提问要依礼，回答的时候也要依礼。

【原文】

大飨[①]不问卜，不饶富。

【注释】

①大飨(xiǎng)：用酒食招待人。大飨指天子款待诸侯的大宴会。

【译文】

举行大飨之礼不需要占卜，（所用酒食）已符合礼数就不求宴席的丰盛。

【原文】

凡挚[①]，天子鬯，诸侯圭，卿羔，大夫雁，士雉，庶人之挚匹。童子委挚而退[②]。野外军中无挚，以缨、拾、矢可也[③]。妇人之挚，椇、榛、脯、脩、枣、栗。

【注释】

①挚：通“贽”，初次拜见尊长所送的礼物。

②委：致送。

③缨：系在脖子上的帽带。拾：射箭时裹袖子用的臂套。

【译文】

凡是初次拜见送礼物，天子要送香酒，诸侯要送圭玉，卿相要送羊羔，大夫要送大雁，士人要送野鸡，平民要送鸭。儿童送上礼物然后退下。田野郊外、军队之中没有礼物，用帽带、臂套、箭矢也可以。妇女初次拜见送礼物，用椇果、榛果或肉干、长条干肉、枣子、栗子。

【原文】

纳女于天子曰“备百姓”，于国君曰“备酒浆”，于大夫曰“备扫洒”。

【译文】

送女嫁给天子，称“备百姓”，送女嫁给国君，称“备酒浆”，送女嫁给大夫，称“备扫洒”。

檀弓上

【原文】

公仪仲子之丧，檀弓免焉[①]。仲子舍其孙而立其子。檀弓曰：“何居？我未之前闻也。”趋而就子服伯子于门右[②]，曰：“仲子舍其孙而立其子，何也？”伯子曰：“仲子亦犹行古之道也。昔者文王舍伯邑考而立武王[③]，微子舍其孙腯而立衍也[④]。夫仲子亦犹行古之道也。”子游问诸孔子，孔子曰：“否！立孙。”

【译文】

鲁国的公仪仲子家办丧事，檀弓穿戴着“免”这种丧服前往奔丧。公孙仲子不立自己的嫡孙而立庶子为丧主，故檀弓说：“这究竟是为什么呀？我以前怎么没有听说过周人有这样的事。”于是快步走到门的右边，问仲子的同宗兄弟子服伯子，说：“仲子不立嫡孙，而立庶子为丧主，这是为什么？”伯子说：“仲子这也是按照前人的规矩行事罢了！从前周文王不立长子伯邑考，而立次子武王；商代微子不立嫡孙腯，而立庶子衍，所以说仲子也是依照前人的规矩行事罢了。”后来，子游向孔子请教这件事，孔子说：“不对！应该立嫡孙为丧主。”

【原文】

事亲有隐而无犯，左右就养无方，服勤至死，致丧三年。事君有犯而无隐，左右就养有方，服勤至死，方丧三年。事师无犯无隐，左右就养无方，服勤至死，心丧三年。

【译文】

侍奉父母，如果父母有过失，应该委婉地劝谏，不可面色难看、语言顶撞。子女在父母左右伺候，事事躬亲，不分彼此，尽

【注释】

①檀弓：姓檀，名弓，鲁国人，精通礼。免（wēn）：也作“绕”，丧服的一种。

②子服伯子：即仲孙蔑的玄孙子服景伯，景是谥，伯是字。

③伯邑考：周文王长子，在商做人质，被纣王所烹。

④微子：商纣王庶兄，名启。因数谏纣不听，出亡。周灭商，封于宋。衍：微子弟，名衍，字仲思，一名泄。继承微子为宋公。

力服侍他们直到去世，然后依照丧礼尽心守丧三年。至于侍奉国君，如果国君有过失，就应该直言不讳，而不应该替他掩饰。在国君左右侍奉，尽心做好自己的本职工作，不能越权，这样勤劳侍奉直到他去世，然后比同于父母服丧三年。至于侍奉老师，如果老师有过失，不需犯颜直谏，也不必掩饰隐瞒。众弟子在老师左右侍候，必须做到事事躬亲，不分彼此，这样竭力服侍他直到去世，虽然不用穿丧服，但悲痛之情犹如丧父，这样一直持续三年。

【原文】

季武子成寝，杜氏之葬在西阶之下。请合葬焉，许之。入宫而不敢哭。武子曰："合葬，非古也，自周公以来未之有改也。吾许其大而不许其细，何居？"命之哭。

【译文】

鲁国贵族季武子新建了一座住宅，而杜家的墓就在其住宅西阶的下方，杜家就请求季武子准许他们将后死者合葬在先死者的墓坑里。季武子答应了他们的请求。可是，杜家人进入季武子的新住宅后，却不敢悲哭。季武子说："合葬本不是古代的礼法，但自从周公以来有合葬的事，至今还不曾改变这种做法。我既然答应了他们合葬的大事，怎能不允许他们哭泣呢？"于是让杜家的人依礼哀哭。

【原文】

孔子既得合葬于防[①]，曰："吾闻之，古也墓而不坟。今丘也，东西南北之人也，不可以弗识也。"于是封之，崇四尺。孔子先反。门人后，雨甚。至，孔子问焉，曰："尔来何迟也？"曰："防墓崩。"孔子不应。三。孔子泫然流涕曰："吾闻之，古不修墓。"

【注释】

①防：山名，春秋时鲁国都城近郊，在今山东省曲阜县东。

【译文】

孔子已经把父母在防地合葬，说："我听说，古代只设墓地而不起坟。现在我是个四方奔走的人，不可以不在墓地上加上标志。"因而在墓上加土起坟，高到四尺。没等修墓工作完毕，孔子先回去了，弟子们留在那里料理，遇到大雨。弟子们回来后，孔子问他们说："你们怎么回来得这么晚？"弟子们回答说："防地的坟墓遭雨坍塌了。"孔子没做声。弟子们把上面的话连说了三次。孔子流着泪说："我听说过古人是不修坟墓的。"

【原文】

孔子哭子路于中庭，有人吊者，而夫子拜之。既哭，进使者而问故。使者曰："醢之矣[①]。"遂命覆醢。

【注释】

①醢（hǎi）：肉酱，这里作动词用。

【译文】

孔子在庭中哭子路。有使者前来吊丧，孔子就以主人身份拜谢他。哭过之后，召见来报丧的使者，问子路被杀的情形。使者说："已经被剁成肉酱了。"孔子于是就叫人把正在食用的肉酱倒掉。

【原文】

曾子曰："朋友之墓有宿草而不哭焉。"

【译文】

曾子说："朋友的坟墓上有了去年的草，就可以不哭他了。"

【原文】

子思曰："丧三日而殡[①]，凡附于身者必诚，必信，勿之有悔焉耳矣。三月而葬，凡附于棺者，必诚，必信，勿之有悔焉耳矣。丧三年以为极，亡则弗之忘矣，故君子有终身之忧，而无一朝之患，故忌日不乐。"

【注释】

①殡：停柩。因灵柩是暂时停放在家里，三个月后就要抬出去埋葬，所以称为"殡"。

【译文】

子思说："人死了三天之后就要举行葬礼，凡是随着尸体入殓的衣物，一定要按照殡礼的规定尽心真诚地办理，不要让自己以后有所悔恨就行了。三个月以后下葬，凡要随着棺材入土的东西，一定要按照葬礼的要求真诚信实地去办理，不要让自己以后有所悔恨就行了。为父母守丧，服丧期虽然以三年为极限，但孝子仍然不能忘记他们。所以君子一辈子都怀有对亲人哀思的感情，却不可有一天因哀思而毁灭自己的本性。所以只有在忌日这一天因悼念而不举行吉庆的事。"

【原文】

孔子少孤，不知其墓。殡于五父之衢[①]，人之见之者，皆以为葬也，其慎也，盖殡也。问于郰曼父之母[②]，然后得合葬于防。

【注释】

①殡：指浅葬，以备以后深葬。五父：衢名。衢：四通八达的大道。此句本于"不知其墓"，断句。

②郰(zōu)：地名，春秋鲁地，在今山东曲阜县东南。曼父：人名。

【译文】

孔子很小的时候，就没有了父亲，不知道父亲的墓在哪里。孔子把母亲的棺柩运到五父之衢去殡，当时见到的人都以为孔子要葬母，仔细看看柩车，才知道是要殡母。孔子为慎重起见，询问了郰地一个叫曼父的母亲，然后才把母亲与父亲合葬在防这个地方。

【原文】

晋献公将杀其世子申生[①]。公子重耳谓之曰[②]："子盖言子之志于公乎?"世子曰："不可。君安骊姬，是我伤公之心也。"曰："然则盖行乎?"世子曰："不可。君谓我欲弑君也，天下岂有无父之国哉? 吾何行如之?"使人辞于狐突曰："申生有罪，不念伯氏之言也，以至于死，申生不敢爱其死。虽然，吾君老矣，子少，国家多难，伯氏不出而图吾君? 伯氏苟出而图吾君，申生受赐而死。"再拜稽首，乃卒。是以为"恭世子"也。

【注释】

①晋献公：春秋战国时的诸侯国晋国国君，姓姬，名诡诸。世子：太子。

②公子重耳：太子申生的同父异母弟弟。后来当上晋国国君，称晋文公，是春秋五霸之一。

【译文】

晋献公将杀他的太子申生。公子重耳对申生说："您怎么不把心中的想法对父亲说呢?"太子说："不行。父亲有骊姬在身边才会快乐，如果我说出来的话，他一定会很伤心的。"重耳又说："那您为什么不逃走呢?"太子说："不行。父亲会说我想谋害他。天下难道有不要父亲的国家吗?再说我能逃到哪里去呢?"于是申生派人转告狐突说："我申生有罪，就是因为没有听从您的忠告，这才走到了被杀头的地步。我不敢贪生怕死。然而，国君年纪老了，别的儿子年纪又小。再说，国家有许多忧患，而您又不肯出来为国君出谋划策。如果您肯出来为国君出谋划策，那我就甘愿去死。"申生行，再拜稽首礼，就自尽身亡。因此，人们送他谥号称"恭世子"。

【原文】

鲁人有朝祥而莫歌者，子路笑之。夫子曰："由，尔责于人，终无已夫?三年之丧，亦已久矣夫。"子路出，夫子曰："又多乎哉?逾月则其善也。"

【译文】

鲁国有人为父母服丧期满，早上举行了除丧的祭礼，脱掉丧服，晚上就唱起歌来，子路就嘲笑他。孔子说："由，你责备别人，总是没完没了!人家服了三年的丧期，也已经很长时间了。"子路走后，孔子又说："那个人其实还要坚持多长时间呢?他能再过一个月服丧就完满了。"

【原文】

鲁庄公及宋人战于乘丘，县贲父御，卜国为右。马惊败绩[①]，公队。佐车授绥[②]。公曰："末之卜也。"县贲父曰："他日不败绩，而今败绩，是无勇也。"遂死之。圉人浴马，有流矢在白肉[③]。公曰："非其罪也。"遂诔之[④]。士之有诔自此始也。

【注释】

①败绩：失败。这里指翻车。

②佐车：副车。绥(suī)：挽住手上车的绳子。

【译文】

鲁庄公和宋国人在乘丘作战，县贲父为鲁庄公驾车，卜国坐车右。拉车的马突然受惊，搅乱了作战的队列。庄公被摔下车来。幸亏副车给他递了一条绳子，拉庄公上了副车。庄公说："也许事先没有占卜的缘故！"县贲父说："以前没有翻过车，而偏偏今天在战场上车翻人坠，这是我缺乏勇气呀！"说罢奔赴敌军而死。事后马夫洗马时，发现马大腿内侧有支飞箭。庄公说："原来翻车不是贲父的罪过。"于是庄公为县贲父作诔辞，追述他的功德。为士作诔的风气，就是从这时开始的。

③流矢：飞箭。白肉：大腿内侧的肉。

④诔(lěi)：追述死者功德的悼念文章。

【原文】

曾子寝疾，病。乐正子春坐于床下，曾元、曾申坐于足。童子隅坐而执烛。童子曰："华而睆，大夫之箦与？"子春曰："止！"曾子闻之，瞿然曰："呼！"曰："华而睆[①]，大夫之箦与？"曾子曰："然。斯季孙之赐也，我未之能易也。元，起易箦。"曾元曰："夫子之病革矣，不可以变，幸而至于旦，请敬易之。"曾子曰："尔之爱我也，不如彼。君子之爱人也以德，细人之爱人也以姑息。吾何求哉？吾得正而毙焉，斯已矣。"举扶而易之。反席未安而没。

【注释】

①睆(huàn)：光泽。

【译文】

曾子病倒在床上，病得很严重。乐正子春坐在他的床下边，曾元、曾申坐在他的脚旁，童仆坐在一个墙角里，手上拿着烛火。童仆说："那席花纹华丽光润，是大夫用的席子吧？"乐正子春说："别出声！"曾子听到了，忽然惊醒过来说："啊！"童仆又说道："那席花纹华丽光润，是大夫用的席子吧？"曾子说："是的。这席是季孙氏送给我的，我身体虚弱，没能及时把它换下来。元！扶我起来，帮我换席。"曾元说："您老人家的病已很危急了，不能移动，希望能等到天亮，再为您换席。"曾子说："你对我的爱不如那个童仆，君子爱人是用德行，小人爱人是姑息迁就。我现在还要求什么呢？我只盼望死得合于正礼这就行了。”于是大家扶起曾子，给他更换席子。等到再把他扶回到床上，还没有放安稳，他就死了。

【原文】

子路有姊之丧，可以除之矣，而弗除也。孔子曰：“何弗除也？”子路曰：“吾寡兄弟而弗忍也。”孔子曰：“先王制礼。行道之人皆弗忍也。”子路闻之，遂除之。

【译文】

子路为姊服丧，到九个月可以除掉丧服时，他却不肯除掉。孔子就问他：“为什么不除掉丧服呢？”子路回答说：“我兄弟少，所以不忍心过早除掉丧服。”孔子说：“礼是先王制定的。要说不忍，凡是仁义之人都不忍。”子路听了，就除掉丧服。

【原文】

大公封于营丘，比及五世，皆反葬于周。君子曰：“乐，乐其所自生。礼，不忘其本。古之人有言曰：‘狐死正丘首。’仁也。”

【译文】

太公受封在营丘，连续五代国君死了，都返归到周地埋葬。君子说：“乐，是表现人们发自内心的情感；礼，教人不忘本。古人有句俗话说：‘狐狸死的时候，它的头必定正对着山丘。’这也是仁的表现。”

【原文】

伯鱼之母死，期而犹哭。夫子闻之，曰：“谁与哭者？”门人曰：“鲤也。”夫子曰：“嘻[①]，其甚也！”伯鱼闻之，遂除之。

【注释】

①嘻：悲恨的声音。

【译文】

伯鱼的母亲死了，已经满了周年，可是他还在哭。孔子听见了哭声，就问："是谁在哭哇？"他的弟子回答说："是孔鲤。"孔子说："太过分了。"伯鱼听了这话后，就立刻除掉丧服不再哭泣。

【原文】

舜葬于苍梧之野，盖三妃未之从也。季武子曰："周公盖祔。"

【译文】

舜埋葬在苍梧的山中，他的三位妃子死后都没跟他合葬。季武子说："大概是从周公才开始有夫妇合葬的。"

【原文】

曾子之丧，浴于爨室。

【译文】

曾子死后，家中办丧事，是在厨房为尸体沐浴的。

【原文】

大功废业。或曰大功诵可也。

【译文】

遭遇大功之丧就得废弃学业了。有人说遭遇大功之丧口头诵习还是可以的。

【原文】

子张病，召申祥而语之曰："君子曰终①，小人曰死②，吾今日其庶几乎？"

【译文】

【注释】

①终：完成了功业。君子虽死，但功名长存。

②死：形骸消尽。小人的死，不仅形骸消尽，而且什么功名也没有流传下来。

子张病得很厉害，把儿子申祥叫到跟前，对他说："君子去世，叫做'终'，而普通的人去世只能叫'死'；我现在也差不多可以称作'终'了吧？"

【原文】

曾子谓子思曰："伋，吾执亲之丧也，水浆不入于口者七日。"子思曰："先王之制礼也，过之者俯而就之，不至焉者跂而及之。故君子之执亲之丧也，水浆不入于口者三日，杖而后能起。"

【译文】

曾子对子思说："伋，我为双亲守丧，七天没喝一口水和米汤。"子思说："先王制定礼，就是让贤者可以俯身相就，一般人通过努力也能做到。所以君子为父母守丧，三天不喝水和米汤就行了，扶着杖仍然能站起来。"

【原文】

伯高之丧，孔氏之使者未至，冉子摄束帛乘马而将之[①]。孔子曰："异哉，徒使我不诚于伯高。"

【注释】

①将之：奉命前往。

【译文】

伯高家里办丧事，孔子派去吊丧的使者还没有到达，冉子就代为准备了一束帛和四匹马，声称奉了孔子的命令前去吊丧。孔子说："这不一样啊！你那样做徒然使我失去了对伯高的诚意。"

【原文】

伯高死于卫，赴于孔子。孔子曰："吾恶乎哭诸？兄弟，吾哭诸庙；父之友，吾哭诸庙门之外；师，吾哭诸寝；朋友，吾哭诸寝门之外；所知，吾哭诸野。于野，则已疏；于寝，则已重。夫由赐也见我，吾哭诸赐氏。"遂命子贡为之主，曰："为尔哭

也。来者拜之。知伯高而来者，勿拜也。”

【译文】

伯高死在卫国，家里人向孔子报丧。孔子说：“我该在哪里哭他呢？本家兄弟死了，我在祖庙里哭他；父亲的朋友死了，我就在庙门外面哭他；老师死了，我就在自己寝室里哭他；朋友死了，我在寝室的门外哭他；只是一般的认识，我就在郊外哭他。但我与伯高的关系，在郊外哭他，嫌太疏远了；在寝室里哭他，又嫌太重了。他是由子贡介绍和我认识的，我还是到子贡家去哭他吧！”于是叫子贡做丧主，并说：“来吊丧的人，如果是为了你的关系而来吊丧的，你就拜谢他；认识伯高且有交情而来吊丧的，你就不用拜谢了。”

【原文】

曾子曰：“丧有疾，食肉、饮酒，必有草木之滋焉。”以为姜桂之谓也。

【译文】

曾子说：“服丧期间如果生病了，就可以吃肉喝酒了，但一定要有些草木的味道。”所谓草木的味道，这里指的是用姜桂等香料来调味。

【原文】

子夏丧其子而丧其明。曾子吊之，曰：“吾闻之也，朋友丧明则哭之。”曾子哭。子夏亦哭，曰：“天乎，予之无罪也！”曾子怒，曰：“商，女何无罪也[①]？吾与女事夫子于洙泗之间，退而老于西河之上，使西河之民疑女于夫子，尔罪一也；丧尔亲，使民未有闻焉，尔罪二也；丧尔子丧尔明，尔罪三也。而曰女何无罪与！”子夏投其杖而拜，曰：“吾过矣！吾过矣！吾离群而索居[②]，亦已久矣。”

【注释】

①女：通“汝”，下同。

②索居：独居。

【译文】

子夏因死了儿子而哭瞎了眼睛。曾子前去吊唁并说："我听说朋友双目失明，就要为之哭泣。"曾子哭了，子夏也跟着一起哭了起来，并说道："天啊！我是没有罪过的呀！"曾子气愤地说："你怎么没有罪过呢？以前我和你在洙水和泗水之间侍奉老师，后来你告老回到西河，使西河的人们把你比作老师。这是你的第一条罪过。你为你的父母守丧，却没有可以为人特别称道的事。这是你的第二条罪过。你儿子死了，却哭瞎了眼睛。这是你的第三条罪过。你怎么还说没有罪过呢？"子夏听后扔掉手杖，下拜说："我错了！我错了！我是离开朋友独自生活时间太久了。"

【原文】

夫昼居于内①，问其疾可也。夜居于外②，吊之可也。是故君子非有大故不宿于外；非致齐也，非疾也，不昼夜居于内。

【注释】

①昼居于内：这里指生病才白天睡在屋里。

②夜居于外：这里指服丧期间，夜里睡在门外倚庐里。

【译文】

如果白天还在屋里睡觉，亲朋好友就可以探望他的病情；夜里还睡在中门外，亲朋好友就可以前去吊丧。因此，君子除非遇到大的变故，否则不会夜宿于中门之外的；除非是祭祀前专心致志地戒斋，除非是生病，否则不会日夜都待在正寝内。

【原文】

高子皋之执亲之丧也，泣血三年，未尝见齿，君子以为难。

【译文】

高子皋在为父亲守丧时，暗暗地落了三年泪，从来没露出过笑容，君子认为这是很难做到的。

【原文】

衰与其不当物也，宁无衰。齐衰不以边坐。大功不以服勤。

【译文】

至于穿丧服，如果服丧人的感情言行与他所穿的丧服不相称，那么还不如不穿丧服呢。身穿齐衰，就不能不偏倚而坐。身穿大功的丧服，就不能出来干活儿。

【原文】

孔子之卫[①]，遇旧馆人之丧，入而哭之哀。出，使子贡说骖而赙之。子贡曰："于门人之丧，未有所说骖，说骖于旧馆，无乃已重乎?"夫子曰："予乡者入而哭之，遇于一哀而出涕，予恶夫涕之无从也[②]？小子行之。"

【注释】

①之：路过的意思。

②无从：无以为继的意思。

【译文】

孔子路过卫国，刚巧碰上从前馆舍主人的丧事，便进去吊丧，哭得很伤心。出来后，就叫子贡解下马车上的一匹马赠送给丧家。子贡说："你对门人的丧事，都没有解下马来相赠的，今天倒解下一匹马来赠给过去的馆人，恐怕礼太重了吧?"孔子说："我刚才进去吊丧，正好触动了哀情而流下了眼泪。我不愿意只流泪而没有别的表示。你还是照我的话去做吧!"

【原文】

孔子在卫，有送葬者，而夫子观之，曰："善哉为丧乎！足以为法矣。小子识之。"子贡曰："夫子何善尔也?"曰："其往也如慕，其反也如疑。"子贡曰："岂若速反而虞乎?"子曰："小子识之。我未之能行也。"

【译文】

孔子在卫国的时候，有人送葬，孔子就在一旁观看说："这丧事办得太完美了，可以作为标准了。你们要好好记着呀!"子贡说："老师您为什么说这件丧事办得完美呢?"孔子回答说："在送柩时，孝子就像小孩追随父母一样地啼哭着；埋葬回来后，又像担心亲人的魂灵还在墓穴，没有跟他回家，因而迟疑不前。”子贡说：“那还不如赶紧回家举行安魂祭呢？”孔子说：“你们要好好记住，他内心所流露的感情，我都未必能做到呢！”

【原文】

颜渊之丧，馈祥肉。孔子出受之，入弹琴而后食之。

【译文】

颜渊的丧事服丧期满，丧家就送来除丧祭的祭肉。孔子出门接受了祭肉，回到屋里，弹过琴以后，才吃祭肉。

【原文】

孔子与门人立，拱而尚右，二三子亦皆尚右。孔子曰：“二三子之嗜学也。我则有姊之丧故也，二三子皆尚左。”

【译文】

孔子和他的门人一起站在那里，孔子拱手的姿势是右手放在左手之上，弟子们也都跟着把右手放在左手上。孔子说：“你们几个太好学了。我是因为给姐姐服丧才这样做的。你们拱手时应该左手在上。”

【原文】

孔子蚤作[①]，负手曳杖，消摇于门[②]，歌曰：“泰山其颓乎，梁木其坏乎，哲人其萎乎。”既歌而入，当户而坐。子贡闻之，曰：“泰山其颓，则吾将安仰？梁木其坏，哲人其萎，则吾将安放？夫子殆将病也。”遂趋而入。夫子曰：“赐，尔来何迟也？夏后氏殡于东阶之上，则犹在阼也。殷人殡于两楹之间，则与宾主夹之也。周人殡于西阶之上[③]，则犹宾之也。而丘也，殷人也，予畴昔之夜梦坐奠于两楹之间[④]。夫明王不兴，而天下其孰能宗予？予殆将死也。”盖寝疾七日而没。

【注释】

①蚤：通“早”。

②消摇：同“逍遥”，悠闲自得貌。

③西阶：宾的位置，以西为尊。

④坐奠：安坐。

【译文】

孔子一大早就起来了，背着手，拖着手杖，悠闲自在地在门口散步，一边唱道："泰山要坍了吧？梁木要坏了吧？哲人要枯萎了吧？"唱完，就回到屋里，对着门坐下。子贡听到歌声说："如果泰山崩坍了，那我们将要仰望什么呢？如果梁木坏了，那柱子往哪儿安放呢？哲人枯萎了，那我还能效仿谁呢？老师大概是将要生病了吧！"于是就快步走了进去。孔子说："赐！你为什么来得这么晚呢？夏代停柩在东阶上，那还是在主位上；殷人停柩在东西两楹之间，那是处在宾主位之间；周人停柩在西阶上，那就像把它当做宾客一样。而我是殷人，我昨夜做梦梦到自己安坐在东西两楹之间。既然没有圣明的王者出世，那无非就是死的前兆而已。这样看来，我大概是快要死了吧！"孔子卧病大约七天以后就去世了。

【原文】

孔子之丧，门人疑所服。子贡曰："昔者夫子之丧颜渊，若丧子而无服①，丧子路亦然。请丧夫子若丧父而无服。"

【注释】

①无服：不穿丧服，而是在头上和腰间系上麻带，悲痛之情犹如亲人去世。

【译文】

给孔子办丧事时，弟子们不知道该为他穿什么丧服。子贡说："从前老师在处理颜渊的丧事时，就像死了儿子一样，但没穿丧服。处理子路的丧事也是这样。现在请大家对待老师的丧事，就像对待自己父亲的丧事一样哀悼痛苦，也不必穿戴什么丧服。"

【原文】

孔子之丧，公西赤为志焉。饰棺墙，置翣，设披，周也；设崇①，殷也；绸练，设旐，夏也。

【注释】

①崇：是旌桃上端用来张旌桃的横木，刻成龃龉高出的笋牙。

【译文】

孔子的丧事，是学生公西赤撰写墓志铭。用三代样式装饰棺柩：在柩帷外设置了翣和披，这是周人的样式；在柩车设置崇牙旌旗，这是殷人的样式；又在柩车上设置了用素绸缠绕旗杆的魂幡，这是夏人的样式。

【原文】

子张之丧，公明仪为志焉。褚幕丹质，蚁结于四隅，殷士也。

【译文】

子张的丧事，是学生公明仪为他撰写墓志铭。用红布做成大块的帐幕以覆盖棺材，并在四角画上像蚂蚁往来交错的纹路，这是用的殷代士人的棺饰制度。

【原文】

子夏问于孔子曰："居父母之仇如之何？"夫子曰："寝苫，枕干，不仕，弗与共天下也。遇诸市朝，不反兵而斗[①]。"曰："请问居昆弟之仇如之何？"曰："仕弗与共国，衔君命而使，虽遇之不斗。"曰："请问居从父昆弟之仇如之何？"曰："不为魁[②]。主人能，则执兵而陪其后。"

【注释】

①不反兵而斗：不用回去取武器，而是随时携带着武器，时刻准备杀死仇敌。

②魁：魁首，这里是带头的意思。

【译文】

子夏问孔子说："该怎样对待杀害自己父母的仇人呢？"孔子回答说："夜里睡在草垫上，枕着盾牌，不去做官，和仇人不共戴天。不管是在市上还是在公门遇到了，都要立即取出随身携带的兵器和他决斗。"子夏又问道："请问对待杀害自己兄弟的仇人，该怎么办呢？"孔子回答说："不和仇人在同一个国家做官，如果自己身负君命出使他国时，遇上了仇人的话，也不能与他决斗，怕误了公事。"子夏接着又问道："请问对待杀害自己堂兄弟的仇人，该怎么办呢？"孔子回答说："不必自己带头去报仇，死者的亲人就会去报仇，这时自己就拿着武器，跟在后面协助。"

【原文】

孔子之丧，二三子皆绖而出。群，居则绖，出则否。

【译文】

孔子的丧事，弟子们在家在外，都是头上和腰间扎上麻绖。众弟子之间如果有丧事，则只在家里扎着麻绖，出门就不用扎了。

【原文】

易墓，非古也。

【译文】

为墓地改葬，这并不是古来就有的习俗。

【原文】

子路曰："吾闻诸夫子，丧礼，与其哀不足而礼有余也，不若礼不足而哀有余也；祭礼，与其敬不足而礼有余也，不若礼不足而敬有余也。"

【译文】

子路说："我听老师说过，举办丧礼，与其内心缺少悲哀的感情而过分地去讲究礼仪的完备，还不如让礼仪欠缺些而使内心充满悲哀的感情；举行祭礼，与其内心缺少敬意而过分地去讲求礼仪的完备，还不如让礼仪欠缺些而使内心充满敬意。"

【原文】

曾子吊于负夏。主人既祖，填池，推柩而反之[①]，降妇人而后行礼。从者曰："礼与?"曾子曰："夫祖者，且也。且，胡为其不可以反宿也?"从者又问诸子游曰："礼与?"子游曰："饭于牖下，小敛于户内，大敛于阼[②]，殡于客位，祖于庭，葬于墓，所以即远也。故丧事有进而无退[③]。"曾子闻之，曰："多矣乎，

【注释】

①推柩而反之：祖奠时柩已向外，因曾子来吊，所以将柩车推回。这是不合于礼的做法。

予出祖者！"

②敛：即殓。给尸体穿上衣服，叫小殓；给尸体再穿上衣服，然后入棺，叫大殓。

③有进而无退：丧礼的过程是死者逐步远去，不能回头，所以说是有进而无退。

【译文】

曾子到负夏吊丧。主人已经行过祖奠，在柩上也设置了池，见曾子来吊丧，就把柩车推回原位，让妇人退到阶下，然后行礼。随从的人问曾子说："这合乎礼吗？"曾子回答说："祖奠是一种暂时的程序。既然是暂时的，为什么不可以把柩车推回原位呢？"随从的人又去问子游："这合乎礼吗？"子游回答说："在室内窗下饭含，在室内对着门的地方小殓，在堂上主位大殓，在客位停柩，在庙前院子祖奠，最后葬于墓，这种过程是为了表示逐渐远去。所以丧事只有进而无退。"曾子听见了这话以后，说："他说的出葬的礼，比我说出的好多了。"

【原文】

曾子袭裘而吊[①]，子游裼裘而吊。曾子指子游而示人曰："夫夫也，为习于礼者，如之何其裼裘而吊也？"主人既小敛，袒[②]，括发[③]，子游趋而出，袭裘，带，绖而入。曾子曰："我过矣！我过矣！夫夫是也。"

【注释】

①袭裘：掩着外衣而不露出裼衣，称为袭裘。这是凶礼的装束。

②袒：解开内外衣，露出左臂。

③括发：束发。

【译文】

曾子以袭裘的装束前往吊丧，子游却以裼裘的装束前往吊丧。于是曾子指着子游让人看，并说："这个人是熟悉礼的人，怎么可以敞开外衣来吊丧呢？"在小殓以后，丧主袒露左臂，用麻束发。子游才快步走出寝门外，改换成袭裘的装束，冠上缠了葛麻丝，腰间束上了葛带，然后进入寝门。曾子见到后，连忙说："我错了，是我错了，这个人做得对呀！"

【原文】

子夏既除丧而见。予之琴。和之而不和，弹之而不成声。作而曰："哀未忘也，先王制礼而弗敢过也。"子张既除丧而见。予

之琴。和之而和，弹之而成声。作而曰："先王制礼，不敢不至焉。"

【译文】

子夏服丧期满去见孔子。孔子递给他一张琴。他却怎么也调整不好琴弦、使五音和谐，因此弹奏起来不成声调。孔子站起来说："你内心悲哀的感情还没有忘掉，只是先王制定了丧礼，所以你才不敢超过规定的期限，只得除掉丧服。"子张服丧期满后去见孔子。孔子递给他一张琴。他一调整琴弦，五音就和谐了，弹曲而成音调。孔子站起来说："因为是先王制定的丧礼，所以你才不敢不等到服满丧才除丧服。"

【原文】

司寇惠子之丧，子游为之麻衰，牡麻绖。文子辞曰："子辱与弥牟之弟游，又辱为之服，敢辞。"子游曰："礼也。"文子退，反哭。子游趋而就诸臣之位。文子又辞曰："子辱与弥牟之弟游，又辱为之服，又辱临其丧，敢辞。"子游曰："固以请。"文子退，扶嫡子南面而立，曰："子辱与弥牟之弟游，又辱为之服，又辱临其丧，虎也敢不复位。"子游趋而就客位。

【译文】

司寇惠子死了，家中办丧事，子游身穿着麻衰，又加上牡麻绖，前去吊丧。惠子的哥哥文子辞谢道："过去辱蒙您与我弟弟交往，现在您又屈尊前来为他吊丧，实在不敢当，请别这样。"子游说："我这是依礼而行呢。"文子只好退回原位继续哭泣。于是子游快步走向家臣们的位置。文子看到后，又来辞谢说："过去辱蒙您与我弟弟交往，现在又委屈您为他穿丧服，而且您屈尊前来参加他的丧礼，实在不敢当，请别这样。"子游说："请允许我站在这里。"文子这才醒悟，退下去，扶出惠子的嫡子虎就主位，南面而立，说："辱蒙您和我弟弟交往，又委屈您为他穿丧服，而且您屈尊前来参加他的丧礼，不敢不恢复嫡子虎的丧主之位。”子游听后，这才快步走到宾客的位置上。

【原文】

君子曰：“谋人之军师，败则死之；谋人之邦邑，危则亡之。”

【译文】

君子说：“为人指挥军队作战，如果战败就该战死沙场，以身殉职；为人治理国家都邑，如果出现危机，就应该自我放逐。”

【原文】

公叔文子升于瑕丘，蘧伯玉从。文子曰：“乐哉，斯丘也！死则我欲葬焉。”蘧伯玉曰：“吾子乐之，则瑗请前。”

【译文】

公叔文子登上瑕丘，蘧伯玉也跟他一起登上去。文子说：“这座山丘风景真好，我死了，就打算埋在这里。”蘧伯玉说：“您这样喜欢这里，那么我愿死在您前面，抢先葬在这里。”

【原文】

弁人有其母死而孺子泣者，孔子曰：“哀则哀矣，而难为继也。夫礼，为可传也，为可继也，故哭、踊有节。”

【译文】

弁地有人死了母亲，像婴儿一样尽情地痛哭。孔子说：“他这样做是尽情地表达他的悲哀感情了，一般人是很难达到的。作为礼来讲，是能普及大众的，是要人人都能做到的。所以说丧礼的哭踊，都是有一定节度的。”

【原文】

叔孙武叔之母死，既小敛，举者出户，出户袒，且投其冠，括发。子游曰："知礼[①]！"

【注释】

①知礼：是讥讽叔孙武叔举止失礼。因为依礼袒及束发应在举尸出户之前。

【译文】

叔孙武叔的母亲去世了，小敛以后，抬尸者把尸体抬出室户至堂上，这时叔孙武叔才出户，袒露左臂，并且扔掉冠，用麻束发。子游讥讽他说："这也算懂得礼节吗？"

【原文】

扶君，卜人师扶右，射人师扶左。君薨以是举。

【译文】

国君有病，需要有人搀扶，这时的位置是：仆人搀扶右边，射人搀扶左边。国君刚去世时，也照这样抬国君的尸体。

【原文】

从母之夫，舅之妻，二夫人相为服，君子未之言也。或曰同爨缌。

【译文】

姨的丈夫、舅的妻子，这二人相互服丧，知礼的君子都没有说过可以这样。而有人说：此二人如果在一个锅里吃饭的话，就可以为死去的对方穿缌麻服。

【原文】

丧事欲其纵纵尔[①]，吉事欲其折折尔。故丧事虽遽不陵节，吉事虽止不怠。故骚骚尔则野，鼎鼎尔则小人[②]，君子盖犹犹尔[③]。

【注释】

①纵（zǒng）纵：急遽貌。

②鼎鼎：滞重不行貌。

③犹犹：缓急适中貌。

【译文】

办理丧事，要有个匆忙紧迫的样子；筹办吉事，要有个沉稳从容的样子。因此丧事虽然急迫，但不能超越节度，草率从事；吉事虽然舒缓，但不可以懈怠。所以，过分急迫了，就显得粗鄙失礼；过分拖沓了，就会像不懂礼节的小人一样太不庄重。明达礼的君子无论办什么事都要做到缓急适中得当的样子。

【原文】

丧具，君子耻具[1]。一日二日而可为也者，君子弗为也。

【注释】

①具：通“俱”。

【译文】

殓葬用的各种衣物器具，君子以早日置办齐全为耻。那些一两天内可以赶制出来的殓葬东西，在亲人生前君子是绝对不预先置办好的。

【原文】

丧服，兄弟之子犹子也，盖引而进之也。嫂、叔之无服也，盖推而远之也。姑、姊妹之薄也，盖有受我而厚之者也。

【译文】

按丧服的规定，兄弟的儿子就和自己的儿子一样，服丧一年，这样是为了加深伯叔侄间的亲情。嫂叔之间不为彼此服丧，这样是为了避免嫌疑，旨在疏远彼此的关系。姑、姊妹出嫁以后，降等而为她们服大功，这是因为有娶她们为妻而为她们加重丧服的人。

【原文】

食于有丧者之侧，未尝饱也。

【译文】

孔子在有丧服的人旁边用饭，从来就没有吃饱过。

【原文】

曾子与客立于门侧，其徒趋而出。曾子曰：“尔将何之?”曰：“吾父死，将出哭于巷。”曰：“反，哭于尔次[①]。”曾子北面而吊焉。

【注释】

①次：指弟子寄宿的房间。

【译文】

曾子和客人站在大门旁边，有个弟子快步走出门去。曾子问他说：“你要上哪儿去?”弟子回答说：“我听说我的父亲去世了，我正要到巷子里去哭。”曾子说：“回到你自己的房间里去哭吧。”然后曾子面朝北就宾位而吊丧。

【原文】

孔子曰：“之死而致死之，不仁而不可为也。之死而致生之，不知而不可为也。是故竹不成用，瓦不成味，木不成斫，琴瑟张而不平，竽笙备而不和，有钟磬而无簨虡，其曰明器，神明之也。”

【译文】

孔子说：“送走死去的亲人而确认死者全无知觉，这是不仁的，不能这样做。送走死去的亲人而确认死者还像活人那样，那是不智的，也不能这样做。因此作为陪葬的明器应该是这样的：竹器没边框，不好使用；陶器没有烧过，不能盛水洗脸；木器没有加过工，不好使用；琴瑟张了弦，但没有调正，不能弹；竽笙齐备了，音调却不调和，不能吹；有了钟磬，但没有木架，不能敲。这样的器物就称作‘明器’，意思是把死者当做神明来侍奉。”

【原文】

有子问于曾子曰：“问丧于夫子乎[①]?”曰：“闻之矣。丧欲速贫，死欲速朽。”有子曰：“是非君子之言也。”曾子曰：“参也闻

【注释】

①丧(sàng)：仕失去官职。

②有为：有所针对，有所特指。

③石椁：石制的外棺。

④反：通“返”。

诸夫子也。”有子又曰：“是非君子之言也。”曾子曰：“参也与子游闻之。”有子曰：“然，然则夫子有为言之也[②]。”曾子以斯言告于子游。子游曰：“甚哉，有子之言！似夫子也。昔者夫子居于宋，见桓司马自为石椁[③]，三年而不成。夫子曰：‘若是其靡也，死不如速朽之愈也。’‘死之欲速朽’，为桓司马言之也。南宫敬叔反[④]，必载宝而朝。夫子曰：‘若是其货也，丧不如速贫之愈也。’‘丧之欲速贫’，为敬叔言之也。”曾子以子游之言告于有子。有子曰：“然。吾固曰非夫子之言也。”曾子曰：“子何以知之?”有子曰：“夫子制于中都，四寸之棺，五寸之椁，以斯知不欲速朽也。昔者夫子失鲁司寇，将之荆，盖先之以子夏，又申之以冉有，以斯知不欲速贫也。”

【译文】

有子问曾子说；“你听到过老师说失去官职的问题吗?”曾子回答说：“我听他提到过这件事：仕而失去了官职，最好赶紧贫困下来；死了，最好是快点腐朽。”有子说：“这不像君子说的话。”曾子说：“这是我亲耳从老师那里听到的。”有子仍然说：“这不像君子说的话。”曾子说：“我和子游都听到这句话。”有子说：“是的，但那一定是老师针对某种特定的事情而说的。”曾子把这些话告诉子游。子游说：“真不简单，有子的口气真像老师。以前，老师在宋国，看到桓司马亲自设计石椁，匠人用了三年时间还没有磨琢成功。老师就说：‘一个人死了，如果要像这样侈靡，死后还不如快点腐烂好了。’人死了，最好快点烂掉的话，那是针对桓司马说的。南宫敬叔失去了官职以后，每次回鲁国，总是带着财物宝货来，谋求官位。老师见了就说：‘如果像他这样用许多财物宝货来谋求官位，那么在失去官职以后，还不如尽快贫困的好。’失去官职，最好尽快贫困的话，是针对南宫敬叔说的。”曾子把子游的话告诉了有子。有子说：“这就对了。我本来就说这不是老师的一贯主张。”曾子说：“你怎么知道的?”有子说：“以前，老师在掌管中都时，制定下法度，棺要四寸厚，椁要五寸厚，就凭这一点，我知道老师不会主张人死了要尽快腐烂。当年老师失去鲁国司寇的职位，要到楚国去的时候，记得是先派子夏去了解情况，紧接着派冉有去进一步观察。根据这种态度，我就知道他不希望失去官职就尽快贫困的。”

【原文】

陈庄子死，赴于鲁。鲁人欲勿哭。缪公召县子而问焉。县子曰：“古之大夫，束脩之问不出竟[①]，虽欲哭之，安得而哭之？今之大夫，交政于中国，虽欲勿哭，焉得而弗哭？且臣闻之，哭有二道：有爱而哭之，有畏而哭之。”公曰：“然。然则如之何而可？”县子曰：“请哭诸异姓之庙。”于是与哭诸县氏。

【注释】

①束脩：十条干肉。这里指微薄的礼物。

【译文】

齐国大夫陈庄子死了，向鲁国报丧。鲁君不打算为他举行哭礼。因此鲁缪公召见县子，征询他的意见。县子说：“古代的大夫，是不允许和外国有什么私交的，即使是赠送十条干肉这样微薄的礼物都不行，因此即使想为他哭，又怎么能行哭礼呢？现在的大夫，把持国家大权，和中原各国相互交结，因此就是想不为他们哭，又怎么能办得到呢？况且我听说过，哭有两种原因：有的是因为爱他而哭，有的则是因为怕他才哭。”缪公说：“是的。然而眼前这件事怎么办合适呢？”县子说：“那就请到异姓的宗庙里去哭吧！”于是缪公就到县氏的宗庙里去参加哭陈庄子。

【原文】

仲宪言于曾子曰：“夏后氏用明器，示民无知也。殷人用祭器，示民有知也。周人兼用之，示民疑也[①]。”曾子曰：“其不然乎，其不然乎。夫明器，鬼器也[②]；祭器，人器也[③]。夫古之人胡为而死其亲乎？”

【注释】

①疑：指对死者是有知还是无知疑惑不定。

②鬼器：为死者特设的明器。

③人器：祭时所用之器，亦为平时使用之器。

【译文】

仲宪对曾子说："夏后氏送葬用不能使用的明器，这就向民众显示死者是没有知觉的；殷朝人送葬用可以使用的祭器，是让民众知道死者是有知觉的；周人兼用明器和祭器，这是使民众对死者有知或无知疑惑不定。"曾子说："恐怕不是这样吧！恐怕不是这样吧！明器，是为鬼魂特设的器具；祭器，是人使用的器物。古代的人怎么忍心把死了的亲人看做无知者呢？"

【原文】

公叔木有同母异父之昆弟死，问于子游。子游曰："其大功乎。"狄仪有同母异父之昆弟死，问于子夏。子夏曰："我未之前闻也。鲁人则为之齐衰。"狄仪行齐衰。今之齐衰，狄仪之问也。

【译文】

公叔木有个同母异父的兄弟死了，他向子游请教该服何种丧。子游说："大概服大功吧？"狄仪也有个同母异父的兄弟死了，他去向子夏请教应该服何种丧。子夏说："我以前没有听说过。不过鲁国人是为同母异父的兄弟服齐衰。"狄仪就采用了服齐衰。今人为同母异父兄弟服齐衰，就是从狄仪问子夏开始的。

【原文】

子思之母死于卫，柳若谓子思曰："子圣人之后也，四方于子乎观礼，子盖慎诸[①]。"子思曰："吾何慎哉？吾闻之，有其礼无其财，君子弗行也；有其礼有其财，无其时，君子弗行也。吾何慎哉！"

【注释】

①盖：通"盍"，何不。

【译文】

子思的母亲死在卫国。柳若对子思说："您是孔圣人的后代，那么多人都在看您怎样行礼，您一定要慎重些啊！"子思说："我有什么可慎重的呢？我听说过：'有某种礼而没有足够的财物，君子不去实行；有某种礼，又有足够的财物，但没有适当的时机，君子也不去实行。’我有什么可慎重的呢！”

【原文】

县子琐曰：“吾闻之，古者不降，上下各以其亲。滕伯文为孟虎齐衰，其叔父也；为孟皮齐衰，其叔父也。”

【译文】

县子琐说：“我听说，古时候没有降低丧服级的规定，尊卑上下都各自按照亲疏关系来服丧。殷代滕伯文为孟虎服齐衰，因为孟虎是他的叔父；又为孟皮服齐衰，因为他是孟皮的叔父。”

【原文】

后木曰：“丧，吾闻诸县子曰：‘夫丧，不可不深长思也。买棺外内易。’我死则亦然。”

【译文】

后木说：“关于丧事，我听县子琐说过：‘办理丧事，不可不作深长考虑。买棺材，一定要内外都平滑精致的。’我死了也希望能这样。”

【原文】

曾子曰：“尸未设饰[①]，故帷堂，小敛而彻帷。”仲梁子曰：“夫妇方乱，故帷堂，小敛而彻帷。”

【注释】

①设饰：穿殓服。

【译文】

曾子说：“尸体还没穿殓服，所以在灵堂上设置帷帐，直到小殓之后就把帷帐撩起来。”仲梁子说：“死者刚去世时，男人和女人的哭泣正混乱未定，所以要在灵堂上设置帷帐，直到小殓之后，才将帷帐撩起来。”

【原文】

【注释】

①失：失误。

小敛之奠，子游曰："于东方。"曾子曰："于西方，敛斯席矣。"小敛之奠在西方，鲁礼之末失也[①]。

【译文】

关于小殓之后的奠祭，子游说："设在东边。"曾子说："设在西边，殓时就要在西边布设奠席了。"把小殓后的祭奠物设在西边，是沿用鲁国后期礼节上的失误。

【原文】

县子曰："绤衰，繐裳，非古也。"

【译文】

县子说："丧服用粗葛做衰，用细而疏的布做裳，这不是古代的丧服制度。"

【原文】

子蒲卒，哭者呼"灭"。子皋曰："若是野哉!"哭者改之。

【译文】

子蒲去世了，有人哭着喊他的名字"灭"。子皋说："这人太粗野了。"那个人听后，就改称子蒲了。

【原文】

杜桥之母之丧，宫中无相[①]，以为沽也[②]。

【注释】

①相：是赞礼的人。

②沽：简单。

【译文】

杜桥的母亲的丧事，殡宫中没有相礼的人，懂礼的人都认为太简略了。

【原文】

夫子曰："始死，羔裘、玄冠者，易之而已。"羔裘、玄冠，夫子不以吊。

【译文】

孔子说："亲人刚死，穿戴羔裘玄冠去吊丧，应赶快改为素冠深衣。"孔子自己就从不穿戴羔裘玄冠去吊丧。

【原文】

子游问丧具。夫子曰："称家之有亡[①]。"子游曰："有无恶乎齐？"夫子曰："有，毋过礼。苟亡矣，敛首足形，还葬，县棺而封，人岂有非之者哉？"

【注释】

①称：相称。

【译文】

子游向孔子请教办丧事的器物怎样才算具备，孔子说："只要跟家产的多少相称就行了。"子游说："那又该怎么掌握家产的多少与丧具厚薄的关系呢？"孔子说："如果家计殷实，也不要过礼而厚葬；如果家境贫寒，就只要衣服、被单足以掩盖身体就行了，而且殓毕立即下葬，绳子兜住棺材，悬起下放到坑中，这样尽心尽力地做，怎么还会有人指责他失礼呢？"

【原文】

司士贲告于子游曰："请袭于床。"子游曰："诺。"县子闻之曰："汰哉叔氏，专以礼许人。"

【译文】

司士贲告诉子游说："我想在床上给沐浴过的死者穿衣。"子游说："可以。"县子听了这话就说："叔氏太狂妄了，听他的口气，好像专门由他批准别人实行礼似的。"

【原文】

宋襄公葬其夫人，醯、醢百瓮。曾子曰：“既曰明器矣，而又实之！”

【译文】

宋襄公埋葬他的夫人时，陪葬了一百瓮醋、酱。曾子说：“陪葬的器物既称作‘明器’，却又装满实物。”

【原文】

孟献子之丧，司徒旅归四布。夫子曰：“可也。”

【译文】

孟献子的丧事，家臣司徒使下士把多余的助丧的钱财归还给赠送者。孔子说：“这件事办得可以。”

【原文】

读赗，曾子曰：“非古也，是再告也[①]。”

【注释】

①再告：因为来吊丧的宾客在致赙时，史已告过，柩车将行时又“读赗”，所以是再告。

【译文】

在柩车将行时，丧主命人向死者宣读助葬财物账册，曾子说：“这恐怕不是古代的礼俗，这是第二次向死者报告了。”

【原文】

成子高寝疾，庆遗人请曰：“子之病革矣，如至乎大病[①]，则如之何[②]？”子高曰：“吾闻之也：‘生有益于人，死不害于人。’吾纵生无益于人，吾可以死害于人乎哉？我死，则择不食之地而葬我焉[③]。”

【注释】

①大病：指死，讳言死，所以说大病。

②如之何：是请示后事的意思。

③不食之地：不长庄稼的土地。

【译文】

成子高卧病不起，庆遗进屋问他说：“您的病已经很危急了，如果再这样发展下去，那么该怎么办呢？”子高说：“我听说过：‘活着的时候要对别人多做好事，死了也不要害人。’我即使活着的时候没能为别人做过多少有益的事，难道死了还要危害于人吗？我死了以后，就找一块不能长庄稼的地，把我埋葬了吧！”

【原文】

子夏问诸夫子曰：“居君之母与妻之丧。”“居处、言语、饮食衎尔。”

【译文】

子夏问孔子说：“遇到国君之母和国君之妻服丧应该怎样？”孔子说：“起居、言谈和饮食，仍像平时自在的样子就行了。”

【原文】

宾客至，无所馆，夫子曰：“生于我乎馆，死于我乎殡。”

【译文】

如果远方来的客人没地方住宿，不能不管。孔子说：“活着可以住在我这里，就是死了也不妨由我为他殓殡。”

【原文】

国子高曰：“葬也者，藏也。藏也者，欲人之弗得见也。是故衣足以饰身，棺周于衣，椁周于棺，土周于椁。反壤树之哉！”

【译文】

国子高说：“葬，是藏的意思；藏的目的，就是不想让人们看见。因此，衣物足以裹住身体，内棺足以包住衣物，外棺足以包住内棺，墓圹足以包住外椁就行了。现在怎么还在墓地上堆土造坟、栽种树木呢！”

【原文】

【注释】

①斩板：造坟用的工具，类似筑土墙用的夹板。

孔子之丧，有自燕来观者，舍于子夏氏。子夏曰：“圣人之葬人，与人之葬圣人也，子何观焉？昔者夫子言之曰：‘吾见封之若堂者矣，见若坊者矣，见若覆夏屋者矣，见若斧者矣，从若斧者焉。’马鬣封之谓也。今一日而三斩板[①]，而已封，尚行夫子之志乎哉？”

【译文】

在为孔子办丧事时，有个人从燕国赶来观看葬礼，住在子夏家里。子夏对他说：“这是圣人在主持别人的葬礼吗？不是的，这是普通人在葬圣人啊！有什么可值得你观看的呢？以前听老师说过这样的话：‘我见过把坟筑成像堂屋那样四方而高的样子，见过像堤防那样纵长而横狭的样子，见过像夏屋那样宽广而卑下的样子，见过像刀刃朝上的斧子那样长而高的样子。我赞成像刀刃朝上的斧子的那种样子。’这也就是民间所说的马鬣封的形状。现在为夫子筑坟，一天之内三次设板筑土，很快就将坟筑成了，这大概是实现了老师的意愿吧？”

【原文】

妇人不葛带[①]。

【注释】

①葛带：用葛做的腰绖。丧服，男重首绖，女重腰绖。斩衰齐衰，在卒哭以后，将牡麻换成葛，但男子不变首绖而女人不变腰绖，仍用牡麻，所以说女人一直不用葛做的腰带。

【译文】

女性在居丧期间，一直不用葛带。

【原文】

有荐新，如朔奠。

【译文】

在停柩期间，遇到新熟的五谷，就供奉给新的奠，这种奠的仪节与初一的供奉相同。

【原文】

既葬，各以其服除。

【译文】

下葬以后，该除服的人便可各自除服了。

【原文】

池视重霤。

【译文】

柩车上“池”的规格，就比照他生前宫室檐口下的承水槽。

【原文】

君即位而为椑，岁壹漆之，藏焉。

【译文】

国君即位后，就要为他准备好内棺，每年都得刷一次漆，收藏好。

【原文】

复、楔齿、缀足、饭、设饰、帷堂并作[①]。**父兄命赴者**。

【译文】

复、楔齿、缀足、饭含、设饰、帷堂，这些都是在死者断气之后，同时进行的。报丧的人，一般都是由叔伯或堂兄派遣的。

【原文】

君复，于小寝、大寝、小祖、大祖、库门、四郊。

【译文】

国君死后，为他招魂，应该在小寝、大寝、四亲庙、太祖庙、库门和国都的四郊进行。

【原文】

丧不剥奠也与，祭肉也与。

【译文】

【注释】

①复：为死者招魂。饭：即饭含，古丧仪之一，把珠、玉、谷物或钱放入死者口中的习俗。设饰：指袭殓迁尸时又加着新衣。帷堂：小殓时在堂上设置幕帷，小殓后即撤除。

丧祭不裸露奠祭物，是因为奠祭物中有祭肉吧。

【注释】

①布：备办。

【原文】

既殡，旬而布材与明器[①]。

【译文】

死者装殓入棺，在堂上停殡过十天，就得备办椁材与明器。

【原文】

鲁哀公诔孔丘曰：“天不遗耆老，莫相予位焉。呜呼哀哉，尼父！”

【译文】

鲁哀公对孔丘的悼词说：“苍天不留下这位受人尊敬的老人，现在没有合适的人选来帮助我治理国家了！啊，多么令人悲哀呀，尼父！”

【注释】

①举：杀牲盛馔。

【原文】

国亡大县邑，公、卿、大夫、士皆厌冠，哭于大庙三日，君不举[①]。或曰君举而哭于后土。

【译文】

国家丧失大县邑后，公、卿、大夫、士都要戴着丧冠到国家的太祖庙里去连哭三天，而且在这期间，国君不听音乐。另外还有一种说法是：国君可以听音乐，但要向土神禀告哀哭。

【注释】

①恶：厌恶。野哭：不分场合，不在应处的哭位上哭泣。

【原文】

孔子恶野哭者[①]。

【译文】

孔子厌恶那种不管什么场合，不在应处的哭位上哭泣的人。

【注释】

①税：以财物助丧。

【原文】

未仕者不敢税人[①]，如税人则以父兄之命。

【译文】

还没有获得官职的人，不能擅自用家中的财物去送人；如果要把财物赠送别人，就必须征得父兄的同意，秉承他们的意思去做。

【原文】

士备入而后朝夕踊。

【译文】

国君的丧事，停殡期间，然后开始朝哭踊，或夕哭踊，等到士全都到齐后，群臣一起哭踊。

【原文】

祥而缟。是月禫，徙月乐。

【译文】

大祥祭以后就可以戴白色生绢做的冠了。禫祭的下个月就可以奏乐了。

【原文】

君于士有赐帟。

【译文】

国君对于死去的士，可以恩赐他一块小幕帐，用以遮挡灵柩上的尘土。

檀弓下

【注释】

①斯：此一时刻。指旧君死而新君未立之际。

②忧服：父母死，居忧服丧。

③时：时机。

④辞：谢绝。

⑤丧人：流亡在外之人。

⑥身丧：指自己流亡国外。

⑦他志：指利己之心。

⑧稽颡：叩头至地。不拜：表示不敢以继承人自居。

⑨不私：不再和使者私下交谈。

⑩远利：避开得图之利。

【原文】

晋献公之丧，秦穆公使人吊公子重耳，且曰："寡人闻之，亡国恒于斯[①]，得国恒于斯。虽吾子俨然在忧服之中[②]，丧亦不可久也，时亦不可失也[③]。孺子其图之。"以告舅犯。舅犯曰："孺子其辞焉[④]。丧人无宝[⑤]，仁亲以为宝。父死之谓何？又因以为利，而天下其孰能说之？孺子其辞焉。"公子重耳对客曰："君惠吊亡臣重耳，身丧[⑥]，父死，不得与于哭泣之哀，以为君忧。父死之谓何，或敢有他志[⑦]，以辱君义？"稽颡而不拜[⑧]，哭而起，起而不私[⑨]。子显以致命于穆公。穆公曰："仁夫，公子重耳！夫稽颡而不拜，则未为后也，故不成拜。哭而起，则爱父也。起而不私，则远利也[⑩]。"

【译文】

晋献公去世后，秦穆公派使者去慰问出亡在外的公子重耳，使者又（转达穆公的话）说："我听说：失去国家常在国家有大丧的时候，得到国家也常在国家有大丧的时候。虽然您现在正专心处于居丧期间，但也不可长久地逃亡在外。时机不可失掉，请您仔细考虑一下吧。"重耳把使者的这些话告诉给了舅舅子犯。舅舅子犯说："你还是辞谢他们的一番好意吧。出亡在外的人没有什么宝物，只有把亲行仁义作为宝。父亲去世，这是多么大的凶祸，又趁这个机会谋取私利，天下的人将有谁喜欢你呢？你还是辞谢了吧。"于是公子重耳就答复来使说："贵国国君太仁惠了，还派人来慰问我这个出亡在外的臣子。我出亡在外，父亲去世了，只恨不能到他的灵位前去哭泣，以表达心里的哀痛，因此而使贵国国君为我操心担忧。父亲死了，这是何等重大的变故，我怎敢有别的念头，来玷辱贵国之君待我的厚义呢？"说完以后，重耳就只叩头至地，而不拜谢。然后哭着站起来，起来之后也不与宾客私下交谈。使者子显回国向穆公报告了这些情况。穆公说：“公子重耳真是仁厚！他只叩头至地，而不拜谢，这说明他不以继承君位者自居，所以不行拜礼。哭着站起来，这是很爱自己的父亲的表现。站起来以后也不再和使者私下里说话，说明他不想因丧贪求私利。”

【原文】

穆公问于子思曰：“为旧君反服，古与?”子思曰：“古之君子进人以礼，退人以礼，故有旧君反服之礼也。今之君子进人若将加诸膝，退人若将队诸渊①，毋为戎首，不亦善乎？又何反服之礼之有?”

【注释】

①队：通“坠”，使动用法。

【译文】

穆公问子思说：“大夫因故离开故国，后听说原国君去世，就回来为其服齐衰三个月，这是古代就有的礼吗?”子思回答说：“古代的国君，在任用臣子的时候都是根据礼的，在免去臣子官职的时候也是依礼的，因此有返回来为旧君服丧的礼。而现在的国君，在招致人才的时候像要把他抱到膝上似的宠爱，罢免臣下官职的时候又好像要把他推下深渊似的。被罢免的臣子，不带领别国的军队来攻打故国，也就很不错了，又哪里还有什么返回来为旧君服丧之礼可言呢?”

【原文】

悼公之丧，季昭子问于孟敬子曰：“为君何食?”敬子曰：“食粥①，天下之达礼也。吾三臣者之不能居公室也，四方莫不闻矣。勉而为瘠，则吾能，毋乃使人疑夫不以情居瘠者乎哉？我则食食。”

【注释】

①食粥：为君服斩衰三年，君刚死三天不能吃东西，殡以后只能喝粥，到十三个月以后才能吃饭。

【译文】

鲁悼公去世了，季昭子问孟敬子说："为国君服丧，应该吃什么饭呢？"敬子回答说："国君去世，臣子应该喝稀粥，这是天下的通礼。但是我们仲孙、叔孙、季孙三个做臣子的不能安处国君之朝，天下的人没有不知道的。如果勉强节食，变成消瘦的样子，我也能做到，但那样做不是更让人怀疑我们不是出自内心的真情，而是故意使自己外表消瘦的吗？我还是照常吃我的饭。"

【原文】

曾子曰："晏子可谓知礼也已，恭敬之有焉。"有若曰："晏子一狐裘三十年，遣车一乘，及墓而反。国君七个，遣车七乘；大夫五个，遣车五乘。晏子焉知礼？"曾子曰："国无道，君子耻盈礼焉。国奢，则示之以俭；国俭，则示之以礼。"

【译文】

曾子说："晏子可以称得上一个很懂得礼的人了，他处理事情恭敬严谨。"有若说："晏子一件狐皮袍子穿了三十年，为亲人办理丧事时，只用一辆遣车，匆忙下葬完毕就回家了。按照礼的规定，装遣奠牲体国君用七个包，遣车用七辆；大夫五个包，遣车用五辆。晏子怎么可以算得上懂得礼呢？"曾子说："如果国君治国无方，那么君子就耻于按礼数一一做到。在国人竞相奢侈的时候，就应向人们表现出节俭的作风；在国人崇尚节俭的时候，就应向人们显示正规的礼数。"

【原文】

吴侵陈，斩祀，杀厉。师还出竟[1]，陈大宰嚭使于师。夫差谓行人仪曰："是夫也多言，盍尝问焉[2]？师必有名，人之称斯师也者，则谓之何？"大宰嚭曰："古之侵伐者，不斩祀，不杀厉，不获二毛[3]。今斯师也，杀厉与？其不谓之杀厉之师与？"曰："反尔地，归尔子，则谓之何？"曰："君王讨敝邑之罪，又矜而赦之，师与有无名乎？"

【注释】

①竟：通"境"。

②盍：何不。

③二毛：鬓发斑白的人。

【译文】

吴国侵伐陈国，破坏了祭祀的场所，杀害患病的百姓。后来吴军退出陈国国境的时候，陈国的大宰嚭出使吴军。吴王夫差对行人仪说："这个使者很会说话，我们何不试着问他一下，凡是军队必须有个好名声，问他，别人对我们的军队，将怎样评论?"大宰嚭回答道："古人侵伐他国时，不破坏祭祀场所，不杀害患病的百姓，不俘获鬓发斑白的老人。现在贵国军队不是在杀害患病的百姓吗？那不就可以称为杀害病人的军队吗?"夫差说："要是现在把攻占的土地还给你们，把俘获的子民归还你们，那又该怎样称呼我们的军队呢?"太宰嚭回答说："君王您讨伐我国，是因为我们的罪过，现在又怜悯并赦免我们，像这样的军队，又怎会没个好的名声呢?"

【原文】

知悼子卒，未葬，平公饮酒，师旷、李调侍，鼓钟。杜蒉自外来，闻钟声，曰："安在?"曰："在寝!"杜蒉入寝，历阶而升[①]，酌曰："旷，饮斯!"又酌曰："调，饮斯!"又酌，堂上北面坐饮之，降，趋而出。平公呼而进之曰："蒉，曩者尔心或开予，是以不与尔言。尔饮旷何也?"曰："子卯不乐。知悼子在堂，斯其为子卯也，大矣。旷也，大师也，不以诏[②]，是以饮之也。""尔饮调何也?"曰："调也，君之亵臣也[③]，为一饮一食，亡君之疾[④]，是以饮之也。""尔饮何也?"曰："蒉也，宰夫也，非刀匕是共[⑤]，又敢与知、防[⑥]，是以饮之也。"平公曰："寡人亦有过焉，酌而饮寡人。"杜蒉洗而扬觯[⑦]。公谓侍者曰："如我死，则必无废斯爵也。"至于今，既毕献，斯扬觯，谓之"杜举"。

【注释】

①历阶：一步跨越两个台阶。

②诏：告诉。

③亵：亲近。

④亡：通"忘"，忘记。疾：忧患。

⑤共：通"供"。

⑥防：谏诤国君的过失。

⑦觯（zhì）：古代饮酒器。

【译文】

知悼子去世了，还没下葬，晋平公却喝起酒来了，让师旷、李调作陪，并敲钟击鼓奏乐。杜蒉从外面进来，听到钟声，就问侍卫说："国君在哪儿？"有人回答说："在正寝。"杜蒉进入正寝，沿阶而上，倒了一杯酒说："师旷，把这杯酒喝了。"又倒了一杯酒，说："李调，把这杯酒喝了。"接着又倒了一杯酒，在堂上面朝北坐着喝了。然后走下台阶，快步出了正寝。晋平公喊住他，叫他进来，说："杜蒉，刚才我以为你或许想要开导我，所以我没有同你说话。你为什么让师旷喝酒呢？"回答说："照礼，甲子、乙卯是君王的忌日，不能奏乐。现在知悼子的灵柩还停在堂上，这比逢上甲子、乙卯的日子更要重大得多了。师旷是掌乐的太师，而不把这个道理告诉国君，所以我罚他喝杯酒。""那你为什么又要李调喝酒呢？"回答说："李调是国君的近臣，可是为了有吃喝，就不管您的过失，所以我也要罚他喝一杯酒。""那么你自己为什么也要喝一杯酒呢？"回答说："蒉只是个宰夫，不去摆弄宰刀等，却胆敢越职参与防止违礼的事，所以自己也该罚一杯酒。"平公说："我也有过失，倒杯酒来，也应该罚我一杯酒。"杜蒉洗净酒杯，倒上酒举起献上。平公对侍者说："即使我死了以后，也不要废弃这只酒杯。"直到现在，凡是献完酒后，像这样举起酒杯，就叫做"杜举"。

【原文】

石骀仲卒，无嫡子，有庶子六人，卜所以为后者。曰："沐浴佩玉则兆[①]。"五人者皆沐浴佩玉。石祁子曰："孰有执亲之丧，而沐浴佩玉者乎？"不沐浴佩玉。石祁子兆，卫人以龟为有知也。

【注释】

①兆：问卜时，龟甲上显示吉凶的裂纹叫做"兆"。

【译文】

石骀仲去世了，没有嫡子，只有六个庶子，只好用龟卜来决定继承人。卜人说："大家先洗个澡，然后佩戴上玉，龟甲上才能显出吉兆。"有五个人赶忙洗好澡，佩戴上玉。而只有石祁子说："哪有居丧期间，而洗澡佩玉的呢？"他没有洗澡佩玉。可是，龟兆却显示出石祁子应该做继承人。因此，卫国人都认为龟兆很灵验。

【原文】

陈子车死于卫，其妻与其家大夫谋以殉葬，定而后陈子亢至，以告曰："夫子疾，莫养于下，请以殉葬。"子亢曰："以殉葬，非礼也。虽然，则彼疾当养者，孰若妻与宰？得已，则吾欲已；不得已，则吾欲以二子者之为之也。"于是弗果用。

【译文】

陈子车客死在卫国，他的妻子和家宰打算用活人为他殉葬。已经决定之后，陈子亢来了，他们就把用活人殉葬的决定告诉他，说："他老人家有病，没有人在地下伺候他，所以决定用活人为他殉葬。"子亢说："用活人殉葬，这是不符合礼的。虽然如此，可是他有病，那么在地下伺候他的，有谁能比他妻子和家宰更合适呢？如果能取消这个决定，那么正是我的希望；假如不能取消，那么我认为就用你们两个人来殉葬吧！"这样一来，殉葬的事也就没有实行。

【原文】

子路曰："伤哉，贫也！生无以为养，死无以为礼也。"孔子曰："啜菽[①]，饮水，尽其欢，斯之谓孝。敛首、足、形，还葬而无椁，称其财，斯之谓礼。"

【注释】

①啜(chuò)菽：喝豆粥。啜，饮。

【译文】

子路说："贫穷真让人伤心啊！父母在世，没有钱财供养他们；父母去世，又没有钱财举办丧事。"孔子说："尽管是喝豆粥，饮清水，而能让父母在精神上得到满足，这就是'孝'了；他们去世后，只要有衣衾足以掩藏首、足、形体，入殓后就埋葬，虽然没有椁，但只要能根据自己的财力来办丧事，这就合乎'礼'了。"

【原文】

【注释】

①班邑：赏赐封地。班，通"颁"。

卫献公出奔，反于卫，及郊，将班邑于从者而后入[①]。柳庄曰："如皆守社稷，则孰执羁靮而从？如皆从，则孰守社稷？君反其国而有私也，毋乃不可乎。"弗果班。

【译文】

卫献公被逐逃亡，后来终于返回卫国。到了城郊，想要把一些城邑分赏给随他逃亡的人，然后才进城。柳庄就对他说："如果大家都留下来保卫国家，那么还会有谁为您执缰驾车跟随您出亡呢？然而如果大家都跟着您逃亡，那又有谁来保卫国家呢？您一回国就有了私心，这样做恐怕不可以吧？"结果卫献公没有分赏城邑。

【原文】

卫有大史曰柳庄，寝疾。公曰："若疾革，虽当祭必告。"公再拜稽首，请于尸曰："有臣柳庄也者，非寡人之臣，社稷之臣也，闻之死，请往。"不释服而往，遂以襚之，与之邑裘氏与县潘氏，书而纳诸棺，曰："世世、万子孙无变也。"

【译文】

卫国有个太史叫柳庄，卧病在床。卫国国君说："如果病情危急，即使是我在主持祭礼时，也一定要告诉我。"后来，柳庄恰巧在卫君祭祀时去世了。卫君拜了两拜，叩头，然后向祭祀中的尸请求说："有个叫柳庄的臣子，他不只是我个人的臣子，也是国家社稷的重臣，刚才得到他去世的消息，请允许我前去吊丧。"他来不及脱下祭服就赶往柳家，于是脱下自己身上的祭服赠给柳庄，并且封给柳庄裘氏和县潘氏两个邑，还将封赠文书放进棺里。文书上说："世世代代子子孙孙万代相传，永不改变。"

【原文】

战于郎。公叔禺人遇负杖入保者，息曰："使之虽病也，任之虽重也，君子不能为谋也，士弗能死也，不可。我则既言矣。"与其邻重汪踦往，皆死焉。鲁人欲勿殇重汪踦，问于仲尼。仲尼曰："能执干戈以卫社稷，虽欲勿殇也，不亦可乎。"

【译文】

齐与鲁在郎邑作战。鲁国的公叔禺人遇上一个拄杖进入城堡避难的士卒。于是感慨地说："虽然徭役使百姓们很疲困，赋税也使百姓的负担很沉重，可是那些卿大夫不能为国家谋划，士人不能为国家献身，这是不行的！我既然已经这样说了（就得有行动）。"于是他就和邻居的少年汪踦奔赴战场，结果都战死了。鲁国人打算不把少年汪踦当做未成年的人来举行丧礼，于是向孔子请教。孔子说："他既然能够拿着武器保卫国家社稷，即使不把他当做未成年的人来办丧事，不也可以吗?"

【原文】

襄公朝于荆，康王卒，荆人曰："必请袭。"鲁人曰："非礼也。"荆人强之。巫先拂柩[1]，荆人悔之。

【注释】

①巫先拂柩：是君临臣丧的礼节。拂，就是祓，祓除不祥的意思。

【译文】

鲁襄公到楚国去拜会楚君，正碰上楚康王去世。楚人对襄公说："请您务必为康王穿衣。"襄公的随员说："这是不合乎礼的。"然而楚人还是强迫襄公这样做。于是襄公就先让男巫走在前面，用桃枝轻拂灵柩，以驱除不祥，然后才给尸穿衣，结果楚人对这件事很后悔。

【原文】

滕成公之丧，使子叔敬叔吊，进书。子服惠伯为介。及郊，为懿伯之忌，不入。惠伯曰："政也，不可以叔父之私，不将公事。"遂入。

【译文】

在为滕成公办丧事时，鲁国派子叔敬叔作为使臣前去吊丧，并且递送鲁君的吊唁书。子服惠伯做副手。等到了滕国近郊，正好是子服惠伯叔父懿伯的忌日，所以子叔敬叔想缓一日进城。惠伯说："这是国君交给我们的使命，不能因为叔父私忌，而耽误公事。"于是就一起进城。

【原文】

哀公使人吊蒉尚，遇诸道，辟于路，画宫而受吊焉。曾子曰："蒉尚不如杞梁之妻之知礼也。齐庄公袭莒于夺，杞梁死焉。其妻迎其柩于路而哭之哀。庄公使人吊之，对曰：'君之臣不免于罪，则将肆诸市朝，而妻妾执。君之臣免于罪，则有先人之敝庐在，君无所辱命。'"

【译文】

蒉尚办丧事，哀公派人去吊唁，恰巧在路上遇到出葬的灵车，于是蒉尚扫除道路，就地画了殡宫的形状，然后就位接受吊唁。曾子听说后，说："蒉尚还不如杞梁的妻子懂礼呢！齐庄公派人从小路袭击莒国，杞梁战死了。他的妻子在路上迎接他的灵柩，哭得十分悲伤。齐庄公就派人去路上慰问她，她却回答说：'如果君的臣子杞梁有罪，就应该在集市、官府陈尸示众，并把他的妻妾拘捕起来。如果他没有罪，那么我们还有先人留下的一所破宅子，可供行礼，现在不能在这里接受吊唁而屈辱君命。'"

【原文】

悼公之母死，哀公为之齐衰。有若曰："为妾齐衰，礼与？"公曰："吾得已乎哉？鲁人以妻我。"

【译文】

悼公的母亲去世了，哀公为她服齐衰。有若说："丧服规定，为妾服齐衰，这符合礼的规定吗?”哀公说：“我这也是不得已呀？鲁国人把她当做我的妻看待。”

【原文】

季子皋葬其妻，犯人之禾，申祥以告，曰：“请庚之。”子皋曰：“孟氏不以是罪予，朋友不以是弃予，以吾为邑长于斯也，买道而葬，后难继也。”

【译文】

季子皋埋葬他妻子时，损坏了别人家的庄稼。申祥把情况告诉他，并说：“请您赔偿人家的损失。”子皋说：“我的主人孟氏并没有因为这件事责怪我，朋友也没有因为这件事而疏远我，就因为我是本邑的主管。就算是我出了买路钱而葬，但是恐怕以后就难办了。”

【原文】

孔子过泰山侧，有妇人哭于墓者而哀。夫子式而听之①，使子路问之曰：“子之哭也，壹似重有忧者②。”而曰：“然。昔者吾舅死于虎③，吾夫又死焉，今吾子又死焉。”夫子曰：“何为不去也?”曰：“无苛政。”夫子曰：“小子识之④，苛政猛于虎也。”

【译文】

孔子路过泰山旁边，看见一个女人在墓前哭得很哀痛。孔子停车，将手靠在轼上致意，并听她哭泣。然后他让子路前去询问说：“听您的哭声，很像有许多痛苦的样子。”女人回答说：“是的。以前我公公是被老虎咬死的，我丈夫又被老虎咬死了，现在我的儿子又死于虎口。”孔子说：“那您为什么不离开这里呢?”她回答说：“因为这地方没有苛暴的政令。”于是孔子对弟子们说：“你们要好好记着，苛暴政令比老虎还厉害啊!”

【注释】

①式：通“轼”。轼是古代车前的横木。

②壹似：很像。重(chóng)有忧者：有不止一件伤心事。重，重复。

③舅：公公，丈夫的父亲。

④小子：老师对弟子的昵称。识（zhì）之：记住。

【注释】

①挚：通“贽”，见面的礼物。

②悫（què）：质朴。莅（lì）：君临。

【原文】

鲁人有周丰也者，哀公执挚请见之[①]。而曰不可。公曰：“我其已夫。”使人问焉。曰：“有虞氏未施信于民而民信之，夏后氏未施敬于民而民敬之，何施而得斯于民也？”对曰：“墟墓之间，未施哀于民而民哀；社稷宗庙之中，未施敬于民而民敬。殷人作誓而民始畔，周人作会而民始疑。苟无礼义忠信诚悫之心以莅之[②]，虽固结之，民其不解乎？”

【译文】

鲁国有个叫周丰的人，鲁哀公带着礼物去请求见他，他却说不行。哀公说：“那我就不勉强他了。”于是就派使者去请教周丰，说：“有虞氏并没有教导人民诚信，人民却信任他；夏后氏并没有教导人民诚敬，人民却敬重他，他们究竟是推行的什么政教而得到人民的信任和敬重的呢？”周丰回答说：“先民的废墟和坟墓之间，用不着教百姓悲哀，而百姓会悲哀；在神社或宗庙里，并没有人教导人民要肃敬，他们却自然地表现出肃敬的神情。殷代统治者曾用誓言约束民众，而民众背叛了他们；周代的统治者热衷于会盟，而人民才开始互相不信任。如果没有用礼义忠信诚实的心去治理人民，即使强行与民众交结，难道人民就不会离散了吗？”

【注释】

①易：简略。

【原文】

邾娄考公之丧，徐君使容居来吊、含。曰：“寡君使容居坐含，进侯玉，其使容居以含。”有司曰：“诸侯之来辱敝邑者，易则易[①]，于则于。易于杂者未之有也。”容居对曰：“容居闻之：‘事君不敢忘其君，亦不敢遗其祖。’昔我先君驹王西讨，济于河，无所不用斯言也。容居鲁人也，不敢忘其祖。”

【译文】

邾娄在为定公办丧事时，徐国国君派容居来吊丧，并对定公行含礼。容居致辞说："敝国的国君派我来坐行含礼，致送侯爵所含的玉璧。请让我行含礼。"邾娄的臣子说："凡是各国诸侯屈尊来到敝国，该行臣礼的就行臣礼，该行君礼的就行君礼，君礼臣礼不分的，我们可没有做过。"容居回答说："我听说：代表国君办事，就不敢忘掉国君的身份，也不敢忘记他的祖先。过去我们的先君驹王往西征讨，渡过了黄河，对待诸侯他一向是以王者的身份说话办事的。我虽然很愚钝，但也不敢忘记祖先说话办事的规矩。"

【原文】

子思之母死于卫，赴于子思。子思哭于庙。门人至曰："庶氏之母死，何为哭于孔氏之庙乎?"子思曰："吾过矣！吾过矣！"遂哭于他室。

【译文】

子思的母亲改嫁后，死在卫国。有人向子思报丧，子思就到祖庙里去哭。子思的弟子进来说："庶氏家中死了母亲，你为什么要跑到孔氏的祖庙里哭呢?"子思连忙说："我错了！我错了！"于是到别的房子里去哭。

【原文】

天子崩，三日，祝先服；五日，官长服；七日，国中男女服；三月，天下服。虞人致百祀之木，可以为棺椁者斩之。不至者，废其祀，刎其人。

【译文】

天子去世三天后，协助丧礼的祝先服丧；五天后，国家各级官员服丧；七天后，王畿内的庶民百姓服丧；三个月后，天下诸侯及卿大夫都服丧。掌管山泽的虞人要负责罗致王畿内各地神社的木材，凡是适合做棺椁的树都砍下来用。那些不肯献上木材的地方，就把当地的神社废掉，杀掉那里的主管人员。

【注释】

①大饥：严重饥荒。

②为食：做饭施粥。

③食（sì）之：给他吃。

④嗟，来：怜悯。

⑤谢焉：向饿者道歉。

⑥微：是“非”的意思。

【原文】

齐大饥[①]，黔敖为食于路[②]，以待饥者而食之[③]。有饿者，蒙袂，辑屦，贸贸然来。黔敖左奉食，右执饮，曰：“嗟，来食[④]！”扬其目而视之，曰：“予唯不食‘嗟来’之食，以至于斯也。”从而谢焉[⑤]，终不食而死。曾子闻之，曰：“微与[⑥]。其‘嗟’也可去，其谢也可食。”

【译文】

齐国发生严重的饥荒，黔敖在路边准备好饭食，用来给过路的饥民充饥。有一个饥民，用袖子蒙着脸，无力地拖着脚步，眼光迷迷糊糊地走来。黔敖左手端着饭，右手执着汤罐，用怜悯的口气喊道：“喂！来吃吧！”那个饥民抬起眼睛看看他说：“我就是因为不愿意吃嗟来之食，所以才落到这步田地。”黔敖听了连忙上前向他道歉，但他还是不肯吃，因而饿死了。曾子听到这件事以后，就说：“恐怕不该这样吧！人家没有好声气地叫你吃，你当然可以拒绝，但是人家既然已经道歉了，那就应该吃。”

【原文】

邾娄定公之时，有弑其父者，有司以告，公瞿然失席，曰：“是寡人之罪也。”曰：“寡人尝学断斯狱矣。臣弑君，凡在官者，杀无赦。子弑父，凡在官者，杀无赦。杀其人，坏其室，洿其宫而豬焉。盖君逾月而后举爵。”

【译文】

邾娄定公在位的时候，有个人杀死了自己的父亲。负责刑事的官员把这件事报告定公。定公惊愕地瞪大了眼睛，在坐席上也坐不住了，说：“我没有把人民教育好，这是我的罪过。”又说：

"我曾学过判决这类案子：如果做臣子的杀了国君，那么凡是在官府担任公职的人都可以把他抓来杀死，绝不宽赦；如果做儿子的杀了父亲，那么凡是在家的人都可以把他抓住杀死，绝不宽赦。不仅要杀掉凶手，而且要拆掉他的住房，把房基庭院挖成池子，灌满水。国君过一个月才能饮酒。"

【原文】

晋献文子成室，晋大夫发焉[①]。张老曰："美哉，轮焉[②]！美哉，奂焉[③]！歌于斯，哭于斯，聚国、族于斯。"文子曰："武也，得歌于斯，哭于斯，聚国族于斯，是全要领以从先大夫于九原也。"北面再拜稽首[④]。君子谓之善颂、善祷[⑤]。

【注释】

①发焉：携礼往贺。

②轮：高大。

③奂：通"焕"，明亮。④北面：面向北。

⑤善颂：善于赞美。善祷：善于祈福。

【译文】

晋国献文子新盖了一座宫室，晋大夫都去送礼庆贺。张老赞美说："这高大的屋宇多壮丽呀！这明亮的居室多漂亮啊！今后可以在这里祭祀作歌，在这里居丧哀哭，在这里和僚友宗族聚会宴饮了。"文子说："我能在这里祭祀作歌，在这里居丧哭泣，在这里和僚友宗族聚会宴饮，这表明我将来保全了身体，能同先祖先父合葬在九原啊！"说完后就朝北面再拜叩头表示感谢。君子们都说他们一个善于称颂，一个善于祈福。

【原文】

阳门之介夫死，司城子罕入而哭之哀。晋人之觇宋者[①]，反报于晋侯曰："阳门之介夫死，而子罕哭之哀，而民说，殆不可伐也。"孔子闻之曰："善哉，觇国乎！《诗》云：'凡民有丧，扶服救之。'虽微晋而已，天下其孰能当之？"

【注释】

①觇：窥视。引申为侦探。

【译文】

宋国阳门的一个披甲的卫士死了，司城子罕到他的灵堂前哭得很悲哀。当时晋国的一个刺探宋国情况的探子，向晋侯报告说：“阳门有个卫士死了，而子罕哭得很伤心，他这样做，百姓对此都很满意，恐怕现在不适合去讨伐宋国吧！”孔子听到这件事以后说：“这个探子真会观察国情啊！《诗》说：‘凡是邻里有了灾祸，我都应尽力去帮助他们。’虽然想攻打宋国的不只是晋国，但天下有哪个国家能进攻宋国呢？”

【注释】

①并：犹“专”，身兼众事而专权。植：刚直。

②退然：柔弱的样子。

【原文】

赵文子与叔誉观乎九原。文子曰：“死者如可作也，吾谁与归？”叔誉曰：“其阳处父乎？”文子曰：“行并植于晋国①，不没其身，其知不足称也。”“其舅犯乎？”文子曰：“见利不顾其君，其仁不足称也。我则随武子乎，利其君，不忘其身；谋其身，不遗其友。”晋人谓文子知人。文子其中退然如不胜衣②，其言呐呐然如不出诸其口，所举于晋国，管库之士七十有余家。生不交利，死不属其子焉。

【译文】

赵文子和叔誉一起到晋国卿大夫的墓地九原去游观。文子说：“死了的人如果能复活，我跟随谁一路回去呢？”叔誉说：“阳处父怎么样？”文子说：“他在晋国专权而刚直，不得善终，他的才智不值得称道。”“舅犯怎么样？”文子说：“他见到利益就不顾自己的国君了，他的仁爱不值得称道。我还是跟随武子吧，他既能为国君谋利益，又能顾全自身的利益；既为自己打算，又不忘记朋友。”晋国人因此都说文子很了解人。文子的身体柔弱得像穿不起衣裳，讲起话来迟钝得像说不出口。他为晋国管库房推荐了七十几个人，生前却从来不与他们有钱财的交往，临死时也没有托请谁照顾自己的孩子。

【注释】

①巷市：罢市以后，民间的交易就在巷里进行，叫巷市。

【原文】

岁旱，穆公召县子而问然，曰：“天久不雨，吾欲暴尪而奚

若？”曰：“天久不雨，而暴人之疾子，虐，毋乃不可与。”“然则吾欲暴巫而奚若？”曰：“天则不雨，而望之愚妇人，于以求之，毋乃已疏乎？”“徙市则奚若？”曰：“天子崩，巷市七日；诸侯薨，巷市三日[①]**。为之徙市，不亦可乎？”**

【译文】

遇到了干旱的年头，穆公请县子来询问说：“天很久没有下雨了，我打算把有尪病的人放到太阳底下去晒晒，你看怎么样？”县子回答说：“天很久没下雨，您就把有病的孩子放到太阳底下晒，这样做不是太残酷了吗，恐怕不可以吧。”“那么晒晒女巫师怎么样？”回答说：“天不下雨，而寄望于愚蠢的女人，通过晒她们来求雨，岂不是有悖常理吗？”又问：“那么罢市怎么样？”回答说：“天子去世，罢市七天；诸侯去世，罢市三天。为了求雨而罢市，这样做不是不可以吧？”

【原文】

孔子曰：“卫人之祔也，离之。鲁人之祔也，合之，善夫！”

【译文】

孔子说：“卫人合葬的方式，是分为两个墓坑并排安葬；鲁国人合葬的方式，是两个棺材同葬一个坑里。还是鲁国人的方式较好些。”

礼　运

【注释】

①逮(dài):赶得上。

②与(jǔ):通“举”。

③亲其亲:以自己的亲人为亲。

④有所终:有安度晚年的去处。

⑤有所用:有可以出力干活的去处。

⑥有所长:有可以成长的去处。

⑦矜:通“鳏”。

⑧分(fèn):职分,职业。

⑨归:女嫁曰归。

【原文】

昔者仲尼与于蜡宾，事毕，出游于观之上，喟然而叹。仲尼之叹，盖叹鲁也。言偃在侧曰：“君子何叹?”孔子曰：“大道之行也，与三代之英，丘未之逮也[①]，而有志焉。大道之行也，天下为公，选贤与能[②]，讲信修睦。故人不独亲其亲[③]，不独子其子，使老有所终[④]，壮有所用[⑤]，幼有所长[⑥]，矜寡孤独废疾者[⑦]，皆有所养；男有分[⑧]，女有归[⑨]；货恶其弃于地也，不必藏于己；力恶其不出于身也，不必为己。是故谋闭而不兴，盗窃乱贼而不作，故外户而不闭，是谓大同。”

【译文】

从前，仲尼作为陪祭者参加蜡祭，事情结束后，到外面宗庙的楼台上游览时，他不禁发出叹息声。仲尼的叹息，大概是因为鲁国。言偃在旁边问道：“您为什么叹息呢?”孔子说：“大道施行的时代，和三代英明之主所处的时代，我都没有赶得上，可是心里向往。大道施行的时代，天下是公共的，选拔贤能的人治理天下，人们之间讲究信用，和睦相处。所以人们不单单爱戴自己的父母也爱戴别人的父母，不单单疼爱自己的儿子也疼爱别人的儿子，使老年人能安享天年，壮年人能发挥作用，小孩子能得到良好的教育，年老失去妻、儿、丈夫的，年少失去父亲的人和残疾人都能得到供养。男人致力于自己的职分，女人出嫁建立家庭。厌恶财物被丢弃浪费，但不必把它占为己有；厌恶有力气偷懒不用，但并不必是为了自己。因此，阴谋权术被扼制而不得施展，抢劫偷盗杀人越货的事不会发生，外出可以不用关门，这就叫做大同社会。”

【原文】

“今大道既隐，天下为家，各亲其亲，各子其子，货力为己，大人世及以为礼[①]，城郭沟池以为固，礼义以为纪，以正君臣，以笃父子，以睦兄弟，以和夫妇，以设制度，以立田里，以贤勇知，以功为己。故谋用是作，而兵由此起。禹、汤、文、武、成王、周公，由此其选也[②]。此六君子者，未有不谨于礼者也，以著其义，以考其信[③]，著有过，刑仁讲让，示民有常。如有不由此者，在势者去，众以为殃。是谓小康。”

【注释】

①大人：指诸侯。世及：诸侯传位，父子相传为世，兄弟相传为及，即世袭制度。

②由：用。选：英才。

③考：成就。

【译文】

“当今社会大道已经隐没不行了，天下成了君王一家的天下，人们各自爱戴各自的父母，各自疼爱各自的子女，财物和人力都据为己有，天子诸侯把世袭作为礼，修建城郭、开掘护城河来坚固防守，把礼义作为纲纪，用来使君臣关系确定，使父子关系淳厚，使兄弟关系和睦，使夫妇关系和谐，并且以此设立制度，划分田地和住宅，把勇猛、聪明的人当做贤人，以为己建立功业，故阴谋诡计由此产生，战争也由此而起。禹、汤、文、武、成王、周公，就是用礼义治国的杰出人物。这六位君子，没有不恪守礼制的，彰明它的意义，用它来考察人们的信用，明察过失，刑法仁厚而讲究谦让，告诉人们正常的规范准则。如果有不遵循礼义的，做君主的将被罢黜，民众将把他看成祸殃。这就叫做小康社会。”

【原文】

言偃复问曰：“如此乎，礼之急也?”孔子曰：“夫礼，先王以承天之道，以治人之情，故失之者死，得之者生。《诗》曰：‘相鼠有体，人而无礼；人而无礼，胡不遄死[①]！’是故夫礼，必本于天，殽于地[②]，列于鬼神，达于丧、祭、射、御、冠、昏、朝、聘。故圣人以礼示之，故天下国家可得而正也。”

【注释】

① 遄（chuán）：快，迅速。

②殽：通“效”。

【译文】

言偃又问道："这样的话，礼真的那么急需吗？"孔子说："礼，是先王继承天道，来陶冶人的情操的。所以，失去礼必然死亡，遵行礼才能生存。《诗经》上说：'看那老鼠有肢体，做人反而没有礼；做人反而没有礼，为何不快点死去呢！'因此，礼必须以天为根本，效法于地理，取法于鬼神，贯穿于丧事、祭祀、射箭、驾车、冠礼、婚礼、朝礼、聘礼等之中。所以圣人用礼来昭示民众，天下就可以治理好了。"

【原文】

言偃复问曰："夫子之极言礼也，可得而闻与？"孔子曰："我欲观夏道，是故之杞，而不足征也[①]，吾得《夏时》焉。我欲观殷道，是故之宋，而不足征也，吾得《坤乾》焉[②]。《坤乾》之义，《夏时》之等，吾以是观之。"

【注释】

①征：证明。

②《坤乾》：殷人运用阴阳占筮的书。

【译文】

言偃又问道："您那么极力推崇礼，可以告诉我们它到底是什么吗？"孔子说："我想知道夏朝的礼，所以到杞国去，而发现杞国的文献不能证明夏朝的礼，我从那里只获得了一部名为《夏时》的历书。我想知道殷商的礼，所以到宋国去，而发现宋国的文献不能证明殷商的礼，我从那里只获得了一部名为《坤乾》的书。《坤乾》中所体现的事物变化的道理，《夏时》中所记载的四时运动的程序，我就依据这些来考察夏、殷时代的礼。"

【原文】

孔子曰："呜呼，哀哉！我观周道[①]，幽、厉伤之。吾舍鲁何适矣！鲁之郊、禘，非礼也。周公其衰矣。杞之郊也，禹也；宋之郊也，契也：是天子之事守也。故天子祭天地，诸侯祭社稷。

【注释】

①观：考察。

【译文】

孔子说："这是多么可悲啊！我考察周朝治理天下之道，被幽王和厉王败坏了，如果我舍弃鲁国，我将去向何处呢？鲁国现在举行的郊禘之礼，不符合礼。周公创制的礼到他以后就衰微了。杞国的祭天之礼祭的是禹，宋国的祭天之礼祭的是契：这是从前的天子的祭礼而子孙应当继续遵守的。所以只有天子才有权祭祀天地，诸侯只能祭祀本国的社稷之神。

【原文】

"祝嘏莫敢易其常古，是谓大假[①]。祝嘏辞说，藏于宗、祝、巫、史，非礼也，是谓幽国。盏、斝及尸君[②]，非礼也，是谓僭君。冕、弁、兵革，藏于私家，非礼也，是谓胁君。大夫具官，祭器不假，声乐皆具，非礼也，是谓乱国。故仕于公曰臣，仕于家曰仆。三年之丧，与新有昏者，期不使。以衰裳入朝，与家仆杂居齐齿，非礼也，是谓君与臣同国。故天子有田以处其子孙，诸侯有国以处其子孙，大夫有采以处其子孙，是谓制度。故天子适诸侯，必舍其祖庙，而不以礼籍入，是谓天子坏法乱纪。诸侯非问疾吊丧，而入诸臣之家，是谓君臣为谑。是故礼者，君之大柄也，所以别嫌明微，傧鬼神，考制度，别仁义，所以治政安君也。故政不正则君位危，君位危则大臣倍，小臣窃。刑肃而俗敝，则法无常，法无常而礼无列，礼无列则士不事也。刑肃而俗敝，则民弗归也。是谓疵国。

【注释】

①假：指大。

②斝（jiǎ）：一种大口圆腹，下有三锥形足的青铜酒器。

【译文】

"祝词和嘏辞不能改变沿用的常规，这称为礼中最大的礼。把祝词和嘏辞的礼文放在宗、祝、巫、史那里，不符合礼，这称为幽暗之国。用盏、斝向尸君献酒，不符合礼，这称为僭礼于君。国君的衮冕、皮弁和保卫国君的兵器、甲胄放在私人家中，不符合礼，这称为被劫胁之君。大夫家中有执事官吏，祭器齐全不需向人借用，声乐器具齐备，不符合礼，这称为乱礼之国。因此，为国君效力的官叫做臣，为士大夫效力的叫做仆。为父母服丧三年的臣和新结婚的臣，一年之内国君不派他差使。如果穿着丧服进朝，或和家仆杂居等列，这也不符合礼，这称为君臣共同拥有国家。因此天子有田地就安置他的子孙，诸侯有封国就安置他的子孙，大夫有封地就安置他的子孙，这称为制度。因此天子到诸侯那里去，必然在诸侯的祖庙里下榻，而如果天子不依照礼册上的规定就擅自进入祖庙，这称为天子败坏礼法、变乱纲纪。诸侯如果不是探视疾病、吊丧而进入到臣下的家里，这称为君臣戏谑。所以，礼是国君用来治理国家的重要手段，是用来辨别疑惑，洞察幽微，敬奉鬼神，考察制度，辨别不同对象而运用仁或义的，是用来治理国政而安定君位的。因此，如果政治不端正君位就会动摇，君位动摇大臣就会悖逆，小臣就会窃权。如果刑罚严峻而礼俗败坏，法律就会波动不定，法律不定而礼（又因败坏而）不能区分上下等级，礼不能区别上下等级做官的就会不忠于职事。刑罚严峻而礼俗败坏，那么民众就不会归心于国家。这称为病国。

【原文】

“故政者，君之所以藏身也。是故夫政必本于天，殽以降命。命降于社之谓殽地，降于祖庙之谓仁义，降于山川之谓兴作①，降于五祀之谓制度，此圣人所以藏身之固也。

【注释】

①兴作：建设。

【译文】

“因此，国政是国君用来安身的。因此，国政必须以天理为根本，遵照天理下达政令。政令根据土地需要来下达称为地利，根据祭祀祖庙需要来下达称为仁义，根据利用山川需要来下达称为兴制作，根据建造宫室的需要来下达称为制度。这些就是国君用来牢固安身的国政。

【原文】

“故圣人参于天地，并于鬼神以治政也。处其所存，礼之序

也；玩其所乐，民之治也。故天生时，而地生财，人其父生，而师教之：四者君以正用之，故君者立于无过之地也。

【译文】

“因此圣人参照天地，比照鬼神来治理国政。处在圣人所存在的时代，到处是礼的秩序；体味圣人所引以为乐的，是民众得到治理。因此天产生四时，而地生出财富，人由父母生养，由师长教育：这四方面，国君只需恰当地运用它们，因此就可以立于无过失的境地。

【原文】

“故人者，其天地之德，阴阳之交，鬼神之会，五行之秀气也。故天秉阳，垂日星。地秉阴，窍于山川。播五行于四时，和而后月生也。是以三五而盈，三五而阙。五行之动，迭相竭也。五行、四时、十二月，还相为本也。五声、六律、十二管，还相为宫也。五味、六和、十二食，还相为质也。五色、六章、十二衣，还相为质也。

【译文】

“因此作为人者，体现了天地的德行、阴阳的交会、鬼神的妙合，并荟萃了五行的灵气。因此天持阳性，日月星辰普照大地。地持阴性，山川通气。把五行分布于一年的四季，四季和顺而后生出十二个月。因此十五天而月盈满，又十五天而月亏缺。五行的运行，相互交替而尽。五行、四季、十二个月，周而复始。五声、六律、十二律管，交替应用来确定宫音的音高。五味、六和、十二个月的食物，交替地以五味为本味。五色、六章、十二个月的衣服，也是交替地以五色为本色。

【原文】

“故人者，天地之心也，五行之端也，食味，别声，被色而

【注释】

①柄：权衡。

②艺：标准，准则。

③奥：主要的，主要的对象。

生者也。故圣人作，则必以天地为本，以阴阳为端，以四时为柄[①]，以日、星为纪，月以为量，鬼神以为徒，五行以为质，礼义以为器，人情以为田，四灵以为畜。以天地为本，故物可举也。以阴阳为端，故情可睹也。以四时为柄，故事可劝也。以日、星为纪，故事可列也。月以为量，故功有艺也[②]。鬼神以为徒，故事有守也。五行以为质，故事可复也。礼义以为器，故事行有考也。人情以为田，故人以为奥也[③]。四灵以为畜，故饮食有由也。

【译文】

“因此，人是天地的心脏、五行的发端，品尝五种味道，辨别五种声音，兼备五种颜色而产生出来的。因此圣人制作法则，必然以天地的德行为根本，以阴阳交会为开端，以四季当行的政令作为权衡，以太阳、星辰的运行来计时，以十二月来计量事功，以鬼神为徒属，以五行运行的规律为本体，以礼义作为工具，以人情作为田地，以四灵作为家禽。以天地德行为根本，因此可以包容万物。以阴阳为开端，因此可以洞察人情。以四季当行的政令作为权衡，因此做事就有了努力的目标。以日、月的运行来计时，因此做事情可以有条理。以十二月来计量事功，因此所当完成的事功就有了标准。以鬼神为徒属，因此政事就可以守而不失。以五行运行的规律为本体，因此凡事都可以周而复始。以礼义为工具，因此行事就会有成效。以人情为田地，因此人是被治理的主要对象。以四灵为家禽，因此民众的饮食就有了来源。

【原文】

“何谓四灵？麟、凤、龟、龙，谓之四灵。故龙以为畜，故鱼鲔不淰；凤以为畜，故鸟不獝；麟以为畜，故兽不狘；龟以为畜，故人情不失。

【译文】

“什么是四灵？麟、凤、龟、龙称为四灵。因此把龙作为家畜，鱼类就会被统率而不会被惊走；把凤作为家畜，鸟类就不会被惊飞；把麟作为家畜，兽类就不会被惊跑；把龟作为家畜，人情就会被准确无误地占卜出来。

【原文】

“故先王秉蓍、龟，列祭祀，瘗缯，宣祝嘏辞说，设制度，故国有礼，官有御，事有职，礼有序。

【译文】

“因此先王持着蓍草、龟甲，按照顺序进行祭祀，埋葬祭品，宣读祝词和嘏辞，建立制度，因此国家有了礼制，官吏有了职权，做事有了职分，礼制有了秩序。

【原文】

“故先王患礼之不达于下也。故祭帝于郊，所以定天位也。祀社于国，所以列地利也。祖庙，所以本仁也[①]。山川，所以傧鬼神也。五祀，所以本事也。故宗、祝在庙，三公在朝，三老在学，王前巫而后史，卜、筮、瞽、侑皆在左右[②]。王中心无为也，以守至正。故礼行于郊，而百神受职焉。礼行于社，而百货可极焉。礼行于祖庙，而孝慈服焉。礼行于五祀，而正法则焉。故自郊、社、祖庙、山川、五祀，义之修而礼之藏也。

【注释】

①本：这里有体现的意思。

②瞽：乐师。侑：用奏乐或献玉帛劝人饮食的人，即膳宰。

【译文】

“因此先王担心礼不能通达于天下。于是在郊外祭祀天帝，用来确定天至高无上的地位。在国都祭祀社神，用来列举土地养民的功劳。祭祀祖庙，用来体现仁爱。祭祀山川，用来敬奉鬼神。祭祀五祀，用来体现人事。因此宗祝应处在宗庙之中，三公应处在朝堂之上，三老应处在学校之内。天子前有巫师后有史官，卜师、乐师、膳宰都在左右，天子的心中无所作为，用来坚守正道。因此在郊外祭祀天帝，众神就会忠于职守。祭祀社神，各种物品都能尽其所用。祭祀祖庙，孝敬慈爱就会让人信服。祭祀五祀，各种法令规则就会得到端正。因此祭天、祭社、祭祖庙、祭山川，直到祭五祀，就是修养和坚守礼义。

【注释】

①肌肤之会、筋骸之束：肌肤、筋骸紧密联系，不可分开。此处是借喻人类社会关系不散乱全靠礼义的维系。

②窦：水道。

【原文】

“故礼义也者，人之大端也，所以讲信修睦，而固人之肌肤之会，筋骸之束也①；所以养生送死，事鬼神之大端也；所以达天道，顺人情之大窦也②。故唯圣人为知礼之不可以已也。故坏国、丧家、亡人，必先去其礼。

【译文】

“因此礼义，是人类做一切事情最基本的出发点。是用来讲究信用和睦相处，就像坚固人的肌肤和筋骸的联系一样，使人类社会更团结地生存；是用来供养活着的人、送走死去的人、祭祀鬼神的最基本的出发点；是用来通达天理、顺适人情的重要渠道。因此只有圣人才知道礼是不可以停止的。所以那些败国、丧家、身败名裂的人，必然是首先摒弃了礼义。

【注释】

①蘖(niè)：酿酒的曲。

②缪：通“谬”，谬误，疏漏。

【原文】

“故礼之于人也，犹酒之有蘖也①：君子以厚，小人以薄。故圣王修义之柄，礼之序，以治人情。故人情者，圣王之田也，修礼以耕之，陈义以种之，讲学以耨之，本仁以聚之，播乐以安之。故礼也者，义之实也，协诸义而协，则礼虽先王未之有，可以义起也。义者，艺之分，仁之节也。协于艺，讲于仁，得之者强。仁者，义之本也，顺之体也，得之者尊。故治国不以礼，犹无耜而耕也；为礼不本于义，犹耕而弗种也；为义而不讲之以学，犹种而弗耨也；讲之于学而不合之以仁，犹耨而弗获也；合之以仁而不安之以乐，犹获而弗食也；安之以乐而不达于顺，犹食而弗肥也。四体既正，肤革充盈，人之肥也。父子笃，兄弟睦，夫妇和，家之肥也。大臣法，小臣廉，官职相序，君臣相

正，国之肥也。天子以德为车，以乐为御，诸侯以礼相与，大夫以法相序，士以信相考，百姓以睦相守，天下之肥也，是谓大顺。大顺者，所以养生送死，事鬼神之常也。故事大积焉而不苑，并行而不缪②，细行而不失，深而通，茂而有间，连而不相及也，动而不相害也，此顺之至也。故明于顺，然后能守危也。

【译文】

"因此礼义对于人来说，就好比是酿酒时用的酒曲那么关键，君子重视宣扬礼义，而小人轻视摒弃礼义。因此先贤圣王以修持礼义、规范秩序来治理人情世故。治理人情世故好比是先贤圣王的田地，修持礼义是在耕耘，规范秩序是在种植，讲解其中含义好比是锄草，坚持仁义就是凝聚人心，宣扬快乐就是在安抚民众。宣扬礼义要把其真正内涵落到实处，通过实际行动来辅助礼义，因为礼义在前代的先贤圣王时期不曾实行，所以现在实行时要明白其中要义。仁义是区分人身份、地位的标准，对仁的具体表现形式也要根据具体情况而有所不同。能够以义协助于艺、讲求于仁的，这便是强者。仁者以宣扬义为根本，按其行事便不会违背大义，宣扬仁义的人便会赢得他人的尊重。治理国家不讲求礼义，就好比耕地没有农具一样；宣扬礼不从根本的仁义出发，就好比耕种没有种植一样；不明行义的要领，就好比种地没有锄草一样；行义的要领违背了仁的要求，就好比劳作后却不去收获一样；合乎仁的要求却不能使百姓安居乐业，就好比是有了收获却不能食用一样；能使百姓安居乐业却不能使国家通达安稳，就好比吃了东西不能长胖一样。四肢端正，吃穿所需充盈，才会使生活富裕。父子忠厚纯正，兄弟和睦相处，夫妻恩爱有加，家庭才会殷实富裕。大臣公正无私，小臣廉洁奉公，官职上下有序，君臣相互信任，国家才会强大富裕。天子以施行仁德为车，以礼乐制度为驾驶的车夫，诸侯之间以礼相待，大夫之间以法度规范秩序，士人之间以信誉相交，百姓之间以和睦相守，天下就会迎来太平盛世，这就是所说的大顺。大顺，就是养生送死，侍奉鬼神的常礼。即使有再多再大的事情也不会凌乱不堪，行起事来也不会相互影响，慢慢行事不会有所疏漏，且能深刻地领悟其中道理。虽然事务繁忙却也有闲乐的时候，有些事情相互关联难以解决，但行动起来不会使其相互间有损害，这便是‘顺’的最高境界。只有明白了什么是国家所需要的‘顺’，而后才能懂得如何防微杜渐、治理国家。

【注释】

①合：闭合，防止。

②棷（zōu）：通“薮”，生长着许多草的湖泽。

【原文】

“故礼之不同也，不丰也，不杀也，所以持情而合危也[①]。故圣王所以顺，山者不使居川，不使渚者居中原，而弗敝也；用水、火、金、木，饮食必时；合男女，颁爵位，必当年德，用民必顺。故无水、旱、昆虫之灾，民无凶、饥、妖孽之疾。故天不爱其道，地不爱其宝，人不爱其情。故天降膏露，地出醴泉，山出器车，河出马图，凤皇、麒麟皆在郊棷[②]，龟、龙在宫沼，其余鸟兽之卵胎，皆可俯而窥也。则是无故，先王能修礼以达义，体信以达顺，故此顺之实也。”

【译文】

“因此礼是讲究等级差别的，既不能有所增加，也不能有所减少，用来维持人情防止危险。因此圣王能够做到‘顺’：不使居住在山区的人到平原上居住，不让居住在洲岛上的人到中原居住，这样就不会破坏人们的生活习俗；使用水、火、金、木等生活资料和饮食必须顺应季节的变化；男婚女嫁，授予爵位，必须依照人的年龄和德行；使用民力必须顺应时令。因此没有水、旱、昆虫等自然灾害，民众没有发生饥荒和妖孽等祸事。因此天不隐藏养民之道，地不隐藏养民之宝，人不隐藏其智慧。因此天降雨露，地涌甘泉，山中生产物资制成器物车辆，河里有龙马背着《图》出现，凤凰、麒麟都出现在郊外的湖泽中，龟和龙都在宫殿的池沼里畜养，其他鸟的卵和怀胎的兽，都能随地看到而不受惊吓。这种太平景象的实现，只是由于先王能谨修礼而通达义的精神，体现诚信而顺应天理，因此获得这种天下大顺的结果。”

礼 器

【原文】

礼器[1]，是故大备。大备，盛德也。礼释回[2]，增美质，措则正，施则行。其在人也，如竹箭之有筠也[3]，如松柏之有心也。二者居天下之大端矣。故贯四时而不改柯易叶[4]。故君子有礼，则外谐而内无怨，故物无不怀仁[5]，鬼神飨德。

【注释】

①器：具体的功用。

②释回：消除邪恶。

③箭：小竹。筠（yún）：竹子外部的青皮。

④柯：草木之茎。

⑤物：人。怀：归。

【译文】

礼能使人修养成器，因此能使人完备。完备，是让人具有完满的德行。礼能使人消除邪恶，完善人的品德，举措符合正道，措施得以实行。人有了礼，就好比竹箭有了青皮，又好比松柏有了坚贞的木心，这两个方面，正是天下万物的大本，所以万物经历了春夏秋冬而不改变其枝叶的茂盛。因此，君子有了礼，就能与外界和谐相处，对内就不招怨，这样的人才能得到天下人的敬仰，连鬼神也宴享他的祭品。

【原文】

先王之立礼也，有本，有文。忠信，礼之本也；义理，礼之文也。无本不立，无文不行。

【译文】

先王制定礼，既有根本，又有文饰。忠信，是礼的根本；义理，是礼的文饰。没有根本，礼就不能成立；没有文饰，礼就无法施行。

【原文】

礼也者，合于天时，设于地财，顺于鬼神，合于人心，理万

【注释】

①物曲：指万物不同的

用途。

②定国之数：指国内物产多少之数。

物者也。是故天时有生也，地理有宜也，人官有能也，物曲有利也[1]。故天不生，地不养，君子不以为礼，鬼神弗飨也。居山以鱼鳖为礼，居泽以鹿豕为礼，君子谓之不知礼。故必举其定国之数[2]，以为礼之大经。礼之大伦，以地广狭；礼之薄厚，与年之上下。是故年虽大杀，众不匡惧，则上之制礼也，节矣。

【译文】

礼，是合乎天时、配合地理的物产，顺应鬼神意旨，切合人的心理，而治理万物的。天的不同时令有不同的生物，土地的不同条件各有所产，人的官职各有所能，万物各有不同的用途。凡不是天生、地长的东西，君子都不会用来行礼，因为鬼神也不享用。居住在山中，却使用水里的鱼鳖来行礼；居住在水滨，却使用山里的鹿豕来行礼，这样做，君子也认为不懂得礼。所以一个国家必须根据自己国内物产的多少，作为行礼的基本条件。行礼的大的类别，是根据所拥有土地的大小而定的；礼的厚薄，要依据年成的好坏而定。这样，有了制度保证，即使在年成不好的时候，民众也不会担心不能行礼，因为先王制定礼制是有变通调节的。

【原文】

礼，时为大，顺次之，体次之[1]，宜次之，称次之。尧授舜，舜授禹，汤放桀，武王伐纣，时也。《诗》云："匪革其犹，聿追来孝。"天地之祭，宗庙之事[2]，父子之道，君臣之义，伦也。社稷、山川之事，鬼神之祭，体也。丧、祭之用，宾客之交，义也。羔、豚而祭，百官皆足；大牢而祭[3]，不必有余：此之谓称也。诸侯以龟为宝，以圭为瑞。家不宝龟[4]，不藏圭，不台门[5]，言有称也。

【注释】

①体：指不同的祭祀对象。

②事：指祭祀。

③大牢：以牛、羊、猪三牲为祭品。

④家：指大夫。

⑤台门：在门的两旁筑土为台，高出于门，是天子、诸侯布告法律、观察天气之所。

【译文】

礼，以合天时为最重要，其次要注意顺乎伦常，再次要注意适合于对象，再次要注意适宜，再次注意要与身份相称。尧把位传给舜，舜把位传给禹；商汤放逐夏桀，武王讨伐商纣，这些都是合天时而行的。《诗经》上说："并非急于贯彻自己的方针，而是追怀先人的功业，显示自己的孝心。"意思就是说迫于时势，不得不如此。王者祭祀天地，宗庙里祭祀祖先，父子间的道德，君臣间的大义，种种体现天理的礼事，就是礼所顺应的伦常。对社稷、山川、鬼神的祭祀，对象不同，礼也有所不同，这就叫做体现区别。丧葬祭祀及宾客交往所需的费用，都必须适合于礼。大夫及士的祭祀，仅用一只羔羊、一头小猪，但这也足够参加祭祀的人分享；天子国君的祭祀，用牛、羊、豕三牲，但不会浪费，这便是礼与身份相称。诸侯可以收藏龟甲和圭璧，当做吉祥宝物，大夫家中不能收藏龟甲、圭璧，也不能修筑起台门。这是说礼与身份要相称。

【原文】

礼有以多为贵者。天子七庙，诸侯五，大夫三，士一；天子之豆二十有六，诸公十有六，诸侯十有二，上大夫八，下大夫六；诸侯七介[①]，七牢；大夫五介，五牢；天子之席五重，诸侯之席三重，大夫再重；天子崩七月而葬，五重，八翣；诸侯五月而葬，三重，六翣；大夫三月而葬，再重，四翣：此以多为贵也。

【注释】

①介：随同国君或大夫前来朝觐的官员。

【译文】

礼有以多为贵的。如天子为祖先建七庙，诸侯建五庙，大夫建三庙，士只建一庙；天子吃饭设二十六豆，诸公设十六豆，诸侯设十二豆，上大夫设八豆，下大夫设六豆；诸侯出国访问，有七个副员帮助传话，主国馈以七大牢；大夫奉诸侯之命出国访问则只有五个副员帮助传话，主国馈五大牢。天子的坐席有五层，诸侯的有三层，大夫的只有两层；天子去世，七个月以后才能下葬，葬时，棺下的草垫和棺上的厚板各有五层，翣用八个；诸侯去世，五个月后便下葬，葬时棺下的草垫和棺上的厚板各用三层，翣用六个；大夫去世，三个月便下葬，葬时棺下的草垫和棺上的厚板各有两层，翣用四个：这些都是以多为贵的例子。

【原文】

有以少为贵者。天子无介，祭天特牲[①]，天子适诸侯，诸侯膳以犊；诸侯相朝，灌用郁鬯，无笾豆之荐；大夫聘礼以脯醢[②]；天子一食，诸侯再，大夫、士三，食力无数；大路繁缨一就，次路繁缨七就；圭、璋特，琥、璜爵；鬼神之祭单席；诸侯视朝，大夫特，士旅之：此以少为贵也。

【注释】

①特牲：祭天只用一只牛。

②脯醢：干肉和肉酱类的食品。

【译文】

礼有以少贵的。天子出巡，就不用介。在最隆重的祭天仪式，却只用一头牛。天子到诸侯国视察，诸侯也只用一只牛犊招待；诸侯相互访问，就只用郁鬯相献，不摆设笾豆；大夫出国访问，只用脯醢款待。在食礼上，天子一食便告饱，诸侯则两食，大夫和士三食，而从事体力劳动的下人则没有数量限制，吃饱为止；殷代祭天所用的大车，只用一圈繁缨来装饰马匹；殷代平常杂事所用的车马却用七圈；圭璋是玉中最贵重的物品，因而进献时要单独进献，而次一等的琥、璜，则需在进爵时一道进献；祭祀鬼神只用一层席；诸侯临朝时，对大夫须个别地行拜见之礼，而对士则向众人行一次拜见之礼：这些都是以少为贵的例子。

【原文】

有以大为贵者。宫室之量[①]，器皿之度[②]，棺椁之厚，丘封之大，此以大为贵也。

【注释】

①量：规模。

②度：容量。

【译文】

礼有以大为贵的。宫室的规模，器皿的容量，棺椁的厚度，坟丘的高大：这些都是以大为贵的例子。

【原文】

有以小为贵者。宗庙之祭，贵者献以爵，贱者献以散；尊者举觯，卑者举角；五献之尊[①]，门外缶，门内壶，君尊瓦甒：此以小为贵也。

【注释】

①五献：子男享礼的献数。

【译文】

礼有以小为贵的。在宗庙祭祀时，向尊贵者献酒用爵，向低贱者献酒用散；尊者举起较小的觯尝酒，卑者举起较大的角尝酒；在诸侯举行“五献”时，放置酒器的方法，是把最大的盛酒器缶置于门外，较大的壶置于门内，而君的樽用的是较小的瓦甒：这些都是以小为贵的例子。

【原文】

有以高为贵者。天子之堂九尺，诸侯七尺，大夫五尺，士三尺，天子、诸侯台门：此以高为贵也。

【译文】

礼有以高位为贵的。天子殿堂的堂基高九尺，诸侯的堂高七尺，大夫的堂高五尺，士的堂高三尺；天子和诸侯建造台门：这些都是以高位为贵的例子。

【原文】

有以下为贵者。至敬不坛[①]，扫地而祭；天子、诸侯之尊废禁，大夫、士棜、禁：此以下为贵也。

【注释】

①至敬：这里指祭天的郊祀之礼。

【译文】

礼有以低下为贵的。祭天，开始时在坛上燔柴告天降神，这是最高的礼仪，但并不登坛，只是在坛下扫地而祭；天子诸侯放置酒樽不用禁，大夫和士却把酒器置于不同高度的案架上：这些都是以低下为贵的例子。

【原文】

礼也者，犹体也，体不备，君子谓之不成人。设之不当，犹不备也。礼有大，有小，有显，有微。大者不可损，小者不可益，显者不可掩，微者不可大也。故经礼三百[①]，曲礼三千[②]，其致一也，未有入室而不由户者。

【注释】

①经礼：指礼的纲要、大节。

②曲礼：指礼的条目、细节。

【译文】

礼，就好比人的身体，身体不完备，君子就称之为不完善的人。礼如果设置得不适当，那就像身体不完备一样。礼有规模盛大的大礼，也有形式短小的小礼，有的礼意义是明显的，有的礼意义是微妙的。该大的礼不能缩小，该小的礼不能扩大；意义明显的不必掩盖，意义微妙的不必张扬。礼的纲要有三百，礼的细节有三千，其基本精神都是一样的，都是以诚为基本精神。这就像人要进屋，不可不经过门一样。

【原文】

君子之于礼也，有所竭情尽慎，致其敬而诚若，有美而文而诚若。君子之于礼也，有直而行也，有曲而杀也，有经而等也，有顺而讨也，有摲而播也，有推而进也，有放而文也，有放而不致也，有顺而摭也[①]。

【注释】

①摭：拾取。

【译文】

君子对于礼，是竭尽自己的真情和适意的，表达内心的敬意是出于诚，完成外在的美好文饰也是出于诚。君子对于礼，有的直接顺着自己的情感实行，有的则要克制自己才能实行，有的是不分贵贱一律等同的，有的却要从尊到卑、顺次减损的，有的是除其上者而及于下者的，有的却是自下而上、逐级推进的，有的是向上仿效而更加文饰的，有的却是向上仿效而不敢超越最高标准的，还有自上而下依顺序有所取舍的。

【原文】

三代之礼，一也，民共由之[①]。或素或青，夏造殷因[②]。

【注释】

①由：遵循。

②因：沿袭。

【译文】

夏、商、周三代的礼，（要靠诚心来实行）都是一致的，民众共同遵循它。三代虽然有的崇尚白色，有的崇尚青色，但（礼的基本原则是从）夏代开始制定，而从殷代沿袭下来。

【原文】

周坐尸，诏侑武方，其礼亦然，其道一也。夏立尸而卒祭。殷坐尸。周旅酬六尸。曾子曰："周礼其犹醵与[①]。"

【注释】

①醵：众人凑钱喝酒。

【译文】

周代祭祀时让尸坐着，告尸、劝尸无常规，礼仪与殷代也是相同的，行礼时都需要怀有诚心也是一致的。夏代让尸站着受享，直到祭祀结束。殷代让尸坐着受祭。周代还把六亲祖庙之尸聚集到太庙，自上而下地举酒酬送。曾子说："周代的礼，就好像是众人凑钱一块儿饮酒吧。"

【原文】

天道至教，圣人至德。庙堂之上，罍尊在阼[①]，牺尊在西，庙堂之下，县鼓在西[②]，应鼓在东[③]。君在阼，夫人在房；大明生于东，月生于西；此阴阳之分，夫妇之位也。君西酌牺、象，夫人东酌罍尊。礼，交动乎上；乐，交应乎下：和之至也。

【注释】

①阼：东阶。

②县鼓：大鼓。

③应鼓：小鼓。

【译文】

天的（日月阴阳等的运行）规律是对人的最高的教诲，圣人的德行是最高的德行。宗庙举行祭祀时，在庙堂之上，罍樽置于东阶，牺樽、象樽置于西阶。在庙堂之下，大鼓置于西面，小鼓置于东面。国君站在堂上东阶的主位，夫人立在西房中；太阳从东方升起，新月在西方出现：这就是阴阳的分界，从而反映在祭礼中夫妇的位置。然后国君来到西阶从牺樽、象樽中酌酒，夫人则来到东阶从罍樽中酌酒。礼，夫妻交替进行在堂上；乐，东西交相应和在堂下：这是和谐的最高境界。

【原文】

礼也者，反其所自生。乐也者，乐其所自成。是故先王之制礼也以节事[①]，修乐以道志[②]。故观其礼乐，而治乱可知也。蘧伯玉曰："君子之人达。"故观其器而知其工之巧[③]，观其发而知其人之知[④]。故曰"君子慎其所以与人者"。

【注释】

①节事：调节人们的行事。

②道志：宣达心态。

③巧：技巧。

④发：外在表现。知：通"智"，才智。

【译文】

礼，教人回溯自己所由产生的根本。乐，教人欢乐自己所取得的成功。因此先王制定礼用来调节人们的行事，修习音乐用来引导人们宣达心志。所以观察一国的礼乐，便可以知道其国家治理的情况。蘧伯玉说："君子都明达事理。"所以观察器物，便能知道工匠的技巧；观察一个人的外在的表现，便能知道这个人的才智。因此说"君子都十分慎重所用来与人交接的礼乐"。

【原文】

大庙之内敬矣。君亲牵牲，大夫赞币而从。君亲制祭，夫人荐盎。君亲割牲，夫人荐酒。卿大夫从君，命妇从夫人[①]。洞洞乎，其敬也！属属乎，其忠也！勿勿乎，其欲其飨之也！纳牲诏于庭，血毛诏于室，羹定诏于堂；三诏皆不同位，盖道求而未之得也。设祭于堂，为祊乎外。故曰："于彼乎，于此乎。"

【注释】

①命妇：指卿大夫之妻。

【译文】

在太庙里祭祖是特别恭敬的！国君亲自将牲牵入，大夫协助国君持着币帛跟随在后。国君亲自制作祭物，国君夫人献上盎齐之酒。然后国君亲自割取牲体，国君夫人再次献酒。卿大夫们跟随着国君，命妇们跟随着夫人。气氛庄严隆重，人们是那么的诚心又恭敬，专心又忠诚，十分勤勉地一献再献，希望祖先们来饮享丰盛的祭品。牵牲入庙时，在庭中向神禀告；杀牲后荐血毛时，在室内禀告；进荐煮熟的食物时，在堂上禀告。三次禀告不在同一个地方，意味着祖先的神灵还没有找到。正祭设在堂上，而祊祭设在门外，好像是在问："神灵是在哪里啊？还是在这里吗？"

【原文】

一献质[①]，三献文[②]，五献察[③]，七献神。

【注释】

①质：质朴，粗略。

②文：文饰。

③察：显盛。

【译文】

举行一献之礼还显得比较质朴粗略；举行三献之礼，仪式就稍加文饰了；举行五献，仪式就更加显盛了；举行七献之礼，就好像神灵真的在眼前了。

【原文】

大飨，其王事与。三牲、鱼、腊，四海九州之美味也；笾豆之荐，四时之和气也；内金[①]，示和也；束帛加璧，尊德也；龟为前列，先知也；金次之，见情也；丹、漆、丝、纩、竹、箭，与众共财也。其余无常货，各以其国之所有，则致远物也。其出也，《肆夏》而送之，盖重礼也。

【注释】

①内金：指诸侯贡纳的金。内，通"纳"。

【译文】

在太祖庙中举行的大飨之礼，只有天子才能举行！祭祀用的三牲鱼腊，是收集了四海九州内的美味；笾豆中盛放的各种供品，也是包罗了四季和气的产物。四方国君的贡金显示着天子和国君们的和睦融洽；贡献的币帛加上玉璧，表示对于美德的尊重；贡品排列的次序以龟在最前面，因为龟可以预知吉凶；金属放在第二位，因为金可以用来照见物情。再次是丹砂、油漆、蚕丝、棉絮、竹箭，表示天子与民众共有这些财物。其余贡品则没有固定的品种，都是各国就其所有而贡献的特产，显示着天子能够招致远方之物。国君乡礼完毕后，诸侯起身，堂下便奏起《肆夏》为他们送别，显示礼节的隆重性。

【注释】

①至：极。

②备：完备。

【原文】

祀帝于郊，敬之至也[1]。宗庙之祭，仁之至也。丧礼，忠之至也。备服器[2]，仁之至也。宾客之用币，义之至也。故君子欲观仁义之道，礼其本也。

【译文】

在郊外举行祭祀天帝，体现了最高的崇敬；在宗庙里祭祀先人，体现了极端的仁爱；举行丧礼，体现了极端的衷心；随葬物品的完备，表现了对死者极大的孝敬；宾客交际中送币帛，体现了极高的道义。所以，君子要观察仁义之道，就必须以礼作为根本。

【注释】

①和：调和。

②采：通“彩”，色彩。

【原文】

君子曰：“甘受和[1]，白受采[2]，忠信之人，可以学礼。苟无忠信之人，则礼不虚道。是以得其人之为贵也。”

【译文】

君子说：“甜味可以接受各种味道的调和，白色可以承受各种色彩；忠信的人，才可以学礼。如果没有忠信的人，那么礼也不能凭空实行。所以说能够得到忠信的人才是最可靠的。”

【注释】

①轻：轻率。

【原文】

孔子曰：“诵《诗》三百，不足以一献；一献之礼，不足以大飨。大飨之礼，不足以大旅。大旅具矣，不足以飨帝。毋轻议礼[1]！”

【译文】

孔子说：“纵使能诵读《诗经》三百篇，却未必能承担一献之礼；能行一献之礼，却未必能行在太庙会祭先王的大飨之礼；能行大飨之礼，却未必能行祭祀五帝的大旅礼；大旅礼能实行得十分完备，也未必能行祭天礼。所以切不可轻率地议论礼。”

【原文】

子路为季氏宰。季氏祭，逮暗而祭[1]，日不足，继之以烛。虽有强力之容，肃敬之心，皆倦怠矣，有司跛倚以临祭，其为不敬大矣。他日祭，子路与。室事交乎户[2]，堂事交乎阶[3]，质明而始行事，晏朝而退。孔子闻之，曰：“谁谓由也而不知礼乎？”

【注释】

①暗：指天亮之前。

②交乎户：指室外的人把祭品送到室门，交给室内的人献尸。

③交乎阶：指堂下的人把祭品备好，在台阶处交给堂上的人。

【译文】

子路做季桓子的家宰。以前季氏举行宗庙祭祀，都是天未亮就开始了，忙了一天还没完，又点七根蜡烛继续干。即使是身强力壮、有虔诚恭敬之心的人，也都疲惫不堪了。以至于执事人员靠着柱子歪歪倒倒地执掌祭事，那简直是大不敬啊！后来有一次子路参与庙祭，室事在门口交接，堂事在阶下交接。天亮开始祭祀，到傍晚就结束。孔子听到这件事，说道：“谁能说子路不懂得礼呢？”

郊特牲

【注释】

①腥：生的牲肉。

②焖：半生的牲肉。

③孰：通“熟”。

④腶脩：一种用香料配制成的干肉。

【原文】

郊特牲，而社稷大牢。天子适诸侯，诸侯膳用犊。诸侯适天子，天子赐之礼大牢。贵诚之义也。故天子牲孕弗食也，祭帝弗用也。大路繁缨一就，先路三就，次路五就。郊血，大飨腥[①]，三献焖[②]，一献孰[③]。至敬不飨味，而贵气臭也。诸侯为宾，灌用郁鬯，灌用臭也。大飨，尚腶脩而已矣[④]。

【译文】

在郊外祭天要用一头牲，而祭祀社稷之神就要用牛、羊、猪三牲。天子巡视诸侯之国，诸侯招待天子进膳宰杀牛犊。诸侯去朝见天子，天子赏赐给他们牛、羊、猪三牲作为宴礼。这些都体现了以诚为贵的意思。因此天子的膳食不用怀孕的牲畜，祭祀天帝也不使用它们。天子祭天乘坐的大路上，繁系在马腹、缨系在马的前胸各一匝，先路上繁系在马腹、缨系在马的前胸各三匝，次路上繁系在马腹、缨系在马的前胸各五匝。祭天用的是牲血，祭祀先王用的是生的牲肉，祭祀社稷五祀用的是半生的牲肉，祭祀其他的小神用熟肉。崇高的神灵不享用人间的食物，而贵在享用气味。诸侯之间互为宾客时，用郁鬯来招待，这就是用的郁鬯的气味。天子用大飨宴请诸侯，也要用加有作料的干肉来招待。

【原文】

大飨，君三重席而酢焉。三献之介，君专席而酢焉。此降尊以就卑也。

【译文】

诸侯举行大飨宾客之礼时，主君坐在三重席上接受宾客的酢酒。宾客的副手向主君进献酢酒，主君要坐在一重席上接受，这就是降尊就卑的意思。

【原文】

飨、禘有乐，而食、尝无乐，阴阳之义也。凡饮养阳气也，凡食养阴气也。故春禘而秋尝，春飨孤子，秋食耆老，其义一也，而食、尝无乐。饮，养阳气也，故有乐。食，养阴气也，故无声。凡声，阳也。

【译文】

春天宴飨烈士遗子和禘祭宗庙要有音乐伴奏，秋天宴会老人和尝祭宗庙不用音乐伴奏，这体现了阴阳的义理。凡是飨礼目的在于修养阳气；凡是食礼目的在于修养阴气。因此春天举行禘祭，秋天举行尝祭，春天用飨礼来招待烈士的遗子，秋天用食礼来款待老人，它们的意思是一样的，只是食礼和尝祭不用音乐伴奏罢了。飨礼，是修养阳气的，所以有音乐；食礼，是修养阴气的，所以没有音乐。凡是乐声，都属于阳。

【原文】

鼎俎奇而笾豆偶，阴阳之义也。笾豆之实，水土之品也，不敢用亵味而贵多品[①]，所以交于旦明之义也[②]。

【注释】

①亵：熟悉。

②旦明："旦"有诚恳的意思，"明"有恭敬的意思。

【译文】

鼎俎是奇数而笾豆是偶数，这也体现了阴阳的义理。笾豆盛放的多是水中土中生长出来的物品。不能用熟悉的食物，也以很多的种类为贵，这样来体现以虔敬之心交接神明的意思。

【原文】

宾入大门而奏《肆夏》，示易以敬也，卒爵而乐阕，孔子屡叹之。奠酬而工升歌，发德也[①]。歌者在上，匏竹在下，贵人声

【注释】

①发德：乐工对宾主歌功颂德。

也。乐由阳来者也，礼由阴作者也，阴阳和而万物得。

【译文】

在飨礼时，宾客进入大门就演奏《肆夏》，表示主人对宾客的和悦和尊敬。主人饮完一爵酒音乐才停止，孔子曾经多次赞叹过这种礼仪。把酬酒放置一边，而这时乐工登堂演出，对宾主歌功颂德。唱歌的人在堂上，匏竹等乐器在堂下，这体现了以人声为贵的缘故。音乐来源于阳气，礼仪来源于阴气，阴阳相合而万物得到生长。

【注释】

①无方：没有规定限制。

【原文】

旅币无方①，所以别土地之宜，而节远迩之期也。龟为前列，先知也；以钟次之，以和居参之也；虎豹之皮，示服猛也；束帛加璧，往德也。

【译文】

诸侯朝见天子进献的贡品没有规定限制，以此来区别他们各地的特产，只规定限制远近地区的朝贡日期。把龟甲放在朝贡物品的最前面，以此来预知祸福吉凶；把钟放在其次，以此来体现和谐相处；朝贡的虎豹皮，体现德行能使凶猛的人驯服；朝贡加璧的束帛，体现天子的德行使四方的人都去归顺。

【注释】

①旅树：旅，过道。树，屏障。

②觌：通“见”。

【原文】

诸侯之宫县，而祭以白牡，击玉磬，朱干设锡，冕而舞《大武》，乘大路，诸侯之僭礼也。台门而旅树①，反坫，绣黼、丹朱中衣，大夫之僭礼也。故天子微，诸侯僭；大夫强，诸侯胁。于此相贵以等，相觌以货②，相赂以利，而天下之礼乱矣。诸侯不敢祖天子，大夫不敢祖诸侯，而公庙之设于私家，非礼也，由三桓始也。

【译文】

诸侯的家室像宫殿一样四面悬挂乐器，用白色的雄性牲畜祭祀，敲打玉磬，拿着敷有金属饰物的红色盾牌，头戴礼帽舞蹈《大武》，乘坐天子的大路，这是诸侯僭越礼的行为。营建台门并在过道上设立屏障，饮酒后把酒器反扣在坫上，穿着刺绣黼纹的红色里衣，这是大夫僭越礼的行为。因此，天子衰微，诸侯僭越；大夫强横，诸侯受威胁；那么诸侯就会同样尊贵，互相拿着财物相见，互相以利益相奉送，那么天下的礼就混乱了。诸侯不敢设立天子的祖庙，大夫不敢设立诸侯的祖庙，把国君的宗庙设立在大夫家里，不符合礼，这在鲁国是从三桓氏开始的。

【原文】

天子存二代之后，犹尊贤也①。**尊贤不过二代**。

【注释】

①犹：仍然。尊贤：尊奉先贤。

【译文】

当代天子要保存前二代王朝的后裔，这体现了天子仍然尊奉前二代的先贤。但是尊奉先贤不能超过二代。

【原文】

诸侯不臣寓公①**，故古者寓公不继世**。

【注释】

①寓公：指诸侯因丧国而寓居他国。

【译文】

诸侯不敢把以寄居在本国的别国诸侯当做臣子，但是可以把他的儿子当做臣子，因此古代寓公没有继承人。

【原文】

君之南乡①**，答阳之义也**②。**臣之北面，答君也**。

【注释】

①乡：通“向”。

②答：面对。

【译文】

国君朝南而坐，表示面对阳气的意思。臣下面北而立，表示面对国君、随时候命的意思。

【原文】

大夫之臣不稽首，非尊家臣，以辟君也。

【译文】

大夫的家臣不对大夫行稽首礼，并不是尊重家臣，而是避免把大夫当做国君的嫌疑。

【原文】

大夫有献弗亲。君有赐不面拜，为君之答己也。

【译文】

大夫不能亲自把礼物进献给国君。国君有赏赐，大夫不当面拜谢，这是为了免去国君的回拜之礼。

【原文】

乡人裼[1]，孔子朝服立于阼，存室神也。

【注释】

①裼(shāng)：指驱除强鬼之祭。

【译文】

乡里人举行驱除强鬼之祭，孔子穿着朝服站在庙堂的阼阶上，来使庙堂里的神灵安存。

【原文】

孔子曰："射之以乐也，何以听？何以射！"孔子曰："士使之射，不能则辞以疾[1]，县弧之义也。"

【注释】

①辞：推辞。

【译文】

孔子说："射箭的时候配上音乐，那怎么来听，怎么来射呢？"孔子说："士人，国君让他射箭，如果他不会，就以患病来推辞，这是因为悬弧的意思。"

【原文】

孔子曰："三日齐，一日用之，犹恐不敬。二日伐鼓①，何居！"

【注释】

①伐鼓：敲鼓取乐。指斋戒时不专心。

【译文】

孔子说："斋戒三天，祭祀用一天，还恐怕不够恭敬。而在斋戒三天中有两天敲鼓取乐，这是做什么！"

【原文】

孔子曰："绎之于库门内，祊之于东方①，朝市之于西方，失之矣。"

【注释】

①祊（bēng）：古代宗庙门内举行的祭祀。

【译文】

孔子说："绎祭设在库门内，祊祭设在庙门东边，朝市设在市内西边，这些做法都失于礼。"

【原文】

社祭土而主阴气也，君南乡于北墉下，答阴之义也。日用甲，用日之始也。天子大社，必受霜露风雨，以达天地之气也。是故丧国之社屋之①，不受天阳也。薄社北牖，使阴明也。社所以神地之道也。地载万物，天垂象。取财于地，取法于天，是以尊天而亲地也。故教民美报焉。家主中霤，而国主社，示本也。唯为社事，单出里；唯为社田，国人毕作；唯社丘乘共粢盛②：所以报本反始也。

【注释】

①社：建造。

②丘乘：按井田制来划分的基层组织。

【译文】

社祭是祭祀土地神而以阴气为主的。国君站在北城墙下朝南而祭，是面对阴气的意思。祭社神要选择甲日，这是选择日期开始的一天。天子的太社，必须接受霜露风雨，来通达天地的阴阳之气。因此亡国的社祭要建屋来遮住，使之不能接受天的阳气。殷朝的薄社只开北窗，只使朝阴的一方接受光线。社祭是用来设立土地神的方法。大地孕育万物，上天垂示星象。从大地获取生活所需之材，从天象获取万物生长的法则，因此要尊敬天而亲近地，因此教导人们赞美天地之德并且来回报它们。家里主祭中霤之神，而国家就主祭社稷之神，这是告诉人们立家立国的根本。只要是祭祀社稷，里巷中的每家都要出一个人参加。只要祭祀社稷，才举行田猎，全城人都要参加。只要是祭祀社稷之神，每个丘乘的人都要供应祭祀所用的谷物：这样做是用来报答大地而追思万物的初始。

【注释】

①赋：兵赋，缴纳的兵甲车马等。

②盐（yàn）：喜爱，贪慕。

【原文】

季春出火为焚也，然后简其车赋[①]，而历其卒伍，而君亲誓社，以习军旅，左之，右之，坐之，起之，以观其习变也。而流示之禽，而盐诸利[②]，以观其不犯命也，求服其志，不贪其得。故以战则克，以祭则受福。

【译文】

春三月用火焚烧野草，然后挑选车马兵甲，清点军队的人数，由国君亲自率领在社坛前宣誓，开始操练军队，让军队向左向右，坐下起立，来观察军队的应变能力。驱逐禽兽示知田猎的目标，用好处来诱惑军士，来观察他们是不是会违反军令。要求他们服从君主的意志，不贪图私利。这样的军队作战才能取胜，用猎物祭祀才能得到神灵的赐福。

【注释】

①适：巡视。

【原文】

天子适四方[①]，先柴。

【译文】

天子到四方去巡视，先要烧柴祭天。

【注释】

①质：朴实。

【原文】

郊之祭也，迎长日之至也，大报天而主日也。兆于南郊，就

阳位也。扫地而祭，于其质也[1]。器用陶匏，以象天地之性也。于郊，故谓之“郊”。牲用骍，尚赤也[2]。用犊，贵诚也。郊之用辛也。周之始郊日以至[3]。

②尚：崇尚。

③至：冬至。

【译文】

在郊外祭天，是为了迎接一年中白昼开始变长的那一天，用隆重的祭礼来报答上天，把白天作为祭祀的主要对象。在国都的南郊占卜选择祭祀的位置，这体现了靠近阳位来祭祀。扫干净地面来行祭礼，体现了祭天的朴实。祭器用没有雕饰的陶器和匏瓢，这体现了天地自然的本性。因为祭天是在郊外进行的，所以也称作“郊”，祭牲用红色的牛，这体现了崇尚红色。祭牲用牛犊，体现了以诚为贵。祭天在辛日进行，这是因为周朝开始祭天是在冬至进行的。

【原文】

卜郊，受命于祖庙，作龟于祢宫，尊祖亲考之义也。卜之日，王立于泽，亲听誓命，受教谏之义也。献命库门之内，戒百官也，大庙之命戒百姓也。祭之日，王皮弁以听祭报，示民严上也。丧者不哭，不敢凶服，泛扫反道，乡为田烛，弗命而民听上。祭之日，王被衮以象天；戴冕，璪十有二旒，则天数也；乘素车，贵其质也；旂十有二旒，龙章而设日月，以象天也。天垂象，圣人则之，郊所以明天道也。帝牛不吉，以为稷牛。帝牛必在涤三月[1]，稷牛唯具，所以别事天神与人鬼也。万物本乎天，人本乎祖，此所以配上帝也[2]。郊之祭也，大报本反始也。

【注释】

①涤：古代饲养祭祀用的牛羊的房子。

②配：在祭祀时附带被祭。

【译文】

祭天要先占卜日期，祭告祖庙表示受命于祖先，然后用龟甲在父庙中占卜，这是尊敬先祖亲近先父的意思。占卜那天，天子站立在湖泽旁边，亲自听取卦相预示的天命，这是取义于听从祖先的教诲或劝阻。在库门内颁布郊祭之事，这是命令大小官员进行准备工作。又在大庙里发布命令，通知亲族准备。祭祀那天，天子戴着皮革做成的帽子听取有关祭祀的情况，这是表示民众要尊敬天子。这天，服丧的人不能哭，不能穿着孝服，各处都要扫除干净，并且要用新土覆盖道路，乡里的民众在田头点燃火把。这是不用命令而民众自觉遵守的。祭祀那天，天子披上衮服象征天，戴上冕冠，垂着十二串玉片做成的冕绳，这是效法天有十二个月之数；乘坐没有金玉雕饰的车子，这表示崇尚它的质朴；旗帜边缘悬垂着十二条装饰品，旗上面刺有龙纹、日月的图案，来象征天。上天垂示天象，圣人效法它。祭天是用来彰明天道的。如果祭天用的牲牛不良好，就用祭祀社稷的牲牛来代替。祭天用的牲牛必须在饲养祭牲的地方三个月，祭祀社稷用的牲牛只需要准备够数就行了，这是用来区别祭祀天神和祭祀人神的。万物以天为根本，人以始祖为根本，这就是用始祖和上帝配祭的原因。在郊外祭天，就是隆重地报答上天而缅怀自己的始祖。

【注释】

①緌(ruí)：下垂的帽带，用彩色丝绳制作，缀在冠缨的两端，系在冠后垂在颔下。

②素积：腰间有褶皱的衣裳。

【原文】

冠义。始冠之缁布之冠也。大古冠布，齐则缁之。其緌也[①]，孔子曰："吾未之闻也。冠而敝之可也。"嫡子冠于阼，以著代也。醮于客位，加有成也。三加弥尊，喻其志也。冠而字之，敬其名也。委貌，周道也；章甫，殷道也；毋追，夏后氏之道也。周弁、殷冔、夏收。三王共皮弁、素积[②]。无大夫冠礼，而有其昏礼。古者五十而后爵，何大夫冠礼之有？诸侯之有冠礼，夏之末造也。天子之元子，士也，天下无生而贵者也。继世以立诸侯，象贤也。以官爵人，德之杀也。死而谥，今也。古者生无爵，死无谥。

【译文】

冠礼的意义。最初加的冠是缁布冠。上古的时候人们用白布做成冠，祭祀的时候就染成黑色的而成缁布冠。至于冠上的帽带，孔子说："我从来没听说过这种东西。黑布冠在行冠礼之后就可以弃之不戴了。”嫡子应站在阼阶行冠礼，来表明他是传宗接代的人；冠者在堂的正中位行醮礼，这表明尊重冠者已经具备了成人的资格；三次加冠一次比一次郑重，这是告诉冠者要有上进的志向；行冠礼以后人们用他的字来称呼他，这是尊重他的名字。委貌，周朝时人们所戴的冠；章甫，殷朝时人们所戴的冠；毋追，夏朝时人们所戴的冠。周朝人们戴弁冠，殷朝人们戴冔冠，夏朝人们戴收冠。三代都戴皮弁和穿腰间有褶皱的衣裳。没有大夫的冠礼，而有大夫的婚礼。古时候，人到五十岁以后才能授予爵位，那时怎么可能有大夫的冠礼呢？诸侯要行冠礼，是夏朝末期开始的。天子的太子，行冠礼时要用士礼，这表示天下没有生来就是尊贵的人。诸侯的后裔世袭成为诸侯，是为了让他们效法他们祖先的贤德。用官爵封赏人，是根据功德的大小来确定官爵的等级。人死了就规定谥号，这是现在的做法。古时候如果人活着没有爵位，死后就不给他封谥号。

【原文】

礼之所尊，尊其义也。失其义，陈其数，祝史之事也[①]。故其数可陈也，其义难知也。知其义而敬守之，天子之所以治天下也。

【注释】

①祝史：即太祝，在接神时诵读祝祷之辞。祝史不同于祝、史，它们不是同一个概念。

【译文】

礼之所以显得尊贵，在于它的义理。失却了它的义理，只知道陈列它的条文，这是祝史的事。因此礼的条文可以很容易陈列，但是它的义理很难理解。能理解礼的义理而恭敬地坚守它，这就是天子能够用来治理天下的原因。

【原文】

天地合，而后万物兴焉。夫昏礼，万世之始也。取于异姓，所以附远厚别也。币必诚，辞无“不腆[①]”，告之以直信。信，事人也。信，妇德也。壹与之齐，终身不改，故夫死不嫁。男子亲

【注释】

①腆：丰厚。

②挚：见面礼。此指亲迎那天婿执的雁。

③婿亲御授绥：婿到女家迎亲，上车前把上车的拉手交给女子，并亲自驾车，在车轮转动三周后再交给御者。

④玄冕：大夫以上所穿的祭服。此指亲迎时所着之服。

迎，男先于女，刚柔之义也，天先乎地，君先乎臣，其义一也。执挚以相见[2]，敬章别也。男女有别，然后父子亲。父子亲，然后义生。义生，然后礼作。礼作，然后万物安。无别无义，禽兽之道也。婿亲御授绥[3]，亲之也。亲之也者，亲之也。敬而亲之，先王之所以得天下也。出乎大门而先，男帅女，女从男，夫妇之义，由此始也。妇人，从人者也：幼从父兄，嫁从夫，夫死从子。夫也者，夫也。夫也者，以知帅人者也。玄冕齐戒[4]，鬼神阴阳也。将以为社稷主，为先祖后，而可以不致敬乎？共牢而食，同尊卑也。故妇人无爵，从夫之爵，坐以夫之齿。器用陶匏，尚礼然也。三王作牢，用陶匏。厥明，妇盥馈。舅姑卒食，妇馂余，私之也。舅姑降自西阶，妇降自阼阶，授之室也。昏礼不用乐，幽阴之义也，乐，阳气也。昏礼不贺，人之序也。

【译文】

天地相配合，然后万物就产生了。婚礼，是子孙后代的开始。娶异姓之女，这样来使疏远的宗族关系变得和睦亲密。订婚的聘礼必须能体现诚意，不能说“礼不够丰厚”这样的客套话，要正直诚信地相告。诚信，是侍奉人的本分。诚信，是女人的美德。一旦为人妻，就终身不变心，即使丈夫死了也不改嫁。结婚时，男方要亲自去迎接女方，男方要在女方之前，这体现了阳刚阴柔的意思。就像天在地之前，君在臣之前，它们的意思一样。男子迎亲时要拿着见面礼和女子见面，这样来表现夫妇之间相敬如宾。男女有别，然后父子才能去相亲。父子相亲，然后产生出有关父子关系的原则。父子关系的原则产生了，然后礼才据以制定出来。礼制定出来，然后万物才能各安其所。没有区别而又没有原则，那是禽兽的相处之道。男子迎亲时，亲自驾车，把上车用的拉手交给女子，这表现了对女子的亲近。对妻子亲爱就是使妻子对自己亲爱。夫妇之间尊敬而亲近，这是先王取得天下的重要原因。走出女方大门，男子走在前面，女子跟着男子，夫妇的含义从现在就开始显露了。女人，是顺从人的人：年幼时要顺从父兄，出嫁后要顺从丈夫，丈夫死后要顺从儿子。夫，就是丈夫。丈夫，就是用自己的智慧来领导别人的人。婚礼时要穿着祭服斋戒，是以祭祀鬼神一样的虔敬态度来对待夫妇婚礼。将要与妇共同成为祭祀社稷的主祭人，并为祖先传宗接代，难道可以不用虔敬的态度来对待婚礼吗？夫妇共用餐具用餐，说明夫妇尊卑相同。因此女人没有爵位，只是随着丈夫的爵位，座次也是按照丈夫的辈分排列。夫妇共餐用陶匏，自古以来的礼制都是这样的，夏、商、周时代就制定了夫妇共用餐具的礼制，就是用的陶匏。新婚的第二天，新娘梳洗后去向公婆行馈食礼。公婆吃完饭，新娘要吃公婆吃过的食物，这表示公婆对新娘的宠爱。（行馈食礼后）公婆从西边台阶走下堂，新娘从东边台阶走下堂，这表示公婆已经把主持家务的权力交给了新娘。婚礼不能用音乐，这是为了幽闭阴气的意思。音乐，属阳气。婚礼不进行宴飨庆贺，这表示婚礼是人世代相传的秩序。

【原文】

有虞氏之祭也，尚用气。血、腥、爓祭，用气也。殷人尚声，臭味未成，涤荡其声，乐三阕，然后出迎牲。声音之号，所以诏告于天地之间也。周人尚臭，灌用鬯臭，郁合鬯臭，阴达于渊泉。灌以圭璋，用玉气也。既灌，然后迎牲，致阴气也。萧合黍稷[①]，臭阳达于墙屋，故既奠，然后焫萧合羶芗。凡祭慎诸此。魂气归于天，形魄归于地，故祭求诸阴阳之义也。殷人先求诸阳，周人先求诸阴。诏祝于室，坐尸于堂，用牲于庭，升首于室，直祭祝于主，索祭祝于祊。不知神之所在，于彼乎？于此乎？或诸远人乎？祭于祊，尚曰求诸远者与。祊之为言倞也[②]。肵之为言敬也。富也者福也。首也者直也。相，飨之也。嘏，长也，大也。尸，陈也。毛、血，告幽全之物也。告幽全之物者，贵纯之道也。血祭，盛气也。祭肺、肝、心，贵气主也。祭黍稷加肺，祭齐加明水，报阴也。取膟膋燔燎、升首[③]，报阳也。明水、涚齐[④]，贵新也。凡涚，新之也。其谓之明水也，由主人之

【注释】

①萧：艾蒿，一种含有香气的草本植物。

②倞（liàng）：索求。

③膋（liáo）：牲畜肠里的脂肪。

④涚（shuì）：过滤，清洗。

絜著此水也。君再拜稽首，肉袒亲割，敬之至也。敬之至也，服也。拜，服也。稽首，服之甚也。肉袒，服之尽也。祭称“孝孙”、“孝子”，以其义称也。称“曾孙某”，谓国、家也。祭祀之相，主人自致其敬，尽其嘉，而无与让也。腥，肆，爓，腍祭，岂知神之所飨也？主人自尽其敬而已矣。举斝、角，诏妥尸。古者尸无事则立，有事而后坐也。尸，神象也，祝，将命也。缩酌用茅，明酌也；盏酒涚于清；汁献涚于盏酒。犹明、清与盏酒于旧泽之酒也。祭有祈焉，有报焉，有由辟焉。齐之玄也，以阴幽思也。故君子三日齐，必见其所祭者。

【译文】

有虞氏时的祭祀，崇尚用“气”，用牲血、生的牲肉、半生不熟的肉来祭祀，这都是用的它们的气息。殷朝人崇尚用声音来祭祀，在未杀祭牲之前，先演奏音乐；在演奏了三个乐章之后，再出来迎接祭牲。号呼的声音，是用来祭告天地之间的鬼神的。周朝人崇尚用气味来祭祀，用鬯酒灌地来降神，把郁金香和在鬯酒中，气味可以通达到地下。用圭璋等玉器盛酒灌地降神，是香气中混合着玉的气息。灌地以后，然后出来迎接祭牲，这是先用气味来祭献地下的鬼神。把艾蒿和黍稷放在一块儿焚烧，强烈的香气充满屋子，在祭奠过后，用祭牲的肠脂和着艾蒿焚烧发出的香气，是祈求鬼神降临。凡是祭祀，要谨慎这些事。人死后魂气到了天上，形体到了地下，因此祭祀是向阴阳拜告召唤鬼神的意思。殷朝人先向阳处求魂，周朝人先向阴处求魂。祭祀时，由祝在室中祭告神灵，在堂上献尸。在庭院中宰杀祭牲，并把牲头进献到室中的神位前面。正祭是由祝在神主前面献上祝辞，祭祀的最后是在宗庙门内设祭的地方献上祝词。没有人知道神灵在哪里。在那儿？在这儿？还是在远离人们的地方？在宗庙门外求索神灵而祭祀，大概可以说求索远离人的神而祭吧？“祊”的意思就是“索求”。“肵”的意思就是“恭敬”。“富”就是“福”。“首”就是“正直”。“相”就是“劝先尸享用祭品”的意思。

“嘏”就是“长久而广大”的意思。“尸”就是“陈列”用牲毛和牲血祭祀神灵，是向神灵祭告祭牲没有伤病。祭告祭牲没有伤病，体现了重视祭牲纯正为贵的道理。用牲血祭祀，来体现祭牲的生气旺盛。用祭牲的肺、肝、心来祭祀，贵在它们都是生气充盈之物。用黍稷和肺祭祀，用浊酒加上净水祭祀，这是来报答地下的神灵。用祭牲的肠脂和着艾蒿焚烧，供奉牲头，这是报答天上的神灵。用净水使浊酒变得清澈，都是贵在新洁。之所以称为“明水”，是主人的明洁之心由此表现出来了。国君行再拜稽首礼，并袒露左臂亲自切割牲肉，这表示对神灵的尊敬到了顶点。尊敬到了顶点，就是对神灵的顺服。拜，就是表示对神灵的顺服。稽首而拜，就是对神灵非常顺服。袒露左臂，就是对神灵的彻底顺服。祭祀时自称“孝子”“孝孙”，是根据人伦义理而自称的。祭祀时自称“曾孙某”，这是国君或大夫祭祀祖先而自称的。祭祀时的“相”，是主人在祭祀时向尸表达自己敬意的，因此只是在祭告尸享用祭品时尽量做到完善，而无须告诉尸与主人互行揖让之礼。祭祀时进献生肉、牲体、半生不熟的肉、熟肉，怎么能知道神灵已经享用了呢？主人只要尽到自己的虔诚恭敬之心就行了。尸进入室中时，要举起斝和角祝告，主人要祭告拜请尸安坐。古时尸没有什么事的时候就站立着，有事的时候才坐下。尸，是代表神灵的，而由祝传达辞命。祭祀的醴酒要用茅草过滤使它变得清澈透明，在此之前还要用明酌相掺。盏酒用清酒掺和就像鬯酒用盏酒掺和一样，然后过滤，也像清酒和盏酒掺和在陈年酿制的醇酒之中。祭祀的时候，有祈福的，有答神的，有消弭灾祸的。斋戒的时候要穿黑色的衣服，是用来使人们沉浸在幽思之中。因此，君子斋戒三天，他一定能在祭祀时看到他所要祭祀的亲人。

内　　则

【原文】

父母在，朝夕恒食，子、妇佐馂；既食恒馂。父没母存，冢子御食[①]，群子、妇佐馂如初。旨、甘、滑，孺子馂。

【注释】

①冢子：嫡长子。

【译文】

父母都健在的时候，平时吃早、晚饭，儿子、媳妇就要在旁劝食，并在他们吃好后，把剩余的某种食物吃掉。如果父亲去世而母亲健在，就由嫡长子陪母亲吃饭，而由其他儿子和媳妇在旁劝食，并将母亲吃不完的某种食物吃掉，如同父亲在世时一样。父母吃剩下的好吃、甜美柔滑的食物，让幼儿吃。

【原文】

在父母、舅姑之所，有命之[①]，应“唯”，敬对。进、退、周旋慎齐[②]；升、降、出、入揖游[③]。不敢哕噫、嚏咳、欠伸、跛倚、睇视[④]，不敢唾洟[⑤]，寒不敢袭[⑥]，痒不敢搔。不有敬事，不敢袒裼；不涉不撅。亵衣衾不见里。父母唾洟不见。冠带垢，和灰请漱；衣裳垢，和灰请浣；衣裳绽裂，纫箴请补缀。五日则燂汤请浴[⑦]，三日具沐。其间面垢，燂潘请靧；足垢燂汤请洗。少事长，贱事贵，共帅时[⑧]。

【注释】

①有命之：有事召唤。

②周旋：拐弯。慎齐：庄重。齐，通“斋”，端庄。

③揖游：揖，俯身。游，行。

④哕（yuě）噫：打嗝儿。跛倚：东倒西歪，左靠右倚。睇（dì）视：斜视。

⑤唾洟（tì）：吐唾沫，擤鼻涕。

⑥袭：加衣。

⑦燂：烧热。

⑧帅：率，遵循。

【译文】

在父母、公婆居住的地方，他们有什么吩咐，就立即恭敬地回答“唯”，然后回答。在他们面前前进、后退、转身，态度都要谨慎庄重；上下台阶、出入大门都要俯身而行。不敢在他们面前打嗝、打喷嚏或咳嗽、伸懒腰、独脚站立或依靠身子，不能斜着眼睛看人，不敢吐唾沫或擤鼻涕。若天气变冷，也不能当着父母的面加衣裳，身上痒也不能搔。不是为父母、公婆劳作的事，就不能袒露胳膊；不是涉水，就不能把衣服撩拨起来。内衣和被子也不要裸露出来让人看见。如发现地面有父母的口水和鼻涕就要立即清除干净。他们的冠带脏了，就用草木灰清洗干净。衣服脏了，也用草木灰清洗干净。衣服破了，就穿好针线，为父母缝补。五天烧一次温水让父母洗澡，每三天烧一次温水请父母洗头。在这期间，如果父母的脸脏了，就烧淘米水请他们清洗；脚脏了，就烧温水为其清洗干净。年龄小的尊崇年龄大的，身份低贱的尊崇身份显贵的，都像上面这样。

【原文】

父母有过，下气怡色，柔声以谏。谏若不入，起敬起孝，说则复谏[①]；不说，与其得罪于乡党州闾，宁孰谏[②]。父母怒，不说而挞之流血，不敢疾怨，起敬起孝。

【注释】

①说(yuè)：通“悦”。

②孰：通“熟”。

【译文】

即使父母有过错，儿子也要低声下气、和颜悦色地进行劝谏。如果劝谏还不听，就要对父母更恭敬、更孝顺，等到父母高兴后，就再进行劝谏；如果父母对此感到不高兴，这时与其让父母因为有错而得罪乡党州闾，还不如继续劝谏。如果父母发怒而鞭打自己，直至头破血流，也不怨恨他们，而是变得更加恭敬和孝顺。

【原文】

父母有婢子[①]，若庶子、庶孙[②]，甚爱之，虽父母没，没身敬之不衰。子有二妾，父母爱一人焉，子爱一人焉，由衣服饮食[③]，由执事，毋敢视父母所爱[④]，虽父母没，不衰。子甚宜其妻，父母不说[⑤]，出[⑥]。子不宜其妻，父母曰：“是善事我[⑦]。”子行夫妇之礼焉，没身不衰。

【注释】

①婢子：即婢。

②若：及，和。

③由：自，从。

④视：比。

⑤说：通“悦”。

⑥出：休回娘家。

⑦是善事我：这个媳妇很会侍候我们。

【译文】

父母有宠爱的奴婢和庶子庶孙，而且很喜爱他们，即使父母去世了，一直到自己老死之前（都要像父母活着时一样）对他们怀着敬重的心情而没有改变。儿子有两个妾，父母喜爱其中一个，儿子喜爱另一个，那么儿子对于自己所喜爱的妾，从衣服饮食，到所派的活计，都不能和父母喜爱的那个相比，即使父母去世了，也不能改变。儿子特别宠爱他的妻子，可是父母不喜欢她，那就应该把她休掉。儿子不喜欢他的妻子，父母却说："她能很好地侍奉我们。"儿子也要对她行夫妇之礼，至死不渝。

【注释】

①贻：遗留。

【原文】

父母虽没，将为善，思贻父母令名[①]，必果；将为不善，思贻父母羞辱，必不果。

【译文】

父母虽然去世了，子女在做善事时，想到这将会给父母留下好名声，就一定会做成；而在将做坏事时，想到这样将会给父母留下羞辱，就一定不要去做。

【原文】

曾子曰："孝子之养老也，乐其心，不违其志，乐其耳目，安其寝处，以其饮食忠养之，孝子之身终。终身也者，非终父母之身，终其身也。是故父母之所爱亦爱之，父母之所敬亦敬之，至于犬马尽然，而况于人乎？"

【译文】

曾子说："孝子赡养老人，要使老人从心里感到快乐，不违背老人的意愿，要使老人的耳目都愉悦，居处感到安适，在饮食方面，用老人喜欢吃的饮食来悉心赡养，直至孝子身终。这里的终身，并不是指父母终身，而是指终孝子自己之身。因此父母所爱的自己也去爱，父母所敬的自己也尊敬，就连父母所爱的狗、马也是如此，更何况对父母所爱之人呢？”

【原文】

凡养老，五帝宪[①]，三王有乞言。五帝宪，养气体而不乞言，有善则记之，为惇史。三王亦宪，既养老而后乞言，亦微其礼[②]。皆有惇史。

【注释】

①宪：效法。

②微其礼：指养老乞言时不敢坚持，不敢迫切。

【译文】

凡举行养老之礼，五帝时代是效法老人的德行，三王时代（不但效法德行），又请老人对国政发表意见。五帝时代只效法老人德行，是为了颐养老人的气息和身体，因此不请老人们对国政发表意见，但把老人中好的德行记录下来，作为惇厚者之史。三王时代也效法老人的德行，是在养老礼举行完毕，而后请老人对国政发表意见，但这只是要求稍微举行一下请求发表意见的礼仪。三王时代也都记载有惇厚者之史。

【原文】

子能食食，教以右手。能言，男“唯”，女“俞”，男鞶革[①]，女鞶丝。六年[②]，教之数与方名[③]。七年，男女不同席，不共食。八年，出入门户，及即席饮食，必后长者，始教之让。九年，教之数日[④]，十年，出就外傅，居宿于外，学书计，衣不帛襦袴[⑤]，礼帅初，朝夕学幼仪，请肄简、谅。十有三年，学乐，诵诗，舞《勺》。成童，舞《象》，学射、御[⑥]。二十而冠，始学礼，可以衣裘帛，舞《大夏》，惇行孝弟[⑦]，博学不教，内而不出[⑧]。三十而有室，始理男事[⑨]，博学无方，孙友视志[⑩]。四十始仕，方物出谋发虑，道合则服从，不可则去。五十命为大夫，服官政。七十致事。

【注释】

①鞶（pán）：原为“縏”，为“鞶”的异体字。意为小囊。这里是意动用法。

②六年：六岁。

③数：识数。方名：东南西北、上下前后的名称。

④数日：计算日子。

⑤袴：下衣。今作“裤”。

⑥射：射箭。御：驾车。

⑦弟：通“悌”。

⑧内：通“纳”，指内心蕴蓄美德。

⑨男事：指接受国家分给的田地，供给征役。

⑩孙：通“逊”。视：通“示”。

【译文】

在小孩能吃饭时，要教他使用右手。开始学说话时，要教男孩说“唯”，女孩说“俞”，给男孩佩戴用皮革制成的小囊，给女孩佩戴用丝织成的囊。孩子到了六岁时，教他识数和辨别方向。七岁时，男孩、女孩就不再同席吃饭。八岁时，开始教他们礼让，进出门户和就席而坐，必须让长者在先而自己在后。九岁时，教他计算日期。十岁时，男孩出外求学，住宿在外，学习写字和记事，不穿帛做的衣裤，遵循以前在家学习的谦让之礼，每天向老师请教初级的礼仪，所向老师请教学习的，贵在简要而信实。十三岁时，要学习音乐，诵读诗篇，学习《勺》舞。到了成童时，就学习《象》舞，练习射箭和驾车。二十岁举行冠礼，开始学习成人之礼，这时可以穿裘帛的衣服，并学习《大夏》舞，学习尊敬老人和顺服长上的道理，广博地学习而不可为师教人，努力吸收知识而不可为人谋事。三十岁娶妻成家，开始掌管男子的事务，广博地学习而没有固定的内容，要与朋友和顺相处，并注意观察他们的去向。四十岁开始做官，根据事物自然之理而定计谋、出主意，如果志同道合就顺从，不合就离去。五十岁受命为大夫，可以独当一面处理政事。七十岁辞官退休。

【原文】

凡男拜，尚左手。

【译文】

凡是男子行拜礼，左手应放在右手上面。

【原文】

女子十年不出，姆教婉娩、听从[①]，执麻枲[②]，治丝茧，织纴组紃，学女事，以共衣服[③]。观于祭祀，纳酒、浆、笾、豆、菹、醢，礼相助奠。十有五年而笄，二十而嫁，有故[④]，二十三年而嫁。聘则为妻[⑤]，奔则为妾[⑥]。

【注释】

①姆：古代以妇道教女子的女师。婉：说话柔婉。娩（wǎn）：容貌贞静。

【译文】

女子到了十岁就不再出门，由女师教她们如何温婉柔顺、听从尊长的教诲，教她们纺麻织布、丝织缯等女人活计，以供给衣服。教她们参观祭祀，学习捧入纳酒浆、笾豆、菹醢等祭品和祭器，按照祭礼的要求帮助大人放置祭品和祭器。到了十五岁许嫁而举行笄礼，在二十岁时出嫁，如果这时遭遇父母丧事，就到二十三岁出嫁。接受男家的聘礼而出嫁的女子就是妻，没有接受聘礼而嫁的就是妾。

【原文】

凡女拜，尚右手。

【译文】

凡女子行拜礼，都是右手放在左手上面。

②枲(xǐ)：大麻的雄株。

③共：通“供”，供给。

④有故：指父母之丧。

⑤聘：通过媒人沟通。

⑥奔：私奔。女子不通过媒人而私自投奔所爱之人。

玉 藻

【原文】

天子玉藻十有二旒[①]，前后邃延[②]，龙卷以祭[③]。玄端而朝日于东门之外，听朔于南门之外。闰月则阖门左扉，立于其中。

【译文】

天子所戴的冕上有用彩色丝绳贯穿的十二串玉珠，玉珠在綖的前后长长地垂挂着，身上穿着有龙形的图案的衮服去祭祀宗庙。在春分这一天，天子头戴玄冕，身穿玄衣，在东门之外举行朝日之礼。每月初一，天子穿玄衣、戴玄冕在南门外的明堂里处理政事。如果是闰月，那就把明堂门的左边的门关上，站在门内处理政事。

【注释】

①玉藻：玉指古代帝王贵族冕前垂旒上所穿的玉，藻是垂旒上穿玉的五彩丝绳，合称玉藻。

②邃：深。指延前后皆长出于冕而深邃。延：通“綖”，冕的上面覆盖的一层木板，外包麻布，上黑色下红色。旒即由延的前部垂下。

③龙卷：即龙衮，画龙于衮衣。天子之礼服。

【原文】

皮弁以日视朝，遂以食[①]，日中而馂[②]，奏而食。日少牢，朔月大牢，五饮：上水、浆、酒、醴、酏[③]。卒食，玄端而居。动则左史书之，言则右史书之。御瞽几声之上下[④]。年不顺成，则天子素服，乘素车，食无乐。

【译文】

天子平日戴着白鹿皮弁视朝，退朝以后吃早饭，中午吃早餐剩余的食物，吃饭时要奏乐。天子平日膳食用羊猪二牲，每月初一这一天则要用牛羊豕三牲。天子的饮料有五种：以水为上，其次是浆、酒、甜酒和粥汤。中午吃过以后，就换上玄端服休息闲居。天子的行动都由左史记录下来，他的言论都由右史记录下来。天子身旁侍御的乐工察辨音乐之声的高下，以了解政令的得失。年成不顺，遇到灾害，天子就要穿素服，乘没有油漆的素

【注释】

①食：指朝食。早餐叫“朝食”，下午一顿叫“夕食”。

②馂（jùn）：吃剩下的食物。

③浆：即酢浆，用糟酿成的酒类，味酸。

④声之上下：指音乐之声的哀、乐。古人认为政治清平则乐声乐，政令昏暴则乐声哀。

车，进餐时不演奏音乐。

【原文】

诸侯玄端以祭，裨冕以朝，皮弁以听朔于大庙，朝服以日视朝于内朝。朝，辨色始入。君日出而视之，退适路寝听政，使人视大夫。大夫退，然后适小寝，释服。又朝服以食，特牲[①]，三俎[②]，祭肺。夕深衣，祭牢肉。朔月少牢，五俎，四簋[③]。子卯，稷食，菜羹，夫人与君同庖。

【注释】

①特牲：猪。

②三俎：猪、鱼、腊（干肉）。

③簋（guǐ）：盛饭食之器。

【译文】

诸侯到宗庙祭祀祖先时，穿着玄冕之服；去朝见天子时，要穿裨服、戴冕；到太庙行听朔之礼时，身穿皮弁服；平日在内朝视要穿戴朝服。群臣上朝，在天色微明可以辨色时，就开始进宫等待。国君在日出时视朝，与群臣相见，然后退到路寝听政。国君派人到路寝门外视看大夫，大夫无事，全部退走，那么国君就回到自己的燕寝，脱掉朝服，换上玄端。在吃早饭时，国君要换上朝服进餐，吃的是猪、鱼、腊三俎，将食之前先祭祀，感谢神灵。国君在吃晚饭时，要身穿深衣，将进食之前，先祭牢肉。每月初一则用羊、猪二牲，吃的是五俎四簋，即羊、豕、鱼、腊、肤五俎和黍、稷各二簋。逢到子卯忌日，国君只吃饭食和菜羹，表示借鉴。国君的夫人和国君共同进餐，不另外杀牲。

【原文】

君无故不杀牛[①]，大夫无故不杀羊，士无故不杀犬豕。君子远庖厨[②]，凡有血气之类，弗身践也。至于八月不雨，君不举。年不顺成，君衣布，搢本[③]，关梁不租，山泽列而不赋[④]，土功不兴，大夫不得造车马。

【注释】

①故：指祭祀、宴享宾客之事。

②庖厨：宰杀烹割禽兽之处。

③本：指士所用的竹笏，用象牙装饰其下端。国君本应用象笏。穿衣插竹笏都是表示贬损自责的意思。

④列：通“迾”，遮遏的意思。

【译文】

没有特别的缘故，国君不杀牛，大夫不杀羊，士不杀犬豕。君子要远离厨房，凡是有血有气的动物，都不忍亲自动手宰杀。如果一连八个月都不下雨，灾情如此严重，那么国君吃饭就不演奏音乐。年成不顺，国君要穿麻布之衣，插竹笏；在关口和桥梁处不收租税，禁止在山泽采伐渔猎，也不征赋税，不再大兴土木，大夫也不许制造新车。

【原文】

卜人定龟，史定墨，君定体。

【译文】

凡是占卜，由卜人选定占卜所当用的龟甲，用火烧灼，由太史根据裂纹的大小、宽窄、纵横、深浅、曲直等兆纹进行染墨使之明显，由国君观看整个兆象的形体以判定其吉凶，从而决定事情进行与否。

【原文】

君羔幦①，虎犆②。大夫齐车鹿幦，豹犆；朝车。士齐车鹿幦，豹犆。

【注释】

①幦：覆于车轼上的皮。

②犆：缘饰、镶边。

【译文】

国君的斋车用羔皮覆轼，用虎皮镶边。大夫的斋车朝车、士的斋车都用鹿皮覆轼而用豹皮镶边。

【原文】

君子之居恒当户，寝恒东首。若有疾风，迅雷，甚雨。则必变①，虽夜必兴，衣服、冠而坐。日五盥，沐稷而靧粱，栉用樿栉，发晞用象栉。进禨，进羞，工乃升歌。浴用二巾，上絺下绤。出杅②，履蒯席，连用汤，履蒲席，衣布，晞身，乃屦，进饮。将适公所，宿齐戒，居外寝，沐浴。史进象笏③，书思对命。

【注释】

①变：整顿仪容、改变姿势。

②杅：浴盆。

③史：大夫之史，掌管文史一类事。象笏：大夫

既服，习容，观玉声，乃出，揖私朝，辉如也，登车则有光矣。

用的笏以象牙为本。

【译文】

君子居处总是对着门户、向着明亮的地方。睡觉时总是头向东，因为东方是充满生气的方向。如果有烈风、打雷、暴雨时，则必庄敬严肃，即使是夜里也一定起身，穿戴整齐，恭恭敬敬地坐着，因天变而有所敬畏。每天要洗手五次。用淘稷的水洗头发，用淘粱的水洗脸。洗过的头发要用白木梳梳理。头发干了就用象牙梳来梳。然后喝一点酒，吃一点东西，这时乐工就升堂唱歌，边吃边听。洗澡要用两条毛巾，擦洗上身用细葛巾，下身用粗葛巾。洗后，从浴盆出来，站在蒯草编的席子上，用热水冲洗双脚，然后站到蒲席上，穿上麻布衣服以吸身上的水。然后穿上鞋，就喝酒听歌。臣子将要去朝见国君，必须前一天就斋戒沐浴，独自居住在正寝。史官呈上象笏，把想要回答国君的话写在上面，以准备向国君报告或回答国君的问题。朝服穿戴已毕，要练习自己的仪容神态举止是否得当，使佩玉之声和行步举止的节拍相合，然后才出发。在庭中揖见家臣，显出神采奕奕的样子，登车时更显出光彩照人的样子。

【原文】

天子搢珽[①]，方正于天下也。诸侯荼[②]，前诎后直，让于天子也。大夫前诎，后诎，无所不让也。

【注释】

①珽：或称大圭，天子所用，长三尺，上终葵首。终葵，方如锥头。

②荼：诸侯所用，上圆下方。

【译文】

天子插的笏叫做珽，四角方正，这是向天下人表示天子的端方正直。诸侯插的笏叫做荼，上面的两角是圆的，下面两角是方的，这是表示诸侯应让于天子。大夫的笏上下四角都是圆的，表示他处处都必须退让。

【注释】

①党：处所。这里指君所坐之处。

②躐：逾越。

③徒坐：空坐，指不在饮食或读书时坐在席上。

【原文】

侍坐则必退席，不退，则必引而去君之党[①]。登席不由前，为躐席[②]。徒坐不尽席尺[③]。读书、食，则齐，豆去席尺。

【译文】

士大夫陪侍国君坐时，一定要把自己的坐席向侧后退一点。如果不好移席后退或者国君不让后退，那么入席后，就一定要向后坐，远离国君所坐之处。登席入座不应该由前面跨上去，而应该由后面上，否则就叫做逾越席，大为失礼。无事而坐的时候，身体离开席前缘一尺左右，在读书、进食时，要坐得与席的前沿平齐。盛食物的器皿放在席前距席一尺的地方。

【注释】

①尝羞者：指膳宰，先尝食。

②羞近者：食近身的菜肴。

③覆手：吃饱以后用手抹拭口边。

【原文】

若赐之食，而君客之，则命之祭，然后祭。先饭，辩尝羞，饮而俟。若有尝羞者[①]，则俟君之食，然后食。饭饮而俟。君命之羞，羞近者[②]。命之品尝之，然后唯所欲。凡尝远食，必顺近食。君未覆手[③]，不敢飧。君既食，又饭飧。饭飧者，三饭也。君既彻，执饭与酱，乃出授从者。

【译文】

国君赐给臣子吃饭，臣子可以不祭饮食神，如果国君以客礼待臣，那么臣子应在得到国君的命令以后才祭。祭毕，臣子要先遍尝各种食品，然后饮水洁口而等待国君进食。如果有膳宰尝食，那么被赐食的臣子就无须尝食了，等国君先吃，然后自己吃。臣吃饭前，饮水以等待国君先吃。国君命令臣吃菜，臣就吃靠近身前的；国君命令臣遍尝菜肴，臣才得以一一品尝，然后根据自己的嗜好进食。凡是尝远处的食物，要从近处的食品顺次吃过去。臣子陪侍国君吃饭，国君还未用手抹嘴，臣子不敢用水泡饭劝君吃。在国君吃水泡饭以后，臣子才又吃水泡饭，但也只吃三口。国君的饭菜都撤下去以后，侍食的臣子才可以端着饭与酱，出去交给自己的随从，这表示自己十分珍视国君的赏赐。

【原文】

凡侑食[①]，不尽食。食于人不饱。唯水、酱不祭，若祭为已傺卑[②]。

【注释】

①侑食：这里指侍食于尊者。

②傺：通“压”，降低身份的意思。

【译文】

凡是劝尊者吃饭，自己不能把食物吃光。别人请你吃饭，不要吃饱。在地位相当的人家吃饭，吃各种食物前都应该先祭一下，只有水、酱可以不祭。如果水、酱也祭的话，那就太降低自己的身份了。

【原文】

君若赐之爵，则越席再拜稽首受，登席，祭之，饮卒爵而俟，君卒爵，然后授虚爵。君子之饮酒也，受一爵而色洒如也，二爵而言言斯；礼已三爵，而油油，以退。退则坐取屦，隐辟而后屦：坐左纳右，坐右纳左。

【译文】

国君如果赐给侍宴的臣子喝酒，臣子就要越过自己的坐席，再拜稽首礼，恭敬地接过来，然后回到自己的坐席，先祭而后饮。饮干以后，等国君也饮干，然后把空酒杯递给赞者。君子饮酒，饮第一杯时脸色庄重，饮第二杯时态度温和恭敬。按礼，臣子侍君宴饮，饮酒止于三杯，三杯饮过，则和悦恭敬地告退。退的时候要跪坐拿起脱下的鞋，到隐避处而后穿鞋：穿右脚鞋时跪左腿，穿左脚鞋时跪右腿。

【原文】

凡尊，必上玄酒[①]。唯君面尊。唯飨野人皆酒。大夫侧尊用棜。士侧尊用禁。

【注释】

①玄酒：水。虽不用，设之，示不忘古。或说上古无酒，以水当酒。

【译文】

凡是陈设酒樽，必以玄酒为上。只有在国君宴请大臣的时候，才能将酒樽放在国君的对面。只有请乡野平民饮酒时，才全部用酒而不用玄酒。在宴客的时候，酒樽不能正对着主人，大夫要放在旁侧的棜上。士将酒樽放在旁侧的禁上。

【原文】

始冠缁布冠，自诸侯下达。冠而敝之可也。玄冠，朱组缨，天子之冠也。缁布冠，缋緌，诸侯之冠也。玄冠，丹组缨，诸侯之齐冠也。玄冠，綦组缨，士之齐冠也。缟冠，玄武，子姓之冠也。缟冠，素纰，既祥之冠也。垂緌五寸[①]，惰游之士也，玄冠，缟武，不齿之服也。居冠属武，自天子下达，有事然后緌。五十不散送[②]。亲没不髦。大帛不緌。玄冠紫緌，自鲁桓公始也。

【注释】

①垂緌五寸：緌的长度，大约吉冠长一尺二寸，祥冠长一尺，惰游之士则又减半以表示一种耻辱。

②散送：起殡以后送葬人腰间的麻绳散垂，到葬毕才绞起来。五十岁可不行此礼。

【译文】

行冠礼时，第一次加的冠是缁布冠，从诸侯到士人都是如此。这种缁布冠在行冠礼后就不再戴，随它去敝弃。天子行冠礼时，第一次加的冠则是玄冠，而以朱红色的丝带为缨。诸侯虽是用缁布冠，但是配有彩色的缨带。玄冠而用丹红色的丝带做缨，这是诸侯斋戒用的冠；玄冠而用青黑色的帛做缨，这是士斋戒用的冠。用白色的生绢制冠而冠卷是玄色，这种上半示凶、下半示吉的冠，是孙子在祖父去世以后父亲丧服未除而自己已经除服时戴的。用白色的生绢制冠，用白绫做冠两边及冠圈下缘的镶边，这是孝子在大祥祭以后戴的冠。强令惰游者戴的冠和孝子大祥以后戴的冠一样，只是下垂的緌只有五寸长，让他们头戴凶冠，加以污辱。那些不服从教化而不再录用的人所戴的冠则是玄冠，而以生绢做冠圈。平日闲居时戴的冠，把下垂的冠带分别固定在冠圈两侧，上自天子下至平民都如此，到有事时才垂下来。满五十岁的人，有了丧事，不必散麻送葬。父母去世以后，做子女的就不要再戴髦了。用白缯制的素冠没有下垂的冠带。玄冠配上紫色的垂带，这是自鲁桓公开始的。

【原文】

君衣狐白裘，锦衣以裼之[①]。君之右虎裘，厥左狼裘。士不衣狐白。君子狐青裘，豹褎，玄绡衣以裼之；麛裘，青豻褎，绞衣以裼之；羔裘，豹饰，缁衣以裼之；狐裘，黄衣以裼之。锦衣狐裘，诸侯之服也。犬、羊之裘不裼。

【注释】

①裼：通“袒”，古代丧服。

【译文】

国君穿狐白裘的时候，要用锦衣罩在上面作为裼衣。国君右面的卫士穿虎皮裘，左面的卫士穿狼皮裘。士不能穿狐白裘。君子穿着青狐裘，用豹皮镶上袖口，加黑色绡衣作为裼衣；或穿麛裘、用青豻皮作为袖口，加苍黄色的裼衣；或穿羔皮裘，以豹皮为袖口，配上黑色的裼衣；或穿狐裘，就配上黄色的裼衣。狐裘外加锦衣为裼衣，这是诸侯之服。犬羊之裘不加裼衣。

【原文】

不文饰也不裼。裘之裼也，见美也。吊则袭[①]，不尽饰也。君在则裼，尽饰也。服之袭也，充美也[②]。是故尸袭，执玉龟袭。无事则裼，弗敢充也。

【注释】

①袭：在裼衣外面加上衣不裼，掩盖裼衣的文绣。

②充：覆盖。

【译文】

凡不需文饰的情况下，都不需要显露裼衣。在裘衣外面加上裼衣，并且解开上服，把裼衣露出一部分来，这是为了表现它的华美。在吊丧的时候要袭，由于心中伤痛，就不能竭尽文饰礼数。在国君面前则要袒露裼衣，这是为了尽量表现文饰，体现敬君之心。外裘是为了掩盖裼衣的华美。所以尸要袭衣，手中执玉或龟甲行礼时也要穿袭衣。在行礼结束以后则要袒露出裼衣来，表示在国君前不能掩盖它的华美。

【原文】

笏，天子以球玉，诸侯以象，大夫以鱼须文竹[①]，士竹本象可也。见于天子，与射，无说笏[②]。入大庙说笏，非古也。小功不说笏，当事免则说之。既搢必盥，虽有执于朝，弗有盥矣。凡有指画于君前，用笏。造受命于君前，则书于笏。笏，毕用也[③]，因饰焉。笏度二尺有六寸，其中博三寸，其杀六分而去一。

【注释】

①鱼须文竹："须"当为"颁"之误。"颁"通"斑"，鱼斑。鲛鱼皮有斑纹，用以饰笏。文：饰。大夫之笏以竹为之，而饰以鲛鱼之皮。

②说：通"脱"。笏：或者拿在手上，或者插在大带中。"说笏"指不在手，又不插带。

③毕：尽。言指画、记事尽用笏。

【译文】

天子的笏是用美玉制成，诸侯的笏以象牙制成，大夫的笏用竹子制成而饰以鲛鱼之皮，士的笏用竹制成而以象牙镶在下部。诸侯、士大夫在朝见天子的时候，在参加射礼的时候，笏都不可离身；到太庙中祭祀时也应带上笏，不带笏是不合古礼的。为死者服小功之丧时不要脱笏，只有在进行殡殓时才可以不带笏。臣朝君时，挺笏插进大带以后一定要洗手。洗过以后，到了朝廷上拿笏的时候就无须再洗了。臣子凡在国君面前回话，每当有所指画时，不宜直接用手比划，要用笏。在国君面前接受命令，则记在笏上。笏不管指画、记事都要用到，因而按身份地位施以不同的装饰。笏的长度是二尺六寸，中间宽三寸，两端各削减三寸的六分之一，就各宽有二寸五分了。大夫、士的笏则上、下两端都要逐渐削减六分之一。

【原文】

凡侍于君，绅垂，足如履齐，颐霤，垂拱[①]，视下而听上，视带以及袷，听乡任左。

【注释】

①颐霤，垂拱：霤，屋檐。上身前倾时，头微前伸，两颊下垂有似屋檐。

【译文】

凡陪侍国君，在国君面前要毕恭毕敬，上身要前倾，绅带下垂，脚好像踩着衣裳的下边一样，脸颊如同屋檐般探出，两手交拱垂在下面，目光向下，耳朵却注意倾听国君的讲话。视线应在国君的腰带以上、衣领以下。听国君讲话时，要把头侧过来，用左耳听。

【原文】

凡君召以三节：二节以走[1]，一节以趋[2]。在官不俟屦，在外不俟车。

【注释】

①走：奔跑。

②趋：快步行走。

【译文】

凡国君派使者宣召臣下，共有三个符节：如果事情紧急，就用两个符节，这时臣子要奔跑赴命；如果事情不太紧急，就用一个符节去，这时臣子要快步行走以赴命。只要国君召见臣子，不论事情缓急，都要赶快前往，如果正在朝廷办事之处，那要不等穿鞋就去；如果不在朝廷办事之处，那就应不等驾车就去。

【原文】

士于大夫，不敢拜迎，而拜送。士于尊者先拜，进面[1]，答之拜，则走。士于君所言大夫，没矣则称谥若字，名士；与大夫言，名士，字大夫。

【注释】

①先拜，进面：前往见尊者，当先在门外拜，然后进门相见。

【译文】

士在大夫来看自己的时候，不能出大门外拜迎，因为拜迎是身份相等的人之间的礼节，只在大夫走的时候才可以拜送。士拜见卿大夫时，卿大夫在门内等候，士在门外先拜，然后进门见面，若卿大夫在门内答拜，士要赶紧避开，不敢当礼。士在国君的处所谈话，提到已故的大夫，就称他的谥号或字，不能直呼其名；提到已故的士，则直称其名。士与大夫谈话时，提到活着的士时可直称其名，提到活着的大夫时可称呼其字。

【原文】

于大夫所有公讳[1]，无私讳[2]。凡祭不讳，庙中不讳[3]，教学临文不讳。

【注释】

①公讳：指已故国君之名。

②私讳：指已故父母之名。

③庙中不讳：谓祭有祝福的祷辞，其中有先君之名，不避讳。

【译文】

士在大夫面前谈话，只避开国君的名字，而不避开大夫家的私讳。凡祭祀群神读祝祷辞不避讳，在宗庙中祭祀祖宗在祭辞中不避讳，在老师教学生的时候以及对书中的文字可以不避讳。

【注释】

①鸾、和：都是铃。鸾在车衡，和在车轼。

②绩：屈折。

③绶：穿佩玉的丝带。玄组绶：即以玄色丝带为绶。

④山玄玉：玉色像山的玄色而杂有纹理。

⑤水苍玉：玉色像水的青色而杂有纹理。纯：当作“缁”，比“玄”深的黑色。

【原文】

古之君子必佩玉，右徵、角，左宫、羽，趋以《采齐》，行以《肆夏》，周还中规，折还中矩，进则揖之，退则扬之，然后玉锵鸣也。故君子在车则闻鸾、和之声[①]，行则鸣佩玉，是以非辟之心，无自入也。君在不佩玉，左结佩，右设佩；居则设佩，朝则结佩；齐则绩结佩[②]，而爵韠。凡带必有佩玉，唯丧否。佩玉有冲牙。君子无故玉不去身。君子于玉，比德焉。天子佩白玉而玄组绶[③]。公侯佩山玄玉而朱组绶[④]。大夫佩水苍玉而纯组绶[⑤]。世子佩瑜玉而綦组绶。士佩瓀玟而缊组绶。孔子佩象环五寸而綦组绶。

【译文】

古时候的君子身上都挂玉佩，走路时右边的玉发出的声音像徵声和角声，左边的玉发出的声音像宫声和羽声。在路寝门外至应门快走时音乐演奏，《齐乐》在路寝门内至堂上行走时，音乐演奏《肆夏》，反转回行所走的路线要呈弧形，拐弯时所走的路线方如矩，前进时身体略俯像作揖一样，后退时身体略仰，这样，玉佩在行走时就发出铿锵的鸣声。所以君子乘车的时候，则听到鸾铃与车轼上的铃声相应，步行的时候，就听到腰间挂玉佩的鸣声，因此种种邪辟恶念就无从进入君子的心中了。士大夫在国君面前不能挂玉佩。所谓“不佩玉”，就是把左边的佩用丝带结起来，不让它出声，右边的玉佩仍像以前一样佩戴。士大夫在家闲居的时候左右都佩玉，只有在上朝时丝结左侧玉佩。斋戒时穿上下一色的玄端服，配上黑色的蔽膝，这时要把玉用绶带结住，而且要把绶带向上折收起来，使左右玉佩不能碰击发声。从天子到士在革带上都挂有玉佩，只有服丧时不挂玉佩。玉佩间一块是冲牙。君子没有特殊的原因，玉佩不离身，因为君子是以玉来比喻一个人的德行的。天子佩白玉，用玄色丝带为绶。诸侯佩山青色的玉，用朱红色的丝带为绶。大夫佩水苍色的玉，用黑色丝带为绶。世子佩美玉，用彩色的丝带为绶。士佩似玉般的美石，用赤黄色的丝带为绶。孔子闲居时佩直径五寸的象牙制作的环，用杂彩丝带为绶。

【原文】

童子之节也，缁布衣，锦缘，锦绅，并纽，锦束发，皆朱锦也。肆束及带，勤者有事则收之，走则拥之。童子不裘，不帛，不屦絇[①]，无缌服[②]，听事不麻，无事则立主人之北，南面。见先生，从人而入。

【注释】

①絇：鞋头上的装饰，如鼻翘起。

②缌服：缌麻之服，五服中最轻的一种丧服，血缘关系疏远的亲属去世后所服。

【译文】

童子的礼节，穿黑布深衣，用彩色织锦镶边，绅及大带围腰交结处都要用锦镶边，束发布条也要用彩色锦带，以上全都用朱红色的织锦。系纽丝带的剩余部分及垂下的绅带，有事情要做的时候就用一只手挽起来，需要快跑的时候就用双手抱住。童子不穿皮裘，不穿丝帛，鞋头上没有装饰。如果族中有丧事，童子只服斩衰、齐衰、大功、小功，不服缌麻三月，这时他就不用穿丧服，只到丧事的人家帮忙干活，身上不加麻绖。童子没有事的时候就站在主人之北，面向南。童子去拜见老师的时候，要跟着成人进去。

【原文】

侍食于先生、异爵者，后祭，先饭。客祭，主人辞曰："不足祭也。"客飧[①]，主人辞以"疏[②]"。主人自置其酱，则客自彻之。一室之人，非宾客，一人彻。壹食之人[③]，一人彻。凡燕食，妇人不彻。

【注释】

①飧（sūn）：用饮料浇饭。按礼，在吃饱饭以后，再用汤浇饭吃三口，叫"三飧"。

②疏：粗。

③壹：犹“聚”。

【译文】

陪侍老师或爵位高于自己的人吃饭，尊者祭食后自己再祭，尝饭则自己在先。客人祭食的时候，主人要谦逊推辞说：“饭菜不丰盛，不值得行祭。”客人用汤浇饭吃时，主人要推辞说：“粗茶淡饭，不值得吃饱。”为表示敬客，主人自己动手陈设酱，吃过后，客人要自己动手将它撤下去。同事而共居一室的人一起吃饭，不分宾主，饭后，由年纪轻的一个人撤去食具。大家偶尔一起共聚吃饭，吃完以后，也由其中年纪轻的人把食具撤下去。凡是一般的早饭、晚饭，女人就不必动手撤食具。

【原文】

食枣、桃、李，弗致于核。瓜祭上环，食中，弃所操。凡食果实者，后君子；火孰者，先君子。

【译文】

吃枣、桃、李的时候，不要把核扔在地上。吃瓜的时候要先祭，祭时把有瓜蒂的一段削成环状，然后吃瓜的中间部分，而把手拿着的部分扔掉。凡吃干鲜果实时，要请君子先吃；凡吃熟食，自己要先尝食，再请君子食用。

【原文】

有庆，非君赐不贺。有忧者，勤者有事则收之，走则拥之。

【译文】

家中有喜庆之事，如果不是国君赏赐，就不祝贺。有忧愁之事的人，只要勤快地去面对，事情就能迎刃而解，如果逃避则更多的事情会接踵而来。

【注释】

①辞：推辞。

【原文】

孔子食于季氏，不辞[①]，不食肉而飧。

【译文】

孔子在季氏家中吃饭，不行推辞礼，还没有吃肉就直接用水泡饭吃。

【原文】

君赐车马，乘以拜；赐衣服，服以拜。赐，君未有命，弗敢即乘服也。君赐，稽首，据掌致诸地。酒肉之赐，弗再拜。凡赐，君子与小人不同日。

【译文】

国君赏赐臣下车马，臣下在拜受之后，第二天要乘着所赐的车马去拜谢国君；国君赏赐给臣下衣服，臣下在拜受之后，第二天要穿着所赐衣服再去拜谢国君。凡是国君所赐之物，如果没有国君的命令，便不能乘驾这个车马、穿这些衣服，只能把它们收起来，不敢使用。拜谢国君的时候，要行稽首礼，要用两只手掌据地而使头触地。如果国君赏赐的东西是酒肉，那就只在当时拜受，不需要第二天再登门拜谢。为了慎重尊卑名分，凡君行赏赐，赏赐君子与赏赐小人不在同一天。

【原文】

凡献于君，大夫使宰，士亲，皆再拜稽首送之。膳于君，有荤、桃、茢[①]。于大夫去茢，于士去荤。皆造于膳宰。大夫不亲拜，为君之答己也。

【译文】

凡献礼物给国君，大夫就派家宰去进献，士则亲自去进献，都要行再拜稽首礼，然后把礼物相送。献美味的食品给国君，要伴以荤、桃和苕帚。而献美食给大夫，则减去苕帚，只用荤和桃。送食物给士，则再减去荤，只用桃枝伴送就可以了。食物都献到食官那里。大夫不亲自进献，是为了避免国君答拜自己。

【注释】

①荤、桃、茢：荤，指姜一类有辛味的食品；茢，苕帚。辛味可除去秽气，桃是鬼所畏惧的，苕帚用以扫除不祥。

【注释】

①敌者：爵位相当者。

②承贺：接受别人的亲贺。

【原文】

大夫拜赐而退，士待“诺”而退；又拜，弗答拜。大夫亲赐士，士拜受，又拜于其室。衣服，弗服以拜。敌者不在[1]，拜于其室。凡于尊者有献，而弗敢以闻。士于大夫不承贺，下大夫于上大夫承贺[2]。亲在，行礼于人称父。人或赐之，则称父拜之。

【译文】

大夫去拜谢国君的赏赐时，只在国君门口请小臣进去通报，这样，大夫就可以走了。士则要在门口等到小臣出来说“国君知道了”，然后才能回去，临走的时候还要拜谢国君这个回音，而国君则不需要出来向士答拜。大夫亲自将东西赏赐给士，士拜谢接受，第二天又到大夫家中去拜谢。如果大夫赏赐给士的是衣服，第二天去拜谢时，并不需穿在身上。身份相当的人来赠送东西，受赠者当面拜谢，如果当时自己不在家，回家以后第二天一定要去登门拜谢。凡是进献东西给尊者，不能直接说献给某人，只能说是赠给从者之类。士的家中如果有喜庆之事，不敢接受大夫亲自来庆贺；下大夫家中有喜事，可以接受上大夫亲自来庆贺。如果父亲健在，自己与人行礼，都要以父亲的名义；人家送给自己东西，也要以父亲的名义拜谢。

【注释】

①充：掩盖，犹“袭”，在裼衣外面再加上衣。不裼，是充美于内。盛礼主于内心的恭敬，而不在外表的华美，所以礼盛则服充。不充，就是裼。

【原文】

礼不盛，服不充[1]。故大裘不裼，乘路车不式。

【译文】

举行不太隆重的盛礼，则裼，举行盛礼则相反。所以天子行祭天大礼时，穿黑羔大裘则袭而不裼；乘玉路车经过门闾时，也不像平常那样俯身凭轼示敬。

【原文】

父命呼，“唯”而不“诺”，手执业则投之，食在口则吐之，走而不趋。亲老，出不易方，复不过时。亲瘠[①]，色容不盛，此孝子之疏节也。父没而不能读父之书，手泽存焉尔；母没而杯圈不能饮焉[②]，口泽之气存焉尔。

【注释】

①瘠：病。

②圈：通“棬”，盘子。

【译文】

父亲使人叫儿子，儿子要急声应“唯”，而不缓声应“诺”，手头有事要赶紧停下来，嘴里有食物要立即吐出来，要迅速地跑过去而不是快步走到父亲跟前。父母年老，做儿子的外出不可随意改变所去的地方，回家也不超过预定的时间，免得他们牵挂。父母生病，儿子面有忧色而顾不上讲究仪容，这只是孝子孝心的粗略的表现（还不足称至孝）。父亲去世后，自己不忍心翻阅父亲读过的书籍，因为上面有父亲生前的手迹；母亲去世后，自己不忍心使用她用过的饮器，因为上面有她的口泽气息留在上面。

【原文】

君入门，介拂阒，大夫中枨与阒之间，士介拂枨。宾入不中门，不履阈。公事自阒西，私事自阒东。

【译文】

两君相见时，来访的国君（从阒的西边）入门，上介紧靠着阒入门，大夫介而从阒与西枨的正中间入门，士介挨着西枨入门。邻国来聘的卿大夫进门时不能由正中，而应由稍偏东靠近阒的地方，脚不能踩门槛。如果是公事，那就从阒的西边进入，这是用宾礼。如果是私事来见主国的国君，那就从阒的东边进入，这是用臣见君之礼。

【原文】

君与尸行接武，大夫继武，士中武，徐趋皆用是[①]。疾趋则欲发，而手足毋移。圈豚行不举足，齐如流。席上亦然。端行颐霤，如矢。弁行剡剡起屦[②]。执龟玉，举前曳踵，蹜蹜如也[③]。凡行容惕惕[④]，庙中齐齐，朝廷济济翔翔。

【注释】

①徐趋：慢慢走叫“行”，快走叫“趋”，很快地走叫“走”。徐趋就是“行”，也就是下文的“圈豚行”；疾趋则相当于“趋”或“走”；下文“端行”是“趋”，“弁行”是“走”。

②剡剡：身体竖起的样子。

③蹜蹜：举步促狭的样子。

④惕惕：直而迅速。

【译文】

在宗庙中，国君与尸在行走时步子小，速度慢，后脚的脚印要压住前脚脚印的一半，这叫“接武”；大夫行走时步子稍大，速度稍快，后脚脚印和前脚脚印相连，这叫“继武”；士走时步子更大，速度更快，前后两脚之间相隔一足的距离，这叫“中武”。国君、大夫、士行礼时的徐趋步伐都是如此。在疾趋的时候，脚跟抬起离地，步子大小犹如平常，而速度加快，这时要注意手足不要摇摆。在圈豚行的时候足不离地，衣裳下摆不离地像水流一样快而稳地行进。在入席或离席时，步伐也应如此。直线急趋时身体端直，头微前倾，两颊下垂如屋檐，走的路线要如箭一般直。在急切疾趋时，脚离地，身体竖起。手中持有龟、玉等宝器的时候，走路要徐趋，举起足尖，足跟在地面上拖过去，脚步紧密而小心翼翼。君子平时在道路上行走时，身体姿势端正，步伐要快；在宗庙中行走，神态要敬诚恳，在朝廷里行走，神态要庄敬严肃。

【原文】

君子之容舒迟，见所尊者齐遬。足容重，手容恭，目容端，口容止，声容静，头容直，气容肃，立容德，色容庄，坐如尸；燕居告温温。凡祭，容貌颜色如见所祭者。丧容累累[①]，色容颠颠[②]，视容瞿瞿梅梅[③]，言容茧茧[④]。戎容暨暨[⑤]，言容詻，色容厉肃，视容清明。立容辨卑毋谄，头颈必中，山立，时行，盛气颠实扬休[⑥]，玉色。

【注释】

①累累：羸乏。

②颠颠：忧思的样子。

③瞿瞿：惊惧。梅梅：看不清。

④茧茧：轻微。

⑤暨暨：果毅的样子。

⑥颠：通“阗”，填塞。

【译文】

君子的神态要从容闲雅，见到尊长的时候要迅速迎侍，举足要缓慢稳重，举手要恭慎，目不斜视，口不妄言，不咳嗽，不低头，屏气敛息，站立时显出很有德行修养的样子，面容庄重矜持，坐的时候像尸一样庄重。闲处的时候，如果教育人或使唤人时，态度要和善，不要让人感到害怕。君子进行祭祀时，容貌脸色要恭敬温和，就像看见所祭的先人一样。君子为双亲居丧时，身体形态要显得瘦弱疲惫，脸色显得很忧伤，眼神显得惊惧不安而又模糊不清，说话的声音细微无力。君子身穿戎装的时候，要刚毅果敢，发号施令要严明，表情威严，眼神清亮明察。站立的姿态要谦卑而又不近于谄媚，头颈一定保持正直，像山一样挺立，毫不动摇，该行动的时候才行动，全身内气充盛，而其阳刚之美发扬于外，脸色刚强坚定有如玉色。

【原文】

凡自称，天子曰“予一人”，伯曰“天子之力臣”。诸侯之于天子曰“某土之守臣某”，其在边邑曰“某屏之臣某”，其于敌以下曰“寡人”，小国之君曰“孤”，摈者亦曰“孤[①]”。

【注释】

①摈：助主人行礼者。宾主行礼，有介传客人的话，有摈传主人的话，都称为“摈”。

【译文】

天子自称“予一人”，州伯自称“天子之力臣”，诸侯对于天子自称“某个地方的守臣某人”，如果诸侯在边邑，则自称“某方的屏卫之臣某人”，诸侯对于和自己身份相当或自己的臣民，则自称“寡人”，小国的国君对于与自己地位相当的国君以及自己的臣民，自称“孤”，摈者在向天子报告时也称他为“孤”。

【原文】

上大夫曰“下臣”，摈者曰“寡君之老”。下大夫自名，摈者曰“寡大夫”。世子自名，摈者曰“寡君之嫡”。公子曰“臣孽”。士曰“传遽之臣[①]”，于大夫曰“外私”。大夫私事使，私人摈则

【注释】

①传遽之臣：谓传递紧急公事的驿使。士以此作为谦称。

②宾：即“摈”。以公士为宾即以公士为介。

称名，公士摈则曰“寡大夫”、“寡君之老”。大夫有所往，必与公士为宾也②。

【译文】

诸侯的上大夫在自己国君前自称“下臣”，如果出使他国，摈者代他传话时称他为“寡君之老”。诸侯的下大夫在自己国君前直接称自己的名，如果出使他国，摈者称他为“寡大夫”。诸侯的世子对自己国君自称其名，出使时摈者称他为“寡君之嫡”。诸侯的庶子对自己的国君自称“臣孽”。士在国君面前自称“传遽之臣”，在他国大夫面前自称“外私”。大夫为国君的私事而出使他国，用自己的家臣传话时，就直称大夫的名。大夫如果是奉君命出使，由公士为傧相，向主国传话时就称“寡大夫”，或“寡君之老”。大夫奉命出使行聘礼，一定与公士一起做主国的宾。

大　传

【原文】

上治祖祢[1]，尊尊也；下治子孙，亲亲也；旁治昆弟[2]；合族以食[3]，序以昭缪[4]。别之以礼义，人道竭矣。

【译文】

向上整治好祭祀祖和父的位次，体现尊敬尊贵者的原则；向下整治好子孙们的远近亲疏关系，体现亲爱血缘亲属的原则；从旁整治好同族亲兄弟、堂兄弟的亲疏关系，在宗庙内会合同族人举行食礼，按照昭、穆的次序排列座次。依据礼仪来区别上述各种关系，这样人道伦常就都体现出来了。

【注释】

①祖祢(nǐ)：祖与父。

②昆弟：即兄弟。

③合族以食：聚合族人共餐以联络感情。

④序以昭缪：按照血缘关系的远近排好顺序。缪，通"穆"。

【原文】

圣人南面而听天下[1]，所且先者五，民不与焉[2]。一曰治亲，二曰报功，三曰举贤，四曰使能，五曰存爱。五者一得于天下，民无不足，无不赡者。五者一物纰缪[3]，民莫得其死。圣人南面而治天下，必自人道始矣[4]。立权、度、量，考文章，改正朔，易服色，殊徽号，异器械，别衣服，此其所得与民变革者也。其不可得变革者，则有矣：亲亲也，尊尊也，长长也，男女有别，此其不可得与民变革者也。

【注释】

①听：治理。

②民不与焉：治民之事还不包括在内。与，在其中。

③缪：通"谬"，错误，纰漏。

④人道：人际关系。

【译文】

圣人执掌政权治理天下，必须首先注意五件事，而有关民众的事务还不在内。第一是治理好本族的亲属关系，第二是酬报有功之臣，第三是选拔贤良之士，第四是任用有才干的能人，第五是存心爱护民众。这五件事在全国范围内都能做好，那么民众就没有不满足的，就没有不富足的。这五件事如果哪一件有差错，那民众就会死而不得其所。所以圣明的君王治理天下，一定要从人道伦常做起。制定度量衡，考订礼法制度，改革历法，变更所推崇的颜色，采用不同于前代的徽章旗号，改良器具军械，使之异于往昔，区别各阶层、各等级的衣服，这些都是能够与民众一起加以变革的。但是，也有不能因时而改变的，如亲近亲属，尊敬尊贵者，顺从长上，严男女有别，这些都是不能与民众随意变革的。

【原文】

其夫属乎父道者，妻皆母道也。其夫属乎子道者，妻皆妇道也。谓弟之妻妇者，是嫂亦可谓之母乎？名者，人治之大者也，可无慎乎！

【译文】

丈夫属于父辈的，其妻就属母辈。丈夫属于子辈的，其妻就属于媳妇辈。如果有人称呼弟弟的妻子为妇，那么难道可以称呼嫂嫂为母亲吗？所以说，称谓是人伦中最重要的事情，怎么能不特别慎重呢？

【原文】

服术有六①：一曰亲亲②，二曰尊尊③，三曰名，四曰出入，五曰长幼，六曰从服。

【注释】

①服术：丧服的原则。

②亲亲：指血缘关系的远近。

③尊尊：社会地位的尊卑。

【译文】

服丧就其原则而言有六条：第一是依据有血缘关系的亲人服丧而制定的，如子为父母等；第二是依据尊尊原则对君长服丧，如臣为君；第三是依据有名分关系的异姓服丧，如为叔母、伯母等；第四是根据家族中女子出嫁或未嫁而相应制定的不同服制；第五是根据成年人服丧和为未成年人服丧的不同；第六是因从服关系而服。

【原文】

从服有六：有属从①，有徒从②，有从有服而无服，有从无服而有服，有从重而轻，有从轻而重。

【注释】

①属从：由于亲属与死者有关系而跟着服丧。属，亲属。

②徒从：与死者无亲属关系而空为之服丧。徒，空。

【译文】

从服又可分为六条原则：第一是属从，即死者与我有间接的亲属关系，“我”随从与“我”有直接血缘关系的亲属为死者服丧，如为母亲的娘家亲属服丧；第二是徒从，即死者与“我”并没有亲属关系，“我”随从尊者为之服丧，如臣子为君主的家属服丧；第三是有从有服而无服，祭所随从者有服而随从者无服，如国君的庶子，怕犯国君的禁忌，就不为岳父母服丧；第四是有从无服而有服，即所随从者无服而随从者反而有服，如国君的庶子不为他的母党之亲服丧，但他的妻子仍要服丧；第五是有从重而轻，即所随从者服制重，从服者服制甚轻，如妻为父母服重服，而夫为岳父母服轻服；第六是有从轻而重，即所随从者的服制却轻，从服者的服制反重。

【原文】

自仁率亲等而上之①，至于祖，名曰轻。自义率祖顺而下之至于祢，名曰重。一轻一重，其义然也②。

【注释】

①仁：仁爱，亲情。率：循。亲：指父亲。

②其义然也：就应该是这样。

【译文】

如庶子为生母只服轻服，妻子反而服重服。由爱心出发遵奉父母，一级一级地上推到祖先，可以说越远亲情就越轻。如果从道义上出发看，顺序往下以至先父，可以说，越远的祖先就越应当受到尊重。或恩轻义重，或恩重义轻，都出于情理之中。

【原文】

自仁率亲等而上之，至于祖；自义率祖顺而下之，至于祢。是故人道亲亲也。亲亲故尊祖，尊祖故敬宗，敬宗故收族①，收

【注释】

①收族：将族人团结在一起。

②丕：通“丕”，大的意思。

③无斁：不嫌弃。

族故宗庙严，宗庙严故重社稷，重社稷故爱百姓，爱百姓故刑罚中，刑罚中故庶民安，庶民安故财用足，财用足故百志成，百志成故礼俗刑，礼俗刑然后乐。《诗》云：“不显不承[②]，无斁于人斯[③]。”此之谓也。

【译文】

如果从爱心出发来分别亲疏关系，那就得沿着父母往上一级一级地推至远祖；但如果从道义出发来看，就应沿着远祖往下一级一级推至先父。所以说人的本性是亲爱自己的亲属的。亲爱亲属就会上推到尊敬祖先；尊敬祖先自然就会尊敬祖先留下的宗子；尊敬宗子就会团结聚拢族人；团结聚拢族人，宗庙之中就严整有序；宗庙尊严自然国家社稷也就能够得以保重，保重社稷自然也就深知热爱百姓，热爱百姓自然刑罚就能公正合理；刑罚公正合理，人民就能安居乐业；人民安居乐业，各种财用就会丰足；财用丰足，因此各种愿望才能实现；各种愿望都实现各种礼仪就有一定规范；礼仪有规范，然后人民就生活安乐了。《诗经》中有这样的话：“文王的功绩伟大而光辉，不断地将其发扬光大，后人就永远敬重他。”说的就是这种情况。

学 记

【原文】

发虑宪，求善良，足以谀闻[①]，不足以动众。就贤体远[②]，足以动众，未足以化民[③]。君子如欲化民成俗，其必由学乎。

【注释】

①谀（xiǎo）闻：小有声名。

②就：接近。体：亲近。

③化：教化，教育。化民：指转移人心风俗。

【译文】

启发合乎法则的思考，广为征求善良的人，这样做只能使自己小有名声，却不足以感动大众。如果亲近贤者，体察疏远者，就能够感动大众，但不足以教化大众、改变民心。君子如果想要教化大众、转变民心，形成良好的风俗，就必须从教育着手。

【原文】

玉不琢，不成器。人不学，不知道。是故古之王者，建国君民[①]，教学为先。《兑命》曰："念终始典于学[②]。"其此之谓乎。

【注释】

①君：这里的意思是统治。

②典：常。

【译文】

玉石不经过琢磨，就不能成为有用的器物。人不通过学习，就不懂得道理。因此，古代的君王建立国家、治理民众，都把教育放在首位。《尚书·说命》中说："要自始至终想着学习。"大概就是说的这个意思吧。

【原文】

虽有嘉肴[①]，弗食，不知其旨也[②]。虽有至道，弗学，不知其善也。是故学然后知不足，教然后知困。知不足，然后能自反也。知困，然后能自强也[③]。故曰：教学相长也。《兑命》曰："学学半[④]。"其此之谓乎。

【注释】

①肴：带骨头的肉。

②旨：甘美的味道。

③强：勉励。

④学学半：意思是说教人是学习的一半。

【译文】

虽然有好的菜肴，但不吃，就不会知道它的美味。虽然有最好的道理，但不去学习就不知道它好在何处。所以只有通过学习，然后才能了解自己的不足；只有通过教别人，才能知道自己有哪些不懂的地方。知道了自己的不足之处，然后才能反过来要求自己加强学习；知道了自己不懂的地方，然后才能勉励自己。所以说教和学是相互促进的。《尚书·说命》说："教别人，相当于一半也是增长自己的知识。"这句话说的就是这个道理。

【原文】

古之教者，家有塾[①]，党有庠[②]，术有序[③]，国有学。比年入学，中年考校。一年视离经辨志[④]，三年视敬业乐群，五年视博习亲师，七年视论学取友，谓之小成。九年知类通达，强立而不反，谓之大成。夫然后足以化民易俗，近者说服，而远者怀之，此大学之道也。《记》曰："蛾子时术之[⑤]。"其此之谓乎。

【注释】

①家：这里指"闾"，二十五户人共住一巷称为闾。塾：闾中的学校。

②党：五百家为党。庠：党的学校。

③术：通"遂"，一万二千五百家为遂。序：设在遂中的学校。

④离经：断句读。辨志：辨别书中的主要意义。

⑤蛾子：小蚂蚁。术：学习。

【译文】

古时教学，二十五家则有塾，一党则有庠，一遂则有序，一国则有大学。每年都有新生入学，每隔一年考核其学习情况。入学第一年结束时，考查其断句的能力，辨别经文之主旨所在；第三年考查他是否专心于学业，是否乐于和同学相处；第五年考查他是否广博学习、敬爱师长；第七年考查他对学术的见解，能否选择有益的人做朋友。如果能做到这些，就叫做"小成"。第九年考查他能否知识畅达，触类旁通，遇事有主见，不为外物所左右，这就叫做"大成"。学业大成然后才能教化民众，改变风俗，使近处的人心悦诚服，使远处的人都来归附，这就是大学教育的宗旨。古书《记》上说："小蚂蚁经常向大蚂蚁学习衔泥。"说的就是这个道理。

【原文】

大学始教，皮弁祭菜[①]，示敬道也。《宵雅》肄三[②]，官其始

【注释】

①皮弁：礼服。菜：用作

也。入学，鼓，箧[3]，孙其业也[4]。夏、楚二物[5]，收其威也。未卜禘不视学，游其志也。时观而弗语，存其心也。幼者听而弗问，学不躐等也。此七者，教之大伦也。《记》曰："凡学，官先事，士先志。"其此之谓乎。

祭品的芹藻之类。

②《宵雅》：即《诗经》中的《小雅》。肄：练习。三：《小雅》中的《鹿鸣》《四牡》《皇皇者华》三首诗。这三首诗都是关于国君宴乐、慰劳其臣及臣下侍奉国君之事。

③鼓、箧：击鼓召集学生，打开书箧取书。

④孙：通"逊"，恭顺。

⑤夏、楚：体罚学生用的木条。

【译文】

大学开学的时候，士子穿着礼服，用藻菜祭祀先圣、先师，以向学生显示敬重道术。在祭祀先圣、先师时，让学生练习《小雅》中的《鹿鸣》《四牡》《皇皇者华》三首诗，使学生懂得做官入仕的志向。入学授课时，先击鼓召集学生，然后打开书箱取书，要他们谦虚谨慎地对待学业。夏和楚两样东西是用来笞罚不听教的学生的，使他们有所畏惧，整顿威仪。（天子、诸侯）没有通过占卜举行禘祭之前，不视察学校，考查学生，目的是让学生按自己志向努力学习。教师要经常观察学生的学习，发现学生有疑难问题时，先不讲给他听，让学生多思考。年幼的学生只听老师的讲解而不随便提问题，这是因为学习应当循序渐进而不能越级。以上七项就是教学的大原则。古书《记》上说："凡是教学，学官要先安排好有关学校管理的事项；学生要先树立学习的志向。"这话说的就是这个道理。

【原文】

大学之教也，时。教必有正业，退息必有居。学，不学操缦[1]，不能安弦[2]；不学博依，不能安《诗》；不学杂服，不能安礼；不兴其艺，不能乐学。故君子之于学也，藏焉，修焉，息焉，游焉。夫然，故安其学而亲其师，乐其友而信其道，是以虽离师辅而不反[3]。《兑命》曰："敬，孙[4]，务[5]，时，敏，厥修乃来。"其此之谓乎。

【注释】

①操缦：学习弹奏杂乐。

②安弦：懂得音乐。安，指因熟练而轻松自如之意。

③辅：指朋友。

④孙：通"逊"，谦虚。

⑤务：必须来，到达。

【译文】

大学的教学要按照时序进行，所教的都必须有正常的科目，课后休息必须有一定的处所。学习（当循序渐进），不练习指法，琴瑟就弹不好；不学习各种比兴的方法，就不能真正理解《诗》义；不学习各种杂事之礼，行礼就行不好；不重视学习各种技艺，就不能激发对学业的兴趣。所以君子心里常常想着学业，每天学而不辍，休息或闲暇时也念念不忘。如果能这样，就能学懂课业并尊敬师长，乐于同朋友交往并信守正道，即使离开了师长和朋友，也不会违背他们的教诲。《尚书·说命》中说："敬重所学的道，恭顺地对待学业，时时刻刻不停止努力，那么所修的学业就一定能成功。"说的就是这个道理吧。

【原文】

今之教者，呻其占毕①，多其讯言②，及于数进，而不顾其安③，使人不由其诚，教人不尽其材，其施之也悖，其求之也佛④。夫然，故隐其学而疾其师，苦其难而不知其益也。虽终其业，其去之必速。教之不刑⑤，其此之由乎。

【注释】

①呻：诵读。占：同"苫"，竹简。毕：竹简。占毕：这里指课本。

②讯：告知。多其讯言：一味灌输知识。

③安：适应。

④佛：通"拂"，违背。

⑤刑：成，成功。

【译文】

如今教书的人，只知道念诵书本，又多向学生提问，急于追求快速进步，不管学生能否适应，不是诚心地教育学生，不考虑学生才能的高低而因材施教。他们对学生的教育既违背了规律，学生求学也就不可能顺利。因此，学生便对学习感到痛苦，厌恶老师，只感到学习的困难而不知道学习的益处。他们虽然勉强完成了学业但学到的东西很快就忘了。教育的不成功，原因就在这里吧！

【原文】

大学之法，禁于未发之谓"豫①"，当其可之谓"时"，不陵节而施之谓"孙②"，相观而善之谓"摩"。此四者，教之所由兴也。

【注释】

①豫：通"预"，防备。

②陵：超过。节：限度。施：教。孙：通"逊"，顺。

【译文】

大学的教育方法是，在学生不正当的欲望发生之前就加以禁止，叫做防患于未然；在最适当的时候进行教育，这叫做合乎时宜；不超越学生的接受能力进行教育，叫做循序渐进；使学生相互观摩，学习他人的长处，叫做切磋琢磨。以上四条，就是教育取得成功的方法。

【原文】

发然后禁，则扞格而不胜[①]。时过然后学，则勤苦而难成。杂施而不孙，则坏乱而不修。独学而无友，则孤陋而寡闻。燕朋逆其师[②]。燕辟废其学[③]。此六者，教之所由废也。

【注释】

①扞格：互相抵触。胜：克服。

②燕朋：轻慢而不庄重的朋友。

③燕辟：指宠幸的女子、小人。

【译文】

在学生不正当的欲望已经发生再去禁止，这就和学生的想法抵触而格格不入，因而不起作用；适宜的学习时期已经过去了，才来学习，则学起来很费力而不易取得成就；教育时不按部就班、循序渐进，而是杂乱无章，则学生的学习就会搞得杂乱以至无法收拾；单独学习而没有朋友一起商量，就会学识孤陋寡闻；与不好的朋友相交往，就会导致不听师训；轻慢邪辟的言行会使学生荒废学业。以上六个方面，是导致教育失败的原因。

【原文】

君子既知教之所由兴，又知教之所由废，然后可以为人师也。故君子之教喻也，道而弗牵[①]，强而弗抑[②]，开而弗达[③]。道而弗牵则和，强而弗抑则易，开而弗达则思。和、易以思，可谓善喻矣。

【注释】

①道：通“导”，引导。牵：强逼。

②强：勉励。抑：压制。

③开：启发。达：犹“尽”。

【译文】

君子只有既知道了教育获得成功的原因，又知道了教育失败的原因，然后才可以做别人的老师。所以君子在教育和诱导学生，只加引导，而不是强迫服从，对学生要多加鼓励，而不是使他沮丧压抑，讲解时在于启发而不是全部讲解。只引导而不强迫，就会使师生关系和谐；多鼓励而不压抑，则学生学习时会感到比较容易；只启发而不全部讲解，学生就会善于思考。能使师生关系和谐，使学习容易成功，使学生善于思考，就可以说是善于教育人了。

【原文】

学者有四失，教者必知之。人之学也，或失则多，或失则寡，或失则易，或失则止。此四者，心之莫同也[1]。知其心，然后能救其失也。教也者，长善而救其失者也[2]。

【注释】

①心：个性。

②长善：使学生的优点增加。长，动词的使动用法。

【译文】

学生可能有四种过失，当教师的一定要知道。人在学习的时候，有的一味贪多，有的不肯多读书，有的见异思迁，有的浅尝辄止。这四种过失的产生，是人心理不同的缘故。做教师的一定要先了解学生的心理，然后才能纠正他们的过失。教育的目的，就在于发扬学生的优点，纠正他们的过失。

【原文】

善歌者，使人继其声。善教者，使人继其志。其言也约而达，微而臧[1]，罕譬而喻[2]，可谓继志矣。

【注释】

①臧：善。

②罕譬而喻：少用比喻而能使人明白。

【译文】

善于唱歌的人，能够感动人心，使听者随着歌声唱起来。善于教学的人，能够启发人心，使学生继承他的治学志向。这样的人，言辞简约而通达、含蓄而精妙，少用比喻而使人容易明白，这样就能够使学生继承他的志向了。

【原文】

君子知至学之难易[1]，而知其美恶[2]，然后能博喻。能博喻

【注释】

①至学：求学。

②美恶：这里指天资的高下。

然后能为师，能为师然后能为长，能为长然后能为君。故师也者，所以学为君也。是故择师不可不慎也。《记》曰："三王四代唯其师[③]。"此之谓乎。

③三王：指夏、商、周三代之王。四代：指虞、夏、商、周四个朝代。

【译文】

君子知道求学有难有易，又知道学生资质的高低，然后才能够因材施教。能做到这一点，才能当老师。能当老师，然后才能做官吏。能当官吏，然后才能做国君。学生跟着老师学习，也就是学习做国君的德行。因此选择老师不可以不谨慎。古书《记》上说："虞、夏、商、周四代三王，无不以择师为重。"大概说的就是这个道理吧。

【原文】

凡学之道，严师为难。师严然后道尊，道尊然后民知敬学。是故君之所不臣于其臣者二[①]：当其为尸则弗臣也[②]，当其为师则弗臣也。大学之礼，虽诏于天子，无北面，所以尊师也。

【注释】

①不臣于其臣：不用对待臣下的礼节来对待其臣。

②尸：祭主。

【译文】

凡从师学习的原则最难做到的是尊敬教师。教师受到尊敬，那么他所传的道术才能受到尊重；道术受到尊重，然后人们才懂得敬重学业。所以国君不以对待臣下的礼节来对待下属的情形有两种：一种是在祭祀中臣子担任祭主时，也不应以臣下之礼来待他；另一种是臣子当君主的老师时，也不应以臣下之礼来待他。按照大学的礼，即使是对天子讲课，老师也不必按臣礼面朝北，这是为了表示尊教老师。

【原文】

善学者，师逸而功倍[①]，又从而庸之[②]。不善学者，师勤而功半，又从而怨之。善问者如攻坚木[③]，先其易者，后其节目[④]，及其久也，相说以解。不善问者反此。善待问者如撞钟，叩之以

【注释】

①逸：安闲，这里指费力小。功：效果。

②庸：功劳。

③攻：治，指加工处理木材。

小者则小鸣，叩之以大者则大鸣，待其从容然后尽其声[5]。不善答问者反此。此皆进学之道也。

④节：树的枝干交接处。目：纹理不顺处。

⑤从容：同“舂容”，即撞钟。

【译文】

善于学习的学生，老师很轻松而教学效果加倍，并且把功劳归于老师教导有方。不善于学习的学生，老师很辛勤而教学效果只有一半，并且怨恨老师。善于提问的人，就像加工处理坚硬的木材，先从容易处理的地方下手，然后处理节疤和纹理不顺的地方，时间长了，问题就解决了。不善于提问的人与此相反。善于回答问题的人，就像撞钟一样，轻轻敲击则钟声较小，重重敲击则钟声大响，打钟的人一定要从容不迫有间隙，然后钟声才会余音悠扬（问题也就迎刃而解了）。不善于回答问题的人则与此相反。这些都是增进学问的方法。

【注释】

①听语：听取学生的问题并解答。

【原文】

记问之学，不足以为人师。必也其听语乎[1]。力不能问然后语之；语之而不知，虽舍之可也。

【译文】

只凭记忆力掌握书本上的各种知识而不加领会，这种人不够资格当教师。当教师的人，一定要善于听取学生的提问，并能够予以解答。学生不会提问时，老师要加以开导。如果老师开导了还是不懂，那就暂时先放一放，等以后再讲。

【注释】

①冶：冶铸金属的工匠。

②弓：这里指造弓的匠人。

③始驾：开始训练小马驾车。

【原文】

良冶之子必学为裘[1]。良弓之子必学为箕[2]。始驾马者反之[3]，车在马前。君子察于此三者，可以有志于学矣。

【译文】

优秀冶铸工匠的儿子，一定会用零碎的兽皮补缀成裘衣。优秀弓匠的儿子，一定会把柳条弯曲编成箕畚。刚开始学驾车的小马，一定要先把它系在车的后面，让它跟在老马后面逐步适应。君子懂得了这三件事中的道理，就可以立定求学的志向了。

【原文】

古之学者比物丑类[①]。鼓无当于五声[②]，五声弗得不和。水无当于五色[③]，五色弗得不章。学无当于五官[④]，五官弗得不治。师无当于五服，五服弗得不亲。

【注释】

①丑：比。比物丑类：比较同类事物，以做到触类旁通。

②当：比得上。五声：指古代音乐中的宫、商、角、徵、羽五大音阶。

③五色：青、黄、赤、白、黑五种颜色。

④五官：指司徒、司马、司空、司士、司寇，此处泛指政府各部门之官职。

【译文】

古代的学者以同类事物相比，从而触类旁通。比如，鼓的声音并不相当于五声中的哪一声，但是当乐器演奏时，没有鼓则五声没有和谐的节奏。水的颜色并不相当于五色中的哪一种，但是当绘画的时候，没有水则五色就不鲜明。有学问并不等于就可以做官，可是做官的如果没有学问就做不好工作。教师并不相当于五服中的哪一种亲属，但是五服之亲如果没有老师的教诲，则他们之间的感情就不知道怎样相亲和。

【原文】

君子："大德不官，大道不器，大信不约，大时不齐[①]。察于此四者，可以有志于学矣。"

【注释】

①大时：天时。

【译文】

君子说："具有伟大德行的圣人，并不专门担任某一种官职；懂得大道理的人并不局限于某一种事物；最大的诚信不需要订立盟约；天之四时虽不相同，却运转不停，是最准确的守时。能懂得这四种道理，就有志于学之本了。"

【原文】

三王之祭川也，皆先河而后海，或源也，或委也[①]，此之谓

【注释】

①委：众水汇集之处。

务本。

【译文】

夏商周三代君王祭祀河流，都是先祭河后祭海，因为河是海的源头，海是河的会聚，这就叫做致力于根本。

乐 记

【原文】

凡音之起，由人心生也。人心之动，物使之然也。感于物而动，故形于声。声相应，故生变。变成方[①]，谓之音。比音而乐之[②]，及干戚羽旄谓之乐[③]。

【注释】

①方：指规律、规则。

②比：组合。乐：这里指演奏乐曲。

③干：盾牌。戚：一种斧子。羽：野鸡羽毛。旄：牛尾。这些东西都是跳舞时用的道具。

【译文】

大凡音乐的产生，都是缘自于人心中的。而人心的活动，都是由于受到外物的触发。人心有感于外物而产生活动，因而表现为声音。各种声音相互配合，由此产生变化。由变化形成一定的规律，就称之为音律。将音组合起来进行演奏和歌唱，配上道具舞蹈，这就叫做乐。

【原文】

乐者，音之所由生也，其本在人心之感于物也。是故，其哀心感者，其声噍以杀[①]；其乐心感者，其声啴以缓[②]；其喜心感者，其声发以散[③]；其怒心感者，其声粗以厉；其敬心感者，其声直以廉；其爱心感者，其声和以柔。六者非性也，感于物而后动。是故先王慎所以感之者。故礼以道其志[④]，乐以和其声，政以一其行，刑以防其奸。礼、乐、刑、政，其极一也，所以同民心而出治道也。

【注释】

①噍（jiāo）：急迫。杀（shài）：短促。

②啴以缓：舒展和缓。

③发：振奋。散：奔放。发以散：焕发而舒畅。

④道：通“导”，诱导。

【译文】

乐，是由声音产生的，而其根源则在于人心对外物的感受。心中有哀伤的感受，发出的声音便急促而低沉；心里有快乐的感情，发出的声音便振奋而奔放；心里有感而产生喜悦之心的，发出的声音就昂扬而爽朗；心里有愤怒的情感，发出的声音便粗犷而激越；心里有崇敬的情感，发出的声音便庄重而正直；心里有爱恋的情感，发出的声音便和顺而温柔。以上六种情感并非出自人的天性，而是受到外物的激发而产生的活动。所以先王十分重视对人心产生感动的事物。所以用礼来引导人们的志向，用音乐来调和人的情感，用政令来统一人们的行为，用刑罚来防止人们做坏事。礼、乐、刑和政，最终目的只有一个，就是用来统一民心，而把社会治理好。

【原文】

凡音者，生人心者也。情动于中，故形于声。声成文，谓之音。是故治世之音安以乐，其政和。乱世之音怨以怒，其政乖[①]。亡国之音哀以思，其民困。声音之道与政通矣。

【注释】

①乖：违背、紊乱。

【译文】

一切音乐都产生于人的内心。情感在心中激荡，便通过声音表现出来。声音组合成条理，就叫做音乐。所以太平盛世的音乐安详而快乐，其政治便是和谐的。混乱社会的音乐哀怨而愤怒，其政治便是紊乱的。将要亡国的音乐哀伤而忧思，其人民的生活也是困苦的。所以音乐的道理，是与政治相通的。

【原文】

宫为君，商为臣，角为民，徵为事，羽为物，五者不乱，则无怗懘之音矣[①]。宫乱则荒，其君骄。商乱则陂[②]，其官坏。角乱则忧，其民怨。徵乱则哀，其事勤。羽乱则危，其财匮。五者皆乱，迭相陵[③]，谓之“慢”，如此，则国之灭亡无日矣。

【注释】

①怗懘（zhān chì）：不和谐。

②陂（bì）：倾斜。

③迭（dié）：互。

【译文】

五音之中，宫好比君，商好比臣，角好比民，徵好比事，羽好比物，五音不混乱，便不会有不和谐的声音。宫音混乱便显得荒淫，好比国君骄横。商音混乱便显得倾斜，好比官吏腐败。角音混乱便显得忧伤，好比民众有怨恨。徵音混乱便显得衰竭，好比工作劳累。羽音混乱便显得危急，好比资财匮乏。如果五音都混乱，互相交替凌越，就叫做散漫之音。像这样，就离国家的灭亡没有多少日子了。

【原文】

郑卫之音[①]，乱世之音也，比于慢矣[②]。桑间濮上之音，亡国之音也，其政散，其民流[③]，诬上行私而不可止也。

【注释】

①郑卫之音：指被孔子视为“淫”声的郑国、卫国的民间音乐。

②比：接近于。

③流：流离失所。

【译文】

郑、卫的音乐，是混乱社会的音乐，类似于慢音。桑间濮上的音乐，是亡国的音乐，有这种音乐的国家一定政事涣散，民众流离，做官的人欺上瞒下、徇私枉法成风而且无法禁止。

【原文】

凡音者，生于人心者也。乐者，通伦理者也。是故知声而不知音者，禽兽是也。知音而不知乐者，众庶是也。唯君子为能知乐，是故审声以知音，审音以知乐，审乐以知政，而治道备矣。是故不知声者，不可与言音。不知音者，不可与言乐。知乐，则几于礼矣。礼乐皆得，谓之有德。德者，得也。是故乐之隆，非极音也。食飨之礼[①]，非致味也。《清庙》之瑟[②]，朱弦而疏越[③]，一倡而三叹[④]，有遗音者矣。大飨之礼，尚玄酒而俎腥鱼[⑤]。大羹不和[⑥]，有遗味者矣。是故先王之制礼乐也，非以极口腹耳目之欲也，将以教民平好恶[⑦]，而反人道之正也。

【注释】

①食飨：古代祭祀祖先的礼仪。

②《清庙》：宗庙。

③朱弦：朱红色熟丝作的弦，发音沉浊。疏：疏朗。越：瑟底部的孔。疏越：疏通底孔，使声音迟缓。

④倡：通“唱”。

⑤玄酒：水。上古祭祀时用水。

⑥大羹：祭祀时用的肉汁。不和：不用盐及五味来调和。

⑦平：节制。

【译文】

一切音乐，都产生于人的内心。所谓"乐"，是和伦理相通的。所以，只懂得声音不懂得音调的，便是禽兽。只懂得音调而不懂得音乐的，便是普通百姓。只有君子才懂得音乐。因此，由审察声音进而懂得音调，由审察音调进而懂得音乐，由审察音乐进而懂得政治，这就具有完备的治国之道。所以不懂得声音的人，不可与他讨论音调。不懂得音调的人，不可与他讨论音乐。懂得了乐，就接近懂得礼了。礼和乐都懂，就叫做有德。德，也就是"得到"的意思。所以音乐的兴盛，并不是好听到极点的音乐。举行食礼和飨礼，不一定要用味道极其鲜美的祭品。宗庙中弹奏的瑟，用音色沉浊的朱弦和底部有稀疏孔眼的，一个人领唱，三个人应和，并非把高妙之音包揽无遗。举行大飨礼，崇尚玄酒，盘中盛的是生肉生鱼，肉汁也不调味，食物的味道也没有达到完美，吃过之后还有余味。所以，先王制礼作乐，目的并非为了满足人们口腹耳目的欲望，而是用礼乐来教导民众爱憎分明，回到做人的正道上来。

【原文】

人生而静，天之性也。感于物而动，性之欲也。物至知知[1]，然后好恶形焉。好恶无节于内，知诱于外，不能反躬[2]，天理灭矣[3]。夫物之感人无穷，而人之好恶无节，则是物至而人化物也。人化物也者，灭天理而穷人欲者也。于是有悖逆诈伪之心，有淫泆作乱之事。是故强者胁弱，众者暴寡，知者诈愚，勇者苦怯[4]，疾病不养，老幼孤独不得其所，此大乱之道也。

【注释】

①知(zhì)知：前"知"通"智"，指心智；后"知"为感知、知晓。

②反躬：自我反省。躬，自身。

③天理：天性。

④苦怯：使怯懦的人感到困苦。

【译文】

人生下来就是宁静的，这是天生的本性。感受到外物而心动，这也是人性的本能。外物纷纷到来，心智就会有所知觉，然后心中便形成了爱好和厌恶。如果对爱好和厌恶在心中没有节制，心智受到外物的引诱，又不能时常自我反省，这样人所禀赋的天性就要灭绝了。外物给予人的感受是无穷尽的，若是人的好恶的情欲又不能加以节制，那么外物一来，人就随物而变化了。所谓人随物化，也就是灭绝天性而放纵个人的欲望。这样一来，人们便会有犯上作乱、欺诈虚伪的心思，就会发生情欲泛滥、胡作非为的事情。因而，以强凌弱、以多欺少，聪明的欺骗愚蠢的，勇敢的迫害怯弱的，生病的得不到调养，孤寡老幼无所依靠，这是大乱的形势啊。

【原文】

是故先王之制礼乐，人为之节。衰麻哭泣[1]，所以节丧纪也[2]。钟鼓干戚，所以和安乐也。婚姻冠笄，所以别男女也。射乡食飨[3]，所以正交接也。礼节民心，乐和民声，政以行之，刑以防之。礼、乐、刑、政四达而不悖，则王道备矣。

【注释】

①衰麻：指丧服。

②丧纪：丧事。

③射：大射礼。乡：乡礼，举行射礼时饮酒为礼。

【译文】

所以先王制定礼乐，作为人们的节制。丧服、哭泣的规格，用来节制人们的丧事。钟鼓干戚等乐舞器具，用来调和人们对安乐的享受。制定婚姻和冠笄礼等，用来区别男女。制定大射、乡饮酒、食、飨等礼，用来调整人们的交往。用礼来节制民众的心智，用乐来调和民众的声音，用行政力量来推行国家的政策措施，用刑罚手段来防范不轨行为。礼、乐、刑、政四个方面，互相沟通而不矛盾，这样王道政治的要求具备了。

【原文】

乐者为同，礼者为异。同则相亲，异则相敬。乐胜则流[1]，礼胜则离[2]。合情饰貌者[3]，礼乐之事也。礼义立[4]，则贵贱等矣。乐文同[5]，则上下和矣。好恶著，则贤不肖别矣。刑禁暴，爵举贤，则政均矣。仁以爱之，义以正之，如此则民治行矣。

【注释】

①胜：超过、过分。流：散漫随便。

②离：隔阂、不亲近。

③合情：调和内在的感情，这是乐的功能。饰貌：修饰外在的行为仪态，这是礼的功能。

④义：仪。

⑤乐文：乐曲。

【译文】

乐的作用是调和好恶情感，礼的作用是区别差异。能同一便相互亲近，有差异便相互尊敬。乐超过了限度，就会流于散漫不恭敬；礼超过了限度，就会造成隔离不亲近。调和感情，检束仪容，便是礼乐的功用。礼仪确立了，贵贱等级才能区分。乐章的形式统一，上下便能和睦相处。好恶的标准明确了，贤与不肖就容易区别。用刑罚禁止暴乱，用赏爵举拔贤能，政事就公平合理了。用仁来爱护民众，用义来端正百姓，这样民众就能治理好了。

【原文】

乐由中出，礼自外作。乐由中出故静[①]，礼自外作故文。大乐必易，大礼必简。乐至则无怨，礼至则不争。揖让而治天下者[②]，礼乐之谓也。暴民不作，诸侯宾服[③]，兵革不试，五刑不用[④]，百姓无患，天子不怒，如此则乐达矣。合父子之亲，明长幼之序，以敬四海之内，天子如此，则礼行矣。

【注释】

①静：安静。这里指潜移默化的影响。

②揖让：礼让。

③宾服：服从，归顺。

④五刑：指墨、劓、剕、宫、大辟五种刑罚。

【译文】

乐由内心产生，礼体现于外表。乐由内心产生所以能够潜移默化；礼体现于外表，所以形成仪节制度。盛大的音乐一定是平易的，大礼一定是简朴的。乐教通行于内心则民众没有怨恨，礼教通行则民众没有纷争。古代圣王所以能用谦恭礼让的态度治理天下，就是运用了礼乐。不出现违法作乱的人，诸侯都来归顺，不必使用武力，不动用多种刑罚，百姓自然没有忧患，天子不需显示威怒，这就表明乐教普遍实行了。父子相互亲睦，长幼秩序分明，使天下的人都互相尊敬。天子如果能这样做，就是礼教普遍实行了。

【原文】

大乐与天地同和，大礼与天地同节。和故百物不失[①]，节故祀天祭地。明则有礼乐，幽则有鬼神[②]，如此则四海之内合敬同爱矣。礼者殊事[③]，合敬者也[④]。乐者异文[⑤]，合爱者也[⑥]。礼乐

【注释】

①不失：不失其本性。

②幽：幽冥世界，与人间相对。

③殊事：规定高低贵贱的差别。

④合敬：使人们相互敬重。

之情同，故明王以相沿也，故事与时并，名与功偕。

【译文】

盛大的音乐与天地调和一致，大礼与天地有同样的节序。能调和一致，所以万物不会丧失其生长本性；有了节序，所以才能按时祭祀天地。人间有礼乐教化，阴间有鬼神助人成事，这样，四海之内的人就能相亲相爱了。礼用来规定人的高低贵贱的差别，使人们相互敬重。乐用不同形式来影响人心，使人们相互亲近。礼和乐的目的都在于使人相敬相爱，所以历代英明的君王都以礼乐相沿袭，他们制礼作乐都依据时代的变化，为礼乐命名都要与王者的功绩相称而已。

⑤异文：用不同艺术形式影响人心。

⑥合爱：使人们相互亲近。

【原文】

故钟鼓管磬①，羽籥干戚②，乐之器也。屈伸俯仰③，缀兆舒疾④，乐之文也。簠簋俎豆⑤，制度文章⑥，礼之器也。升降上下，周还裼袭⑦，礼之文也。故知礼乐之情者能作，识礼乐之文者能述。作者之谓“圣”，述者之谓“明”。“明圣”者，述作之谓也。

【注释】

①钟、鼓、管、磬：都是古代的乐器。

②羽、籥、干、戚：都是古代舞蹈时的道具。

③屈、伸、俯、仰：指舞蹈的各种姿势。

④缀：指舞蹈的行列。兆：指舞者活动的区域。舒、疾：指舞蹈节奏的舒缓、急速。

⑤簠、簋、俎、豆：都是古代祭祀或宴饮时盛食物的器皿。

⑥制度、文章：指各种礼仪的规定。

⑦周还：同“周旋”，指回旋的动作。裼：袒开上衣。袭：掩住上衣。

【译文】

所以，钟、鼓、管、磬、羽、籥、干、戚，这些都是乐器和舞具，都是乐的器具。屈、伸、俯、仰等舞姿，排列聚散和舒缓急速的动作，都是乐的表现形式。簠、簋、俎、豆等器具和各种规格规定，都是礼的工具。升降、上下、回旋、袒衣掩衣，都是礼的表现形式。所以，懂得礼乐功用的人才能创制礼乐，了解礼乐形式的人才能传授礼乐。能创制礼乐的人叫做“圣”，能传授礼乐的人叫做“明”。“明”和“圣”，就是传授和创制礼乐的意思。

【原文】

乐者，天地之和也；礼者，天地之序也。和，故百物皆化，序，故群物皆别。乐由天作，礼以地制。过制则乱，过作则暴。明于天地，然后能兴礼乐也。

【译文】

乐，所表现的是天地间的和谐；礼，所表现的是天地间的秩序。因为和谐，所以万物都能化育生长；因为有秩序，万物又各有区别。乐依照天的规律制作，礼依照地的规律制作。礼的制作超越了秩序，就会出现混乱；乐的制作破坏了和谐，就会显得粗暴。只有明白天地的规律，然后才能兴起礼乐。

【原文】

论伦无患[①]，乐之情也；欣喜欢爱，乐之官也[②]。中正无邪，礼之质也；庄敬恭顺，礼之制也[③]。若夫礼乐之施于金石[④]，越于声音，用于宗庙社稷，事乎山川鬼神，则此所与民同也。

【注释】

①论伦无患：意思是和谐而不乱。

②官：功能。

③制：指职能。

④金石：钟、磬一类的东西。

【译文】

和谐而不混乱，是乐内在的精神；让人高兴欢喜，是乐的功能。中正无邪，是礼的本质；庄重恭敬，是礼对人的节制。至于运用乐器来表现礼乐，发出声音，用于宗庙社稷的祭祀活动，祭祀山川鬼神，这些是天子与民众共同使用的。

【原文】

王者功成作乐，治定制礼。其功大者其乐备，其治辩者其礼具。干戚之舞，非备乐也；孰亨而祀[①]，非达礼也。五帝殊时，不相沿乐。三王异世，不相袭礼。乐极则忧，礼粗则偏矣[②]。及夫敦乐而无忧[③]，礼备而不偏者，其唯大圣乎。

【注释】

①孰：通“熟”。亨：通“烹”。孰亨而祀：指用熟食祭祀。

②粗：过分，无限度。偏：偏邪。

③敦：厚，盛大。

【译文】

帝王创业成功才创作音乐，政治安定才制定礼。功劳巨大，所以他的乐就完善；治理安定，所以他的礼也就完备。只有干戚之舞，不能算是完备的乐；用熟食祭祀，不能算是至上的礼。五帝彼此不同时代，因而沿用不同的礼乐；三王朝代不同，因而继承不一样的礼。乐走向极端便会使人忧虑，行礼没有达到限度就会出现偏差。至于能够使乐隆重而没有忧虑，使礼完备却没有偏差的，大概只有圣人才能做到吧！

【原文】

天高地下，万物散殊，而礼制行矣。流而不息，合同而化，而乐兴焉。春作夏长，仁也；秋敛冬藏，义也。仁近于乐，义近于礼。乐者敦和[1]，率神而从天[2]；礼者别宜，居鬼而从地。故圣人作乐以应天，制礼以配地。礼乐明备，天地官矣[3]。

【注释】

①敦和：增进调和。

②率：循，跟随。

③官：职守。

【译文】

天在上，地在下。万物各不相同，礼就是按照这种差异制定的。天地之气流动不停，调和万物一同进化，乐就是依据这种规律兴起的。春生夏长，体现着仁的精神；秋收冬藏，体现着义的精神。仁接近于乐，义接近于礼。乐的作用是增进和同，跟随着神而归属于天；礼的作用是辨别差异，跟随着鬼而归属于地。所以圣人作乐来顺应天，制礼来配合地。礼乐制定得明确完备，也就是天地万物各自发挥其职能了。

【原文】

天尊地卑，君臣定矣。卑高已陈，贵贱位矣。动静有常，小大殊矣。方以类聚[1]，物以群分[2]，则性命不同矣。在天成象，在地成形，如此，则礼者天地之别也。

【注释】

①方：指禽兽之属。

②物：指草木之属。

【译文】

根据天尊地卑的现象，君臣的关系就依此确定了。根据高山低泽的分布情况，贵贱的名位也就确定了。根据自然界运动和静止的常态，大小事物也就区分开来了。万物按照类别聚集，异类按照群属区分，那么它们的天性和长短就显示出来了。在天上有日月星辰之象，在地上有万物的不同形态。这样，就有必要用礼来反映天地之间的各种区别。

【原文】

地气上齐[1]，天气下降，阴阳相摩，天地相荡，鼓之以雷霆，奋之以风雨，动之以四时，煖之以日月[2]，而百化兴焉。如此，则乐者天地之和也。

【注释】

①齐：通“跻”，上升。

②煖：同“暖”。这里是照耀的意思。

【译文】

地气上升，天气下降，阴阳二气互相摩擦，天地之气互相激荡，再加上雷霆来鼓动，风雨来振奋，四时来运转，日月来照耀，于是万物化育而生长了。这样，就有必要用乐来反映天地间的和谐。

【原文】

化不时则不生，男女无辨则乱升：天地之情也。

【译文】

化育不合时节，就不会生长；男女不加区分，就会造成社会的混乱：这就是天地的情理。

【原文】

及夫礼乐之极乎天而蟠乎地[1]，行乎阴阳而通乎鬼神，穷高极远而测深厚。乐著大始，而礼居成物。著不息者，天也。著不动者，地也。一动一静者，天地之间也。故圣人曰“礼乐云”。

【注释】

①蟠：盘曲、分布。

【译文】

至于礼乐，就能依照天地的情理，上达于天，而下据于地，随着阴阳之气流行，跟鬼神相通，一切最高、最远、最深之处无不到达。乐显示天最初的化育之功，礼处于地的生成万物之位，显示着不停运动的是天，显示着静止不动的是地。一动一静，就生成了天地间万事万物。所以圣人常常提起效法天地的怎么说“礼”，怎么说“乐”。

【原文】

昔者舜作五弦之琴[①]，以歌《南风》[②]。夔始制乐[③]，以赏诸侯。故天子之为乐也，以赏诸侯之有德者也。德盛而教尊，五谷时孰，然后赏之以乐。故其治民劳者，其舞行缀远[④]；其治民逸者，其舞行缀短。故观其舞，知其德；闻其谥，知其行也。

【注释】

①五弦之琴：相传为舜制作的乐器，琴有宫、商、角、徵、羽五根弦。

②《南风》：远古诗歌的名称。

③夔（kuí）：人名，相传为舜乐官，后世把他尊为乐祖。

④行缀：歌舞行列中人所处的位置。

【译文】

从前，舜创制五弦琴，用来演唱《南风》诗。夔最初创制乐，用来赏赐给诸侯。因此，天子创制乐的目的，是用来赏赐给有德行的诸侯的。诸侯品德完善，政教严明，不失农时，五谷丰登，这样天子才把乐赏赐给他。所以，诸侯治理民众不好，使他们劳苦，赏赐的歌舞行列就稀疏而远；诸侯治理民众好，使他们安闲，赏赐的歌舞行列就稠密而短。因此，观察舞蹈行列，就会知道诸侯的德行如何，好比听到他的谥号，就知道他的行为如何。

【原文】

《大章》[①]，章之也。《咸池》，备矣。《韶》，继也。《夏》，大也。殷周之乐尽矣[②]。

【注释】

①《大章》：尧时乐名。章，彰明。

②尽：指尽人事，是说殷周之乐表现文治武功达到了极致。

【译文】

《大章》，便是表彰尧的德行。《咸池》，便是歌颂黄帝德行完备的。《韶》，便是歌颂舜能继承尧的德政。《夏》，便是歌颂禹能发扬光大尧舜之德。殷周两代的乐都是赞扬能够尽到人为的努力。

【原文】

天地之道：寒暑不时则疾，风雨不节则饥。教者，民之寒暑也，教不时则伤世；事者[1]，民之风雨也，事不节则无功。然则先王之为乐也，以法治也，善则行象德矣[2]。

【注释】

①事：指制度。

②象：吻合，符合。

【译文】

依照天地运行的规律：寒暑不适就出现疾病；风雨不调和就会出现饥荒。教育，对于民众就像风雨的变化一样，不及时施教就会有伤世风；事功对于民众就像自然的风雨，没有节制就难见功效。因此，从前的君王创制乐，是当做治理民众的一种方法，恰当地适用乐教，就会使民众的行为符合德行的要求。

【原文】

夫豢豕为酒[1]，非以为祸也，而狱讼益繁，则酒之流生祸也[2]。是故先王因为酒礼。一献之礼，宾主百拜，终日饮酒而不得醉焉，此先王之所以备酒祸也。故酒食者，所以合欢也。乐者，所以象德也。礼者，所以缀淫也[3]。是故先王有大事，必有礼以哀之；有大福，必有礼以乐之：哀乐之分[4]，皆以礼终。乐也者，圣人之所乐也，而可以善民心，其感人深，其移风易俗，故先王著其教焉[5]。

【注释】

①豢（huàn）：养。

②流：放纵无度。

③缀：通“辍”，止也。

④分：分寸，程度。

⑤著：设立，建立。

【译文】

本来人们养猪酿酒，不是制造灾祸，然而诉讼纠纷的日益增多，那是由于饮酒过度而引出的祸端。所以先王为此制定了饮酒礼。光是“一献”的礼，就要求宾主互相多次拜饮，这样即使整天饮酒，也不会醉倒，这就是先王用以防备饮酒惹祸的办法。酒食，是用来使大家欢聚的。乐，是用来体现道德的。礼，是用来制止人们的越轨行为的。所以先王遇到死丧的大事，必定有一定的礼来表现哀悼；遇到吉庆的喜事，也必定有一定的礼来表达欢乐；悲哀和欢乐的程度，最终都要符合礼。乐是圣人所喜欢的，它可以使民心向善，深刻地感动人心，使民风习俗改变，因此，从前的君王设立了专门机构来实施乐教。

【注释】

①血气：指性格、气质。知：通“智”。

②噍杀：急促。

③啴谐：和谐。慢易：缓慢轻松。简节：节奏宽简。

④奋末：奋发，奋动。广贲：昂扬。贲，通“愤”。

⑤肉好：圆润。

【原文】

夫民有血气心知之性[1]，而无哀乐喜怒之常，应感起物而动，然后心术形焉。是故志微、噍杀之音作[2]，而民思忧，啴谐、慢易、繁文、简节之音作[3]，而民康乐；粗厉、猛起、奋末、广贲之音作[4]，而民刚毅；廉直、劲正、庄诚之音作，而民肃敬；宽裕、肉好、顺成、和动之音作[5]，而民慈爱；流辟、邪散、狄成、涤滥之音作，而民淫乱。

【译文】

虽然人人都有性格、气质、心智这些本性，但喜、怒、哀、乐的情感没有规律。人心受到外物的刺激而产生反应，然后才表现为一定的情感。因此，演奏细微、急速的音乐，人的情感就忧伤；演奏和谐舒展、轻松和缓、音色华美、节奏宽简的音乐，人的内心就安详乐观；演奏粗犷激越、豪迈奔放、昂扬振奋、宏大愤激的音乐，人的情感就刚强坚毅；演奏清明正直、刚正有力、庄重真诚的音乐，人的情感就严肃恭敬；演奏宽畅从容、圆润洪亮、流利活泼、平和顺畅的音乐，人的内心就充满慈爱之情；演奏放荡、散乱、轻佻、淫秽的音乐，人的内心就淫乱。

【注释】

①稽：考核。度数：音律的度数。

②生气：天地所生的阴阳之气。

③道（dǎo）：引导。

④慑：畏惧。

⑤律：规范。小大：指音律高低。称：使之适合。

⑥比：按一定规律排列组合。

【原文】

是故先王本之情性，稽之度数[1]，制之礼义。合生气之和[2]，道五常之行[3]，使之阳而不散，阴而不密，刚气不怒，柔气不慑[4]，四畅交于中而发作于外，皆安其位而不相夺也。然后立之学等，广其节奏，省其文采，以绳德厚。律小大之称[5]，比终始之序[6]，以象事行[7]。使亲疏贵贱长幼男女之理，皆形见于乐，故曰“乐观其深矣”。

【译文】

所以先王作乐，以人的性情为根本出发点，考求音律的度数，用礼义加以节制。配合天地之气的和谐，遵循五行的运转，使其阳气奋发而不至于流散，阴气收敛而不至于闭塞，刚气坚强而不至于暴怒，柔气和顺而不至于畏缩。这四个方面通畅地交融于心中，而现于外表，都各得其所而不互相侵害。然后制定学习的等级，逐渐增益音乐的节奏，审察音乐的表现文采，用以衡量品德的深厚。配合音律的大小高低，排列乐章的先后次序，用来表现人伦关系，使亲疏、贵贱、长幼、男女之间的伦理关系都体现于乐舞之中。所以说：通过乐可以深刻地观察社会。

⑦事行：指下文所谓亲疏、贵贱、长幼、男女等人伦关系。

【原文】

土敝则草木不长[①]，水烦则鱼鳖不大[②]，气衰则生物不遂，世乱则礼慝而乐淫[③]。是故其声哀而不庄，乐而不安，慢易以犯节，流湎以忘本[④]，广则容奸[⑤]，狭则思欲[⑥]，感条畅之气[⑦]，而灭平和之德，是以君子贱之也。

【注释】

①土敝：土地贫瘠。

②烦：动荡不宁。

③慝：败坏。淫：放纵无度。

④流湎：沉溺。忘本：丧失法度。

⑤广：指节奏缓慢。

⑥狭：指节奏急促。

⑦条畅：同“涤荡”。逆乱。

【译文】

土地贫瘠，草木就不能生长；水流不安定，鱼鳖就长不大；天地之气衰竭，万物就不能生长；世道混乱，礼就衰败，乐就淫逸。因此这时的音乐，悲哀却不庄重，喜悦却不安详，散漫而不合节拍，放纵而丧失法度，缓慢的节奏中包藏着邪恶，短促的节奏则刺激淫欲。感发出人们的放荡之气，而减少人们的平和之德，因此君子鄙视这样的音乐。

【原文】

凡奸声感人，而逆气应之。逆气成象，而淫乐兴焉。正声感人，而顺气应之。顺气成象，而和乐兴焉。倡和有应[①]，回邪曲直各归其分，而万物之理，各以类相动也。是故君子反情以和其志[②]，比类以成其行，奸声乱色不留聪明[③]，淫乐慝礼不接心术，

【注释】

① 倡：唱。和（hè）：应答。

②反情：返回人的天性，恢复天赋的善性。

③聪明：听觉和视觉。

④义：宜。

惰慢邪辟之气不设于身体，使耳目鼻口心知百体，皆由顺正，以行其义[4]。

【译文】

凡是奸邪的声音感染了人，人们就会以悖逆的心气应和。悖逆之气表现于外，淫邪的音乐就产生了。纯正的声音感染了人，人们就以和顺的心气应和，和顺的心气成为形象，和乐就兴起来了。一唱一和必有反应，邪正曲直各自归属于一定的分类。万物的原理，就是按照各自的类别相应而动的。所以君子回到人的本性来调和人的心志，比照着善恶的差别来成全人的行为。奸邪的声音、淫乱的颜色，不听不看。荒淫的音乐、违礼的言行，心里不去感受。惰慢歪邪的习气，不沾染到身上。使自己的耳、目、鼻、口、思想以及整个身体，都随着正气来实行合乎道义的举措。

【原文】

然后发以声音，而文以琴瑟[1]，动以干戚[2]，饰以羽旄[3]，从以箫管，奋至德之光，动四气之和，以著万物之理。是故清明象天，广大象地，终始象四时，周还象风雨，五色成文而不乱，八风从律而不奸，百度得数而有常，小大相成，终始相生，倡和清浊，迭相为经。故乐行而伦清，耳目聪明，血气和平，移风易俗，天下皆宁。故曰："乐者[4]，乐也[5]"。君子乐得其道，小人乐得其欲。以道制欲，则乐而不乱；以欲忘道，则惑而不乐。是故君子反情以和其志，广乐以成其教。乐行而民乡方[6]，可以观德矣。

【注释】

①文：文饰，这里指伴奏。

②动：指舞蹈。

③饰：装饰道具。

④乐：指音乐。

⑤乐：指快乐。

⑥乡方：朝向正道。

【译文】

然后用声音来抒发，用琴瑟等乐器来演奏，用干戚来舞动，用羽旄来装饰，用箫管来伴奏，焕发出至上道德的光彩，调动起阴阳刚柔四气的和谐，来表明万物的规律。所以这种音乐，清明就像天，钟鼓声洪大就像地，乐章周而复始就像一年四季，舞姿往复周旋流动就像风雨，好像五色缤纷形成文采而毫不混乱，八音配合律而不相干扰，各种节奏都合乎应有的度数而不失常规。大小音调相辅相成，前后乐章相继相生，有唱有和有清有浊，互相交替形成一定的规律。所以这样的音乐一经流行，就使伦理清楚，使人耳聪目明，心平气和，它能移风易俗，使天下得到安定。所以说："音乐就是娱乐。"不过，君子的娱乐是因为找到了正道，小人的娱乐在于满足了欲望。用正道来控制欲望，这样娱乐就不会导致淫乱；为了欲望而忘记正道，就会陷入迷惑而得不到真正的快乐。所以君子回到人的本性来调和志向，推广音乐来完成对人们的教化。乐教完成，人民也就走上了正道，所以从音乐可以观察到德行。

【原文】

德者，性之端也。乐者，德之华也。金石丝竹，乐之器也。诗言其志也，歌咏其声也，舞动其容也，三者本于心，然后乐器从之。是故情深而文明[①]，气盛而化神。和顺积中，而英华发外[②]，唯乐不可以为伪。

【注释】

①文明：指音乐文采鲜明。

②英华：光华。这里指美好的神采。

【译文】

所谓"德行"，是人性的发端。"乐"，是德之光华。金、石、丝、竹是演奏乐的器具。"诗"抒发内心意志，"歌"吟唱心中声音，"舞"表演内心情态，诗、歌、舞都是从人心中发出的，然后用乐器来跟着配合演奏。所以，情感深厚就会文采鲜明，气度宏大就会变化神奇。有和顺的情感聚积在心中，就会有美好的神采现在外表，只有音乐所表现的快乐是不好伪装的。

【原文】

乐者，心之动也。声者，乐之象也。文采节奏，声之饰也。君子动其本，乐其象，然后治其饰。是故先鼓以警戒，三步以见方[①]，再始以著往，复乱以饬归[②]。奋疾而不拔，极幽而不隐。

【注释】

①方：将。三步以见方：指先走三步表示舞蹈将要开始。

②乱：指乐曲的结束部分。

独乐其志，不厌其道，备举其道，不私其欲。是故情见而义立，乐终而德尊，君子以好善，小人以听过，故曰“生民之道，乐为大焉”。

【译文】

乐，是出自内心的感动。声音，是音乐的表现形式。诗律节奏，是声音的修饰。君子从心灵的感动出发，喜爱音乐的形式，然后对这表象加以整理修饰。所以《大武》之乐的表演，首先击鼓叫舞蹈人员做好准备，再走三步表示将要舞蹈，第一段舞毕，再开始起舞；结束曲也重复一次，舞者才退下。舞者步伐迅疾，但不乱跳离谱；音乐极其幽深，但不隐晦。观众既能独自满足个人的意志，又不厌弃其中包含的道理；全面地体现了仁义之道，因而不至于只为满足个人享受的欲望。这种音乐既表现了情感，又确立了道义。乐舞结束的同时，也显出了道德的崇高。君子听了这样的音乐，更加爱好善德；小人听了这样的音乐，也会反省自己的过错。所以说：“抚育人民的方法，音乐是最重要的。”

【原文】

乐也者，施也；礼也者，报也。乐，乐其所自生[①]**；而礼反其所自始**[②]**。乐章德，礼报情反始也。**

【注释】

①所自生：指王者赖以建立王业的功德。

②所自始：指祖先。

【译文】

乐的作用，有施与的性质；礼的作用，有报答的性质。乐，用来欢乐它自身所产生原因；礼，要求人一直追溯到自己所由产生的始祖（都要报答）。乐表彰功德，礼报答恩情、追念始祖。

【原文】

所谓大辂者，天子之车也；龙旂九旒，天子之旌也；青黑缘者，天子之宝龟也；从之以牛羊之群：则所以赠诸侯也。

【译文】

所谓"大辂"，那是天子的车子，龙旂下边缀着九条旒的，那是天子的旌旗；有青黑色边缘的龟甲，那是天子的宝龟；再加上成群的牛羊：这些就是天子赐给来朝诸侯的礼物。

【原文】

乐也者，情之不可变者也；礼也者，理之不可易者也。乐统同，礼辨异，礼乐之说，管乎人情矣[①]。

【注释】

①管：包括，贯通。

【译文】

乐，表达人的内心的感情，这种感情是不可改变的。礼，反映社会的伦理，这种伦理是永恒不变的。乐的功能在于调和统一，礼的功能在于辨别差异，礼乐的道理，贯通着人情。

【原文】

穷本知变，乐之情也；著诚去伪，礼之经也。礼乐偩天地之情，达神明之德，降兴上下之神[①]，而凝是精粗之体，领父子君臣之节。

【注释】

①降兴：调动。

【译文】

追求人心灵的本源，在于了解其变化，这是乐的功能。显明诚敬，除去虚伪的态度，是礼的作用。礼乐依顺天地的规律，贯彻神明的道德，升（用于祭祀）可以使天神降而地神出，（用于万物）可使其大小精粗等各种不同的形体都得成就而且端正，（用于人伦）可理顺父子、君臣之间的关系。

【原文】

是故大人举礼乐，则天地将为昭焉。天地䜣合，阴阳相得，煦妪覆育万物，然后草木茂，区萌达[①]，羽翼奋，角觡生，蛰虫昭苏，羽者妪伏，毛者孕鬻，胎生者不殰，而卵生者不殈，则乐之道归焉耳。

【注释】

①区萌：指植物的萌芽。

【译文】

所以圣人施行礼乐，天地都将跟着光明。天地也将要为之欣然交合，阴阳交错，化育抚养万物。这样草木就茂盛了，萌芽就出土了，鸟类就奋飞了，兽类就生长了，冬眠的虫子也复苏了，鸟类在孵卵，兽类怀了孕，胎生的不流产，卵生的不会破裂。而乐的精神正归功于这种天地和合、万物各得其所的境界！

【原文】

乐者，非谓黄钟、大吕、弦歌、干扬也，乐之末节也，故童者舞之。铺筵席，陈尊俎，列笾豆，以升降为礼者，礼之末节也，故有司掌之。乐师辨乎声诗，故北面而弦。宗、祝辨乎宗庙之礼，故后尸。商祝辨乎丧礼，故后主人。是故德成而上，艺成而下；行成而先，事成而后。是故先王有上有下有先有后，然后可以有制于天下也。

【译文】

所谓乐，并不仅仅指黄钟、大吕等乐律、奏乐起舞等，这些只不过是乐的次要部分，所以少年就能歌舞。铺设宴席，陈列祭器，按上下进退的动作来行礼，这也是礼的次要部分，所以只需司仪就可以掌管。乐师能清楚地懂得声乐诗歌，所以只能在下位面朝北弹琴。宗祝只不过是了解宗庙的具体礼仪，所以只能站在尸的后面相礼。商祝只懂得丧事的礼仪，所以只能站在主人的后面行礼。所以，懂得礼乐的人应处在上位，而技艺上的应用应处在下位。德行的完善是主要的，但具体事务的完成是次要的。所以，先王通晓天下万物有上下先后的道理，然后才制定礼乐，推行于天下。

【原文】

魏文侯问于子夏曰："吾端冕而听古乐，则唯恐卧。听郑卫

【注释】

①弦匏笙簧：指各种管弦乐器。

②讯：调节。

③于是语：乐终发表意见说明此乐舞的意义。

之音，则不知倦。敢问古乐之如彼何也？新乐之如此何也？”子夏对曰：“今夫古乐，进旅退旅，和正以广，弦匏笙簧[①]，会守拊鼓，始奏以文，复乱以武，治乱以相，讯疾以雅[②]，君子于是语[③]，于是道古，修身及家，平均天下。此古乐之发也。今夫新乐，进俯退俯，奸声以滥，溺而不止，及优、侏儒，獶杂子女，不知父子，乐终不可以语，不可以道古，此新乐之发也。今君之所问者乐也，所好者音也。夫乐者与音相近而不同。”

【译文】

魏文侯问子夏说：“我穿戴礼服礼帽听古代的音乐，恐怕很快就睡着了；而倾听郑、卫两国的音乐时，就不知疲倦。请问古乐为什么能让我如此呢？新乐叫我这样，又作何解释？”子夏说：“所谓古乐，表演时舞列同进同退，动作严整。各种管弦乐器，等领乐的拊和鼓敲响后才一起演奏。开始演奏时击鼓，乐曲终结时，鸣铙，用相来调节最后的乐章，用雅来控制音乐的速度。君子用此来说明乐舞的深刻意义，或谈论古代的事迹内容都是有关通过修身达到和睦家庭，以至于安定天下的，这是演奏古乐的意义。而所谓的新乐，舞蹈人员表演起来弯腰屈体参差不齐，歌和曲的声音淫邪放纵，使人沉溺其中而不能自控；甚至还加上倡优侏儒的演出，男女混杂，父子不分，音乐结束了，既不能供人座谈，也不能通过它来称述古代事迹。这就是演奏新乐的结束。现在你问的是‘乐’，而您所喜欢的是‘音’，乐和音虽然相似，但实际上是不同的。”

【原文】

文侯曰：“敢问何如？”子夏对曰：“夫古者天地顺而四时当，民有德而五谷昌，疾疢不作，而无妖祥，此之谓‘大当’，然后圣人作，为父子君臣，以为纪纲。纪纲既正，天下大定。天下大定，然后正六律，和五声，弦歌诗颂，此之谓德音，德音之谓乐。《诗》云：‘莫其德音，其德克明。克明克类，克长克君。王

【注释】

①俾于：及于，至于。

②靡悔：无所遗憾。

此大邦，克顺克俾。俾于文王[①]，其德靡悔[②]。既受帝祉，施于孙子。’此之谓也。今君之所好者，其溺音乎？”

【译文】

魏文侯又问道：“那它们是怎样的不同呢？”子夏说：“古代的时候，天地和顺，四时风调雨顺，人民有德，五谷丰登，疾病灾难不发生，怪异现象不出现，这就叫做天下太平了。这时就有圣人出来，制定父子、君臣的名分，作为人们的纲常。纲常确定了，天下就太平了。天下太平了，然后制定六律、调和五音，演奏乐器来歌唱，创作诗篇来赞颂，这样的音乐，就叫做德音，德音才能成为乐。《诗经》说：‘他的德音天下无不和应，他的道德在于是非能明。能明是非又能区别善恶，因此能够担任官长，能够作为国君。统治这块广大的国土，能够恭顺而且择善，传到文王，德行无所遗憾，接受上天的福佑，传给子孙后代。’这就是德音的意义。而您所喜欢的大概是那些使人消沉迷惑的溺音吧！”

【注释】

①咏叹，淫液：指音乐声调漫长、连绵不绝。

②发扬蹈厉：手舞足蹈，奋发威武。

③荒：迷乱。

【原文】

宾牟贾侍坐于孔子。孔子与之言及乐，曰：“夫武之备戒之已久，何也？”对曰：“病不得其众也。”“咏叹之，淫液之[①]，何也？”对曰：“恐不逮事也。”“发扬蹈厉之已蚤[②]，何也？”对曰：“及时事也。”“《武》坐致右宪左，何也？”对曰：“非《武》坐也。”“声淫及商何也？”对曰：“非《武》音也。”子曰：“若非《武》音，则何音也？”对曰：“有司失其传也。若非有司失其传，则武王之志荒矣[③]。”子曰：“唯。丘之闻诸长弘，亦若吾子之言是也。”

【译文】

宾牟贾陪伴孔子谈话，孔子跟他谈到乐舞的问题。孔子问：“《武》乐表演开始前长时间击鼓做准备，这是为何？”宾牟贾说：“这是表现武王担心诸侯不能及时到达，失去时机。”孔子又问：

“《武》的音乐，连绵不绝，这是为什么？”答道：“这是象征武王担心时机不成熟，干不成大事。”孔子又问：“战舞一开始就迅速激烈地手舞足蹈，这是什么意思呢？”宾牟贾答道：“这是象征抓住时机及时行动。”孔子又问：“《武》舞中的跪，为什么只跪右腿，而支起左腿？”宾牟贾答道：“那不是《武》舞的跪法吧！”孔子又问：“《武》舞的声乐过度地涉及充满傻气的音调，这是为什么呢？”宾牟贾答道：“那不是《武》乐的声音吧！”孔子又问：“如果不是《武》舞的音调，那是什么音调呢？”宾牟贾答道：“恐怕是乐官传授有差错。如果不是乐官传授有差错，那就是武王的意志已经慌乱了。”孔子说：“是啊。我从苌弘那里听到的，也像您说的一样。”

【原文】

宾牟贾起，免席而请曰[①]：“夫《武》之备戒之已久，则既闻命矣。敢问迟之，迟而又久，何也？”子曰：“居，吾语汝。夫乐者，象成者也。总干而山立，武王之事也。发扬蹈厉，太公之志也。《武》乱皆坐，周、召之治也。且夫《武》始而北出；再成而灭商；三成而南；四成而南国是疆；五成而分，周公左，召公右；六成复缀以崇。天子夹，振之而驷伐，盛威于中国也。分夹而进，事蚤济也[②]。久立于缀，以待诸侯之致也。

【注释】

①免席：避席，离开坐席表示尊敬。

②事蚤济：战事早已成功。蚤，通“早”。

【译文】

宾牟贾起身，离开席位，向孔子请教道：“关于《武》舞开始前总要击鼓准备很久的意义，我的说法已经得到您的肯定了。那么请问《武》乐为什么表演的时间这么长呢？”孔子说：“请坐，我来告诉你。乐舞是象征已经成功的事情。手持盾牌，如山般地屹立，象征武王将要有大事。舞者奋发威武，手舞足蹈，这表现出太公的雄心壮志。《武》舞的最后一节，全体演员一起跪下，象征周公、召公在战争结束后将实行文治。再说《武》舞的结构：《武》乐开始的第一章，武王出师北上，第二章武王灭商，

第三章武王领兵南下，第四章武王开拓疆土，第五章舞者分为两列，象征周公、召公一左一右辅佐天子。第六章恢复原先的舞位，象征对天子的尊崇。两对舞者振动铃，向四面出击，象征天子的威力震撼中国。分别前进，表示战士已经成功。扮演战士的演员们，长久站在原位上，那表示武王在等待诸侯的到来。”

【原文】

“且女独未闻牧野之语乎？武王克殷，反商，未及下车，而封黄帝之后于蓟，封帝尧之后于祝，封帝舜之后于陈；下车而封夏后氏之后于杞，投殷之后于宋，封王子比干之墓，释箕子之囚，使之行商容而复其位[①]，庶民弛政，庶士倍禄；济河而西，马散之华山之阳而弗复乘，牛散之桃林之野而弗复服，车甲衅而藏之府库而弗复用，倒载干戈包之以虎皮，将帅之士使为诸侯，名之曰‘建櫜’。然后天下知武王之不复用兵也。

【注释】

①行：寻视、寻访。

【译文】

“再说，你难道没有听说过牧野之战的传说吗？武王讨伐纣王，来到商都，还没来得及下车，就分封黄帝的后裔去统治蓟，分封帝尧的后裔去统治祝，分封舜的后裔去统治陈；下了车后，又把夏的后代封于杞，把殷的后代安置在宋，还修整了比干的墓，释放了被囚禁的箕子，派他看望商容并恢复他的官职。废除商纣王虐待庶民的苛政，商的下级官吏增加一倍的俸禄；然后渡过黄河回到西边，把战马放到华山南面，不再用马去打仗，牛也放到桃林的郊野，不再用它们为战争服役，把兵车盔甲都涂上牲血收藏到仓库里，不再使用，把盾和矛都倒放着，用虎皮包好，将带兵的将领封为诸侯，这在当时就叫做“建櫜”。这样，天下的人就都知道武王不再用兵打仗了。

【原文】

“散军而郊射[①]，左射《狸首》，右射《驺虞》，而贯革之射息

【注释】

①郊射：在郊外行郊射礼。

也；裨冕搢笏，而虎贲之士说剑也；祀乎明堂，而民知孝；朝觐，然后诸侯知所以臣；耕藉，然后诸侯知所以敬。五者，天下之大教也。食三老、五更于大学，天子袒而割牲，执酱而馈，执爵而酳，冕而总干，所以教诸侯之弟也。若此，则周道四达，礼乐交通。则夫《武》之迟久，不亦宜乎。”

【译文】

“驱散了军队，在郊外举行郊射祭之礼，行礼时，左边奏《狸首》乐章来射箭，右边唱《驺虞》来节射，这样以习武为目的的射箭停止了；大臣们都穿上礼服、戴上礼帽、插上笏板，武士们身上的箭也解除了；在明堂祭祀祖先，而使民众就知道孝悌了；定期朝见天子，诸侯就知道怎么为臣了；天子在籍田中举行耕种仪式，诸侯就知道敬事天帝鬼神了。以上五个方面，是教化天下的重大措施。在大学中举行食礼，供养三老五更，天子袒露左臂，亲自切割牲肉，捧着木豆，请他们食用。接着捧上酒爵请他们漱口，还头戴冠冕、手持盾牌为他们起舞，这就是教导诸侯尊敬长者的悌道。像这样，周朝的政教便传播四方，礼乐通行天下。由此可知，武乐表演的时间长，不是理所当然的事吗？”

【原文】

君子曰：“礼乐不可斯须去身[①]。”致乐以治心[②]，则易、直、子、谅之心，油然生矣。易、直、子、谅之心生则乐，乐则安，安则久，久则天，天则神。天则不言而信，神则不怒而威：致乐以治心者也。

【注释】

①斯须：片刻，须臾。

②致：详审。

【译文】

君子说：“礼乐片刻不能离开人们的身心。”通过研究礼乐来调理内心修养，那么平和、正直、慈爱、诚实的心情就自然产生了。有了这样的心情就能心情和乐，心情和乐了心里就能安定，心里安定了就能长久地自我休养不息，长久地休养不息就能合乎于天道，合乎天道了就能与神明相通。合乎天道就不必说话而使人相信；与神明相通就可以不发怒而使人敬畏：这就是运用乐来调理内心修养的结果。

【注释】

①易慢：轻率怠慢。

【原文】

致礼以治躬则庄敬，庄敬则严威。心中斯须不和不乐，而鄙诈之心入之矣；外貌斯须不庄不敬，而易慢之心入之矣①。故乐也者动于内者也，礼也者动于外者也。乐极和，礼极顺，内和而外顺，则民瞻其颜色而弗与争也，望其容貌而民不生易慢焉。故德辉动于内，而民莫不承听；理发诸外，而民莫不承顺。故曰致礼乐之道，举而错之天下，无难矣。

【译文】

运用礼来调理自己的容貌仪表，那么态度就会庄重恭敬。态度庄重恭敬了就会显得有威严。心中如有片刻不平和不快乐，那么卑鄙欺诈的心思就会乘虚而入。外貌只要有片刻不庄重不恭敬，那么轻率怠慢的念头就会乘虚而入；所以乐是发自于内心的，礼是作用于外表的。乐的极致是和悦，礼的极致是恭顺，内心平和而外表恭顺，那么人民只要看到他的脸色，就不会跟他争执了，看到他的容貌，就不会对他产生轻率怠慢的心思了。所以，道德的光辉发动于内心，人们就不会不顺从；理从外貌上表现出来，人们也不会不顺从他的领导。所以说，运用礼和乐的教化，再把它们推行于天下，天下的治理就不难了。

【原文】

乐也者，动于内者也。礼也者，动于外者也。故礼主其减，乐主其盈。礼减而进，以进为文。乐盈而反，以反为文。礼减而不进则销，乐盈而不反则放。故礼有报，而乐有反。礼得其报则乐，乐得其反则安。礼之报，乐之反，其义一也。

【译文】

乐，由内心产生，礼，体现于外表。所以礼应该简单，乐应该丰富。因为礼在于教人克制、减损，做起来也比较困难，所以要加以鼓励，以努力去实现美。而乐使人抒发、充盈，做起来比较容易，所以要加以控制，以控制其美。礼是有所减损的，如果不加以鼓励，就会消亡。而乐是充盈的，如果不控制会走向放纵。所以礼应该有所鼓励，乐应该有所控制。礼有了鼓励，人们就愿意去执行它，而乐有所控制，人的情感就会逐渐变得安稳。所以对礼的鼓励、对乐的控制，道理都是相同的。

【原文】

夫乐者，乐也，人情之所不能免也。乐必发于声音，形于动静，人之道也。声音动静，性术之变尽于此矣①。故人不耐无乐，乐不耐无形，形而不为道不耐无乱。先王耻其乱，故制《雅》、《颂》之声以道之，使其声足乐而不流，使其文足论而不息②，使其曲直、繁瘠廉肉、节奏，足以感动人之善心而已矣，不使放心邪气得接焉，是先王立乐之方也。

【注释】

①性术：内在的思想情感。

②息：泯灭。

【译文】

乐，就是使人快乐，是人情不能缺少的。乐必然要借声音来表达，表现于动作，这是人之常情。声音和动作，表现了人们的各种内心思想变化。所以，人不能没有快乐，快乐不能不表现出来，表现出来不加引导，就不会不混乱。先前的君王憎恶邪乱，所以创制了《雅》和《颂》的乐歌来加以引导，使声音足以令人表达快乐而不至于放纵，使乐歌的文辞足以表达义理而不至于平息，使音乐的曲折、平直、繁省、简洁、细微、洪亮和节奏等足以感动人们的善心，不让放纵邪恶的念头来影响人的情感，这就是先王制定音乐的目的。

【原文】

【注释】

①物：这里指乐器。

是故乐在宗庙之中，君臣上下同听之，则莫不和敬；在族长乡里之中，长幼同听之，则莫不和顺；在闺门之内，父子兄弟同听之，则莫不和亲。故乐者，审一以定和，比物以饰节[①]，节奏合以成文，所以合和父子、君臣，附亲万民也：是先王立乐之方也。

【译文】

因此，在宗庙里演奏先王之乐，君臣上下一同聆听，大家没有谁不平和恭敬；在族长乡里演奏音乐，年长的和年幼的人一同聆听，也没有谁不和谐顺畅的；在家门之内演奏音乐，父子兄弟一同聆听，也没有谁不和睦亲近。所以，制定音乐要先确定基调宫音以调和众音，用各种乐器来配合节奏，节奏和谐便形成整个乐章，这样就可以用它来协调君臣父子的关系，使天下的民众相亲相随。这就是先王制定音乐的目的。

【注释】

①齐：协调统一。

②中和：不偏不倚，和谐适度。

【原文】

故听其《雅》《颂》之声，志意得广焉；执其干戚，习其俯仰诎伸，容貌得庄焉；行其缀兆，要其节奏，行列得正焉，进退得齐焉[①]。故乐者，天地之命，中和之纪[②]，人情之所不能免也。

【译文】

所以，听到《雅》《颂》的乐歌，会使人心胸变得宽广；拿着盾戚等舞具，学习俯、仰、屈、伸等舞蹈动作，会使人仪态容貌变得庄重；按一定的行列和区域行动，配合着音乐的节奏，行列就会整齐了，一进一退的动作也就协调统一了。所以，音乐仿佛天地的教化，是协调一切关系的纲纪，是满足人的情感需要所不可缺少的。

【注释】

①饰：表达。

【原文】

夫乐者，先王之所以饰喜也[①]。军旅铁钺者，先王之所以饰

怒也。故先王之喜怒，皆得其侪焉。喜，则天下和之；怒，则暴乱者畏之。先王之道，礼乐可谓盛矣。

【译文】

所谓乐，是先王用来表达喜悦的。军队和武器，是先王用来表示愤怒的。所以先王的喜怒哀乐，都有与之相配的东西来表达。先王喜悦，天下的百姓都跟着和乐；先王愤怒，暴乱的人就畏惧。先王治理天下的办法，在礼乐中可以说是充分地表现出来了。

【原文】

子赣见师乙而问焉曰："赐闻声歌，各有宜也。如赐者，宜何歌也？"师乙曰："乙，贱工也，何足以问所宜？请诵其所闻，而吾子自执焉[①]。爱者宜歌《商》，温良而能断者宜歌《齐》。夫歌者，直己而陈德也。动己而天地应焉，四时和焉，星辰理焉，万物育焉。故《商》者，五帝之遗声也。宽而静，柔而正者，宜歌《颂》；广大而静，疏达而信者，宜歌《大雅》；恭俭而好礼者，宜歌《小雅》；正直而静，廉而谦者，宜歌《风》。肆直而慈爱，商之遗声也，商人识之，故谓之《商》。《齐》者，三代之遗声也，齐人识之，故谓之《齐》。明乎《商》之音者，临事而屡断；明乎《齐》之音者，见利而让。临事而屡断，勇也；见利而让，义也。有勇有义，非歌，孰能保此？故歌者，上如抗，下如队，曲如折，止如槁木，倨中矩，句中钩，累累乎端如贯珠。

【注释】

①自执：自己判断。

【译文】

子贡去见师乙，向他请教说："我听说唱歌要适合各自的个性。像我这样的人，适宜唱什么样的歌呢？"师乙说："我只是个低贱的乐工，怎么敢来回答您的问题呢？但请允许我陈述我的所知，然后由您自己判断吧！坦率而耿直、慈祥有仁爱的人适合唱《商》；温良而能决断的人适合唱《齐》。歌声直接表达自己、展示自己的品德，触动了自己，天地就会有感应，四时就会调和，星辰也会有条不紊，万物就会生长发育。宽厚宁静、柔和正直的人适合唱《颂》；心胸开阔而沉静、开朗通达而诚信的人，适合唱《大雅》；恭敬谨慎、注重礼仪的人适合唱《小雅》；正直而安静、清廉而谦逊的人适合唱《国风》；《商》音充满直率和慈爱，是五帝时流传下来的声调，商人还能熟悉它，所以称之为《商》。《齐》，是三代流传下来的声调，齐人还能熟悉它，所以称之为《齐》。通晓《商》音的人，遇事能决断，通晓《齐》音的人，见利而能推让。遇事能决断，这是勇敢的表现；见利能推让，这是重义气的表现。有勇有义，离开了音乐的涵养，还有谁能保持下来呢？歌声的旋律，上扬如同极力高举，下放如同重物坠落，变化时好像突然折断，停止时好像一段枯木，平直时又符合矩尺，弯曲时又如同带钩，音调连绵不断好像一串珍珠。

【原文】

“故歌之为言也，长言之也。说之，故言之；言之不足，故长言之；长言之不足，故嗟叹之；嗟叹之不足，故不知手之舞之，足之蹈之也。”《子贡问乐》。

【译文】

“唱歌好像也是一种语言，只是把语言的音调拉长罢了。心中喜悦，所以就说出来了，只说还不行，所以要拉长声调来说，拉长声调说还不行，所以就咏叹起来，咏叹也不够，所以就手舞足蹈起来。”以上是《子贡问乐》篇。

祭　义

【原文】

祭不欲数[①]，数则烦，烦则不敬。祭不欲疏[②]，疏则怠[③]，怠则忘[④]。是故君子合诸天道，春禘，秋尝。秋，霜露既降，君子履之，必有凄怆之心，非其寒之谓也。春雨，露既濡，君子履之，必有怵惕之心[⑤]，如将见之。乐以迎来，哀以送往，故禘有乐而尝无乐。

【注释】

①数（shuò）：频繁。

②疏：稀疏。

③怠：懈怠。

④忘：遗忘。

⑤怵惕：心中震动的样子。

【译文】

祭祀次数不可太频繁，太频繁了就显得倦烦，倦烦了就失去对神灵的敬意；但祭祀次数也不可太稀疏了，太稀疏就显得怠慢，怠慢了就是对神灵遗忘了。所以君子按照天地四时的变化规律，春天举行禘祭，秋天举行尝祭。秋天，霜露覆盖大地，君子走在这霜露上，心中必然产生一种凄怆的心情，这倒并非是天气寒冷所造成的，而是想起了自己死去的亲人。春天雨露滋润大地，君子走在这雨露上，必然会有一种震惊的心情，好像将会见到死去的亲人。人们以欢乐的心情迎接春天到来，以哀伤的心情送别秋天归去，所以春天禘祭有乐而秋天尝祭不舞乐。

【原文】

致齐于内[①]，散齐于外。齐之日，思其居处，思其笑语，思其志意，思其所乐，思其所嗜。齐三日，乃见其所为齐者[②]。

【注释】

①齐：通“斋”。

②乃：于是。

【译文】

祭祀之前必须进行斋戒，致斋的三天中昼夜都在室内，散斋的七天可以在外进行。在致斋的日子里，要时刻思念死者在世时的起居、谈笑、思想、爱好、口味等。致斋三天之后，眼前就好像真的见到所要祭祀的祖先了。

【注释】

①僾然：恍惚可见的样子。

【原文】

祭之日，入室僾然必有见乎其位[①]，周还出户肃然必有闻乎其容声，出户而听忾然必有闻乎其叹息之声。

【译文】

到了祭祀那天，主人进入室内，隐约地似乎看见了祖先安处在神位上；主人转身出门时，心中一惊，似乎真的听见了祖先的说话声；出门聆听，似乎还可听到祖先的叹息声。

【注释】

①悫：诚实。

【原文】

是故先王之孝也，色不忘乎目，声不绝乎耳，心志嗜欲不忘乎心。致爱则存，致悫则著[①]，著存不忘乎心，夫安得不敬乎！

【译文】

所以先王对逝去亲人的孝心是，祖先的容颜时刻在眼前，他们的声音时刻在耳边回荡，他们的心意、爱好时刻记在心上。由于对祖先的爱已达到极点，所以祖先就永远活在心中；由于对祖先极为虔诚，所以祖先的形象就永远显著。祖先的存在和形象在心中永不淡忘，怎能不虔敬呢！

【注释】

①济济：仪表整齐的样子。漆漆：神情矜持的样子。

②自反：注意自我形象。

③慌惚：指与神明交接时的精神状态。

【原文】

仲尼尝，奉荐而进，其亲也悫，其行也趋趋以数。已祭，子赣问曰："子之言祭，济济漆漆然[①]。今子之祭，无济济漆漆，何也？"子曰："济济者，容也，远也。漆漆者，容也，自反也[②]。容以远，若容以自反也，夫何神明之及交，夫何济济漆漆之有乎？反馈，乐成，荐其荐俎，序其礼乐，备其百官，君子致其济济漆漆，夫何慌惚之有乎[③]？夫言，岂一端而已？夫各有所当也。"

【译文】

孔子秋季在为亡亲举行尝祭时，亲自捧着祭品进献，容貌质朴，他行走时步子急促。祭祀之后，子贡问道："您曾说祭祀时应该仪态从容、神情矜持，而今天您的祭祀没有端庄修整的样子，这是为什么呢？"孔子说："所谓济济，是一种疏远的表现；所谓漆漆，是自我专注的表现。疏远的仪容而又注重自我，那怎能与亲人的神灵相交接呢？亲自祭祀父母，怎么可能仪态从容、表情矜持呢？而当国君的宗庙大祭时，我们作为宾客去参加时，反馈之礼完毕，奏起了音乐，荐出俎豆和牲体，有顺序地安排礼乐，大夫百官济济一堂，自然应该表现出仪态从容，神情矜持，哪能有什么与神灵相交相感应的恍惚心境呢？说话怎能一概而论？所谓的仪态神情都应当针对不同的情况啊。"

【原文】

孝子将祭，虑事不可以不豫，比时具物不可以不备，虚中以治之[①]。宫室既修，墙屋既设，百物既备，夫妇齐戒，沐浴，盛服，奉承而进之，洞洞乎[②]，属属乎[③]，如弗胜，如将失之，其孝敬之心至也与。荐其荐俎，序其礼乐，备其百官，奉承而进之。于是谕其志意[④]，以其恍惚以与神明交。"庶或飨之，庶或飨之"，孝子之志也。孝子之祭也，尽其悫而悫焉，尽其信而信焉，尽其敬而敬焉，尽其礼而不过失焉，进退必敬，如亲听命，则或使之也。孝子之祭可知也：其立之也敬以诎，其进之也敬以愉，其荐之也敬以欲，退而立如将受命，已彻而退敬齐之色不绝于面。孝子之祭也，立而不诎固也，进而不愉疏也，荐而不欲不爱也，退立而不如受命敖也，已彻而退无敬齐之色而忘本也。如是而祭，失之矣。孝子之有深爱者必有和气，有和气者必有愉色，有愉色者必有婉容。孝子如执玉，如奉盈，洞洞属属然，如弗胜，如将失之。严威、俨恪，非所以事亲也，成人之道也。

【注释】

①虚中：心中不存杂念。

②洞洞乎：诚恳的样子。

③属属乎：专心的样子。

④谕其志意：通过祝辞向鬼神表达意思。

【译文】

孝子举行祭祀之前，考虑事情不能不预先准备。祭祀时，一切器物不可以不周全，而且要虚心敬意地去做这些准备。宫室修理一新，墙壁设置妥当，各种物品都筹备齐全。之后，主祭夫妇就穿上礼服斋戒沐浴，手捧祭品而献尸，神情恭敬，小心谨慎，好像承受不了手中供品的重量，担心将要失手，这是由于孝敬的心情达到了极点。进献上牲体，并井然有序地安排音乐，百官宾客都按照礼来协助，通过祝辞表达心意，恍惚中仿佛真与神灵相交感通。“希望神灵来享用这些祭品，希望神灵来享用这些祭品”，这就是孝子的心意。孝子的祭祀，要尽心于笃实，因而行动也无不笃实；要尽心于诚信，因而行动也无不诚信；要尽心于恭敬，因而举止无不恭敬；尽心于礼仪，因而礼仪没有过失。孝子行祭中，一进一退，都毕恭毕敬，好像父母就在眼前，听从于父母的教命。从孝子的祭祀中，可以知晓他的心情：他站立时，恭敬地屈身；他往前走时，恭敬且面带喜悦；他进献祭品时，恭敬地希望神灵享用。在献后退下来时，如同将要上前听候吩咐。撤掉祭品而退时，恭敬庄重的神色一直留在脸上。相反，如果孝子祭祀的时候，站在那儿不弯腰，那就显得固陋不知礼了；往前走时而不愉悦，那就显得和亲人的神灵疏远了；进献供品时而不流露出希望神灵享用的表情，那就说明对祖先不是真心爱戴；献后而退并不像还要听候吩咐的样子，那就显得傲慢了；撤掉祭品退走时，没有恭敬的神色，那就显得忘记了祖先。像这样的祭祀，那就失去祭祀的意义了。孝子对父母有着深沉的爱，心中必然表现出和悦之色，有和悦之气，必然就有愉悦的神色；有了愉悦的神色，必然就会有温顺的仪容。孝子在祭祀时其神态好像手上捧着一块玉，又好像手里捧着一碗水，虔诚而又专心，仿佛自己承受不了祭品的重量，生怕从手中落下。相反，那种威严庄重的仪容，不是孝子用来侍奉父母的态度，那只是成人在某种场合相交往的态度。

【原文】

曾子曰："孝有三：大孝尊亲，其次弗辱，其下能养。"公仪明问于曾子曰："夫子可以为孝乎?"曾子曰："是何言与！是何言与！君子之所为孝者，先意承志，谕父母于道。参直养者也，安能为孝乎?"曾子曰："身也者，父母之遗体也，行父母之遗体，敢不敬乎。居处不庄，非孝也。事君不忠，非孝也。莅官不敬，非孝也。朋友不信，非孝也。战陈无勇，非孝也。五者不遂，烖及于亲，敢不敬乎。亨孰羶芗[①]，尝而荐之，非孝也，养也。君子之所谓孝也者，国人称愿然[②]，曰：'幸哉，有子如此！'所谓孝也已。众之本教曰孝。其行曰养。养可能也，敬为难。敬可能也，安为难[③]。安可能也，卒为难。父母既没，慎行其身，不遗父母恶名，可谓能终矣。仁者，仁此者也。礼者，履此者也[④]。义者，宜此者也。信者，信此者也。强者，强此者也。乐自顺此生，刑自反此作。"曾子曰："夫孝，置之而塞乎天地，溥之而横乎四海[⑤]，施诸后世而无朝夕[⑥]，推而放诸东海而准，推而放诸西海而准，推而放诸南海而准，推而放诸北海而准。《诗》云：'自西自东，自南自北，无思不服。'此之谓也。"曾子曰："树木以时伐焉，禽兽以时杀焉。夫子曰：'断一树，杀一兽，不以其时，非孝也。'孝有三：小孝用力，中孝用劳，大孝不匮。思慈爱忘劳，可谓用力矣。尊仁安义，可谓用劳矣。博施备物，可谓不匮矣。父母爱之，喜而弗忘。父母恶之，惧而无怨。父母有过，谏而不逆。父母既没，必求仁者之粟以祀之。此之谓礼终。"

【注释】

①亨孰羶芗：亨，通"烹"。指煮熟牲肉和黍稷。

②愿：仰慕。

③安：指安然行之，不勉强。

④履：实践。

⑤溥：通"敷"，散布。

⑥无朝夕：没有时间限制。

【译文】

曾子说："孝可以分为三等：上等是父母受到社会上的尊重，次等是孝子为人处世不使父母羞辱，下等是只能赡养父母而已。"公明仪问曾子道："你可以称得上孝子了吗?"曾子说："哪儿的话！哪儿的话！君子所谓的孝，父母没有想到的，儿子就先为他想到并做到了；父母有什么心思，儿子可以按照父母的意志去做。同时使父母的意志合于正道。而我只不过做到赡养父母罢了，怎能称得上孝呢?”曾子说：“身体，是父母的遗体，用父母的遗体来生活行动，怎敢不慎重呢？日常起居不庄重，就是不孝；侍奉君主不忠诚，就是不孝；做官不慎重，就是不孝；与朋友交往不讲信用，就是不孝；在战场上不勇敢，就是不孝。如果不能做到以上五个方面，也就等于给父母带来了祸殃，怎敢不慎重呢？如果只是在祭祀的日子里，煮一点牲肉黍稷奉献一下，那也不能算作‘孝’，只能叫做‘养’。君子所说的孝子，就是全国人都称赞羡慕他，而且说：‘多幸福哇！有这样的儿子！’像这样才算是孝。教化人民的根本就是孝。而具体行为是从养开始的。供养是很容易的，但有敬意的供养就不容易了；有敬意的供养是可能做到的，但心安理得的供养就不容易做到了；心安理得的供养是可以做到的，但终身孝敬就不容易做到了。父母去世之后，依然十分小心自身的行为，不给父母蒙上恶名，这样就可以称得上终身孝敬了。仁，就是要以孝为本；礼，就是用礼仪来实现孝；义，就是用道义来合乎孝；信，就是用诚信来证实孝；强，就是要强毅坚定地做到孝。快乐是由于顺着孝道而产生的，刑罚就是由于违反孝道而招致的。”曾子说：“孝道，树立起来，就充塞于天地之间；散布开来，就横贯四海，传播到后代就永远存在。推广到东海可以作为道德准则，推广到西海也可以作为道德准则，推广到南海可以作为道德准则，推广到北海也可以作为道德准则。《诗经》上说：‘从西到东，从南到北，没有不遵从。’说的就是这种情况。”曾子说：“树木要在一定的时节进行砍伐，禽兽也要在一定的时节进行捕杀。孔夫子说过：‘砍一棵树，杀一头兽，如果不根据一定的时候，就不是孝。’孝有三等：小孝用力气，中孝用劳，即动心思行孝，大孝无处不在，即孝心永不衰竭。思念父母的慈爱，努力供养而忘掉自己的劳苦，就可以称得上用力了；能尊尚仁德，安然地按照正道行事，使父母不因自己而蒙受耻辱，这称得上用劳了；如果德泽普施于天下，使天下万物丰盛，以此来祭祀父母，那便称得上无处不在了。父母喜爱自己，自己便永记在心；父母厌恶自己，自己要戒惧谨慎，但没有一点怨恨。父母有了过错，要婉言规劝而不能抗拒顶撞。父母死后，他一定以自己劳动的收获来祭祀。这就叫做能依礼把孝道实行到底。”

【原文】

乐正子春下堂而伤其足，数月不出，犹有忧色。门弟子曰：“夫子之足瘳矣[①]，数月不出，犹有忧色，何也?”乐正子春曰：“善如尔之问也！善如尔之问也！吾闻诸曾子，曾子闻诸夫子曰：‘天之所生，地之所养，无人为大[②]。父母全而生之，子全而归之，可谓孝矣。不亏其体，不辱其身，可谓全矣。故君子顷步而弗敢忘孝也。’今予忘孝之道，予是以有忧色也。一举足而不敢忘父母，一出言而不敢忘父母。一举足而不敢忘父母，是故道而不径[③]，舟而不游，不敢以先父母之遗体行殆。一出言而不敢忘父母，是故恶言不出于口，忿言不反于身，不辱其身，不羞其亲，可谓孝矣。”

【注释】

①瘳(chōu)：病愈。

②无人为大：没有比人更大。

③径：走捷径。

【译文】

乐正子春一次从堂上下来时扭伤了脚，一连几个月都没出门，脸上还带有忧虑的神色。他的弟子说：“老师您的脚已经好了，却一连数月都不出门，脸上还带着忧虑的神色，这是为何呢?”乐正子春说：“你问得好啊！你问得好啊！我曾听我老师曾子说过，而曾子听孔子说的：‘天之所生、地之所养的一切生物，没有比人更伟大的了。父母把我们完整地生下来，我们也要使自己完整地归还于他，这样才称得上孝。不损伤自己的肉体，不辱没自己的人格，这才称得上完整。所以君子哪怕是走半步路，也不敢忘记保全身体的孝道。’而我一时竟忘记了保全身体的孝道，以至于扭伤了脚，所以我很忧虑。君子应该每抬一次脚都不敢忘记父母，每说一句话都不敢忘记父母。每抬一次脚不敢忘记父母，所以走路要走平坦大路而不抄捷径，过河要乘船而不游水，不敢用父母赐给我的身体去冒险。每说一句话都不敢忘记父母，所以从来不口吐恶言，自然也就不会招惹别人的辱骂。自身不受侮辱，父母也就不会蒙受羞耻，这样可以称得上孝了。”

【原文】

孝子将祭祀，必有齐庄之心以虑事，以具服物，以修宫室，以治百事。及祭之日，颜色必温，行必恐，如惧不及爱然[①]。其奠之也，容貌必温，身必诎，如语焉而未之然。宿者皆出[②]，其立卑静以正，如将弗见然。及祭之后，陶陶遂遂[③]，如将复入然。是故悫善不违身，耳目不违心，思虑不违亲，结诸心，形诸色，而术省之[④]，孝子之志也。

【注释】

①惧不及爱：担心不能见到所爱的人。

②宿者：指应邀前来助祭的宾客。

③遂遂：随行的样子。

④术省：追忆，反省。

【译文】

孝子将要祭祀时，必须怀着谨慎而庄重的心情，来考虑祭事，筹备祭服和祭品，修整宫室，处理各种有关事务。到了祭祀那天，脸色一定要温和，但走路很紧张，好像担心见不到亲人的样子。祭奠时，面容一定要温顺，身体要卑屈，好像要告诉亲人什么话而没有说出的样子。请来助祭的宾客都已出去时，孝子躬身站在那儿，好像即将看不见亲人的样子。祭祀结束后，孝子神情恍惚地跟着出来，好像随时还要再进去的样子。因此，孝子的忠厚善良一直没有离开身体，耳目的功能完全受心情的支配，心中的思虑总不能离开亲人。这种感情郁结于心，流露于外，而反复的思念，这就是孝子的心态啊！

【原文】

建国之神位，右社稷而左宗庙。

【译文】

建立国家的神位，社神稷神的庙应建在王宫的右边，而列祖列宗的庙则建在王宫的左边。

经　解

【原文】

孔子曰："入其国，其教可知也。其为人也，温柔敦厚，《诗》教也；疏通知远，《书》教也；广博易良[1]，《乐》教也；絜静精微[2]，《易》教也；恭俭庄敬，《礼》教也；属辞比事，《春秋》教也。故《诗》之失，愚；《书》之失，诬；《乐》之失，奢；《易》之失，贼[3]；《礼》之失，烦；《春秋》之失，乱。其为人也，温柔敦厚而不愚，则深于《诗》者也；疏通知远而不诬，则深于《书》者也；广博易良而不奢，则深于《乐》者也；絜静精微而不贼，则深于《易》者也；恭俭庄敬而不烦，则深于《礼》者也；属辞比事而不乱，则深于《春秋》者也。"

【注释】

①易良：和易善良。

②絜：简约。

③贼：害。

【译文】

孔子说："进入一个国家，对这个国家的教化情况就可以知晓了。如果那个国家的人民温和柔顺、性情敦厚，那就是受了《诗》的教化。如果那里的人民开明通达、博古通今，那就是受了《书》的教化。如果那里的人民心胸宽广、轻松和善，那就是受到了《乐》的教化。如果那里的人民安详沉静、细致入微，那就是受了《易》的教化。如果那里的人民谦恭节俭、庄重严肃，那就是受了《礼》的教化。如果那里的人民善于辞令、议论是非，那就是受了《春秋》的教化。但是，这种教化要有节制。过分了，则《诗》的教使人愚钝不明，《书》的教言过其实，《乐》的教使人奢侈浪费，《易》的教伤害正道，《礼》的教纷繁琐碎，《春秋》的教造成混乱。如果为人既能温和柔顺、淳朴忠厚而又不愚钝不明，那就是深刻地理解了《诗》教；如果为人既能开明通达、博古通今而又不浮夸，那就是深刻地理解了《书》教；如果为人既能心胸宽广、轻松和善而又不奢侈浪费，那就是深刻地理解了《乐》教；如果为人既能安详沉静、细致入微而又不害正道，那就是深刻地理解了《易》教；如果为人既能谦恭节俭、庄重严肃而又不纷繁琐碎，那就是深刻地理解了《礼》教；如果为人既能善于辞令、议论是非而又不造成混乱，那就是深刻地理解了《春秋》教。”

【原文】

天子者与天地参，故德配天地，兼利万物，与日月并明，明照四海而不遗微小。其在朝廷，则道仁、圣、礼、义之序；燕处，则听《雅》《颂》之音；行步，则有环佩之声①，升车，则有鸾和之音②。居处有礼，进退有度，百官得其宜，万事得其序。《诗》云：“淑人君子③，其仪不忒④。其仪不忒，正是四国。”此之谓也。

【注释】

①环佩：佩戴在身上的玉佩。

②鸾和：挂在车衡和车轼上的两种铃。

③淑：善。

④忒：差错。

【译文】

天子是与天、地并列为三，所以天子的德行能与天地相配，能使万物都受益，光辉与日月齐明，光芒普照四海，无微不至。天子在朝廷上，讲的是仁圣礼义的道理；休息时，就听《雅》《颂》的音乐；走路时，身上则伴随着玉佩相撞的声音；乘车时，车上伴随着鸾和的鸣声。一举一动，都符合礼；一进一退，皆有法度。所任百官，都各得其所；身边百事，有条不紊。《诗经》上说：“善良的君子，礼仪没有差错。礼仪没有差错，就能正确领导四方各国。”说的就是这种情况啊。

【原文】

发号出令而民说谓之和①，上下相亲谓之仁，民不求其所欲而得之谓之信，除去天地之害谓之义。义与信，和与仁，霸王之器也。有治民之意而无其器，则不成。

【注释】

①说：“悦”的古字。

【译文】

天子发号施令，而能使人民感到喜悦，这就叫做“和”。上上下下的人相亲相爱，这就叫做“仁”。人民不必主动提出要求便能得到所希望的东西，这就叫做“信”。消灭天地之间害人的东西，这就叫做“义”。“义”与“信”，“和”与“仁”，都是实现霸王之业的工具。只有治民的心意，而没有相应的工具，那么事情还是做不成的。

【原文】

礼之于正国也，犹衡之于轻重也①，绳墨之于曲直也，规矩之于方圜也②。故衡诚县③，不可欺以轻重；绳墨诚陈，不可欺以曲直；规矩诚设，不可欺以方圜；君子审礼，不可诬以奸诈。是故隆礼、由礼④，谓之有方之士⑤；不隆礼、不由礼，谓之无方之民。敬让之道也。故以奉宗庙则敬，以入朝廷则贵贱有位，以处室家则父子亲、兄弟和，以处乡里则长幼有序。孔子曰：“安上治民，莫善于礼。”此之谓也。故朝觐之礼，所以明君臣之义也；聘问之礼，所以使诸侯相尊敬也；丧祭之礼，所以明臣、子之恩也；乡饮酒之礼，所以明长幼之序也；昏姻之礼，所以明男女之别也。夫礼，禁乱之所由生，犹坊止水之所自来也。故以旧坊为无所用而坏之者，必有水败；以旧礼为无所用而去之者，必有乱患。故昏姻之礼废，则夫妇之道苦，而淫辟之罪多矣；乡饮酒之礼废，则长幼之序失，而争斗之狱繁矣；丧祭之礼废，则臣、子之恩薄，而倍死忘生者众矣；聘、觐之礼废，则君臣之位失，诸侯之行恶，而倍畔侵陵之败起矣。故礼之教化也微，其止邪也于未形，使人日徙善远罪而不自知也，是以先王隆之也。《易》曰：“君子慎始。差若毫厘，谬以千里。”此之谓也。

【注释】

①衡：秤。

②圜：通“圆”。

③诚：审，认真。

④隆：尊重。由：依循。

⑤方：道。

【译文】

用礼来治理国家，就好比用秤来称轻重，用墨绳来校正曲直，用规矩来画方圆。因此，只要把秤认真地悬起，那么是轻是重就无法骗人了；只要把墨绳认真拉起，那么是曲是直就瞒不了别人了；只要把规矩认真地摆设，那么是方是圆就一目了然了。君子如果能认真地依照着礼来治理国家，那么就不会被奸邪的伎俩欺骗了。因此，重视礼、遵循礼，就叫做有道之士；不重视礼，不遵循礼，就叫做无道之民。礼实际上就是叫人遵循恭敬谦让的道理。在宗庙里奉行礼，就必然会虔诚恭敬。在朝廷上奉行礼，就必然会使尊贵的人和卑贱的人都安心于自己的职位。在家庭里奉行礼，就必然会使父子亲密、兄弟和睦。在乡邻里奉行礼，就必然会使长幼有序。孔子说："要想安定君主的地位，治理人民，就没有比用礼更好的了。"说的就是这个道理。因此，诸侯按期朝拜天子，是为了明确君臣之间的道义的；诸侯与诸侯之间按期行聘问之礼，是为了使诸侯之间相互尊敬；而制定丧礼、祭礼，则是为了表明臣和子对君和父的情分的；制定乡饮酒之礼，是为了表明长幼有序的；制定婚姻之礼，是为了明确男女之间的区别。这些礼，都是为了禁绝祸乱产生的根由，就好像用堤防来阻止洪水的到来一样。所以，如果认为从前的堤防已经没用，而把它毁掉，那就必定会发生水灾；如果认为古代的礼已经没用，而把它废掉，那就必定会产生祸患。因此，如果废掉婚姻之礼，那么夫妻形式就将流于粗滥，而奸淫不轨的罪行就会增多。如果废掉乡饮酒之礼，那么长幼无序，争吵斗殴的案件就会频繁发生。如果废掉丧礼、祭礼，那么臣子对君父的恩情就会淡薄，从而背叛死者、忘记祖先的人必定很多。如果废掉朝觐、聘问之礼，那么君臣的身份就乱了次序，诸侯的行为就将十分恶劣，于是相互背叛、相互侵害的祸乱就会不断发生。所以礼对人的教化作用，是在不知不觉中进行的，它能在邪恶尚未形成的时候就加以防止。它能使人们在不知不觉中走向善良，远离罪过。因此，以前的圣王都特别重视礼。《易》书上说："君子慎重地对待事情的开始。因为如果开始差了毫厘，到以后就要谬之千里了。"说的就是这个道理。

仲尼燕居

【原文】

仲尼燕居[①]，子张、子贡、言游侍，纵言至于礼。子曰：“居，女三人者，吾语女礼，使女以礼周流[②]，无不遍也。”子贡越席而对曰：“敢问何如?”子曰：“敬而不中礼谓之野，恭而不中礼谓之给[③]，勇而不中礼谓之逆。”子曰：“给夺慈仁[④]。”

【注释】

①燕居：坐着休息。

②周流：周旋流动、到处运用。

③给：伪巧。

④夺：混淆。

【译文】

孔子在家休息，弟子子张、子贡、子游三人陪侍着老师，闲谈中谈到了礼。孔子说：“坐下吧，你们三个人，我来跟你们讲讲礼，使你们将礼运用到各处，无所不至。”子贡马上站起来，离开坐席答道：“请问礼该怎样做呢?”孔子说：“表示诚敬而不合乎礼，叫做粗野；一味恭顺而不合乎礼，叫做伪巧；好逞勇敢而不合乎礼，叫做乖逆。”孔子又说：“伪巧容易混淆仁慈。”

【原文】

子曰：“师，尔过，而商也不及。子产犹众人之母也，能食之，不能教也。”子贡越席而对曰：“敢问将何以为此中者也?”子曰：“礼乎礼，夫礼所以制中也。”子贡退。

【译文】

孔子说：“子张，你有时会做得过头，而子夏则往往做得不够。郑国的子产好像是众人的母亲，只会喂养而不能够教育。”子贡又站起来离开坐席，问道：“请问怎样才能做到恰到好处的‘中’呢?”孔子说：“礼啊礼，这个礼就是用来使人的言行适中的。”子贡退下。

【注释】

①昭穆：指不同辈分的祖先。

②馈奠：以食品奠祭初死的人。

③闲：通“娴”，娴熟。

④得其象：指符合礼所规定的标准式样。

⑤党：类。

【原文】

言游进曰：“敢问礼也者，领恶而全好者与？”子曰：“然。”“然则何如？”子曰：“郊、社之义，所以仁鬼神也；尝、禘之礼，所以仁昭穆也[①]；馈奠之礼[②]，所以仁死丧也；射、乡之礼，所以仁乡党也；食、飨之礼，所以仁宾客也。”子曰：“明乎郊、社之义，尝、禘之礼，治国其如指诸掌而已乎。是故以之居处有礼，故长幼辨也；以之闺门之内有礼，故三族和也；以之朝廷有礼，故官爵序也；以之田猎有礼，故戎事闲也[③]；以之军旅有礼，故武功成也。是故宫室得其度，量鼎得其象[④]，味得其时，乐得其节，车得其式，鬼神得其飨，丧纪得其哀，辨说得其党[⑤]，官得其体，政事得其施，加于身而错于前，凡众之动得其宜。”

【译文】

子游上前问道：“请问所谓礼，是不是就是治理邪恶、保全良好的美德？”孔子说：“是这样的。”子游说：“那么，又该怎样去治理邪恶、保全美德呢？”孔子说：“郊天祭地的意义，就是对鬼神表示仁爱；秋尝夏禘的宗庙祭礼，就是对祖先表示仁爱；馈赠祭奠之礼，就是对死者表示仁爱；乡射、乡饮酒之礼，就是对乡邻里民众表示仁爱；食飨之礼，就是对宾客表示仁爱。”孔子说：“如果能明白郊天祭地的意义，懂得秋尝夏禘的宗庙祭礼，那么，对于治理国家的事就可以了如指掌了。所以，日常起居就有了礼，从而长幼也分辨清了；因此，家庭内部就有了礼，一家三代就能和睦了；朝廷上有了礼，从而官职和爵位就有了秩序；用于田猎而有了礼，从而军事演习就能熟练；用于军队里而有了礼，作战就能取得胜利了。因为有了礼，宫室得以有了尺度，量具和祭器得以有了标准式样，五味调和也得以与四时相配，音乐得以有了节制，车辆得以符合规律，鬼神各自得到了享祀，丧事能够表达适当的悲哀，辩论谈话得以有伦有类，百官得以各守其职，政事得以顺利施行。将礼运用于自身的行动和眼前的一切事情，这样一切就都能做得恰到好处了。”

【原文】

子曰："礼者何也？即事之治也。君子有其事，必有其治。治国而无礼，譬犹瞽之无相与[①]？伥伥乎其何之[②]？譬如终夜有求于幽室之中，非烛何见？若无礼，则手足无所错，耳目无所加，进退揖让无所制。是故以之居处，长幼失其别，闺门三族失其和，朝廷官爵失其序，田猎戎事失其策，军旅武功失其制，宫室失其度，量鼎失其象，味失其时，乐失其节，车失其式，鬼神失其飨，丧纪失其哀，辨说失其党，官失其体，政事失其施，加于身而错于前，凡众之动失其宜，如此则无以祖洽于众也。"

【注释】

①相：扶助盲人的人。

②伥伥：茫然失去方向的样子。

【译文】

孔子说："礼是什么呢？礼就是对事物的治理。君子有君子的事，一定有其治事的礼。治理国家如果没有礼，那就好像盲人没有扶助的人，茫茫然地失去了方向，不知道该往哪儿走。又好比黑夜中在暗室里摸索，没有蜡烛能看见什么呢？如果没有礼，那么手脚都将不知该往哪儿放，耳目也不知道该怎么使用，进退揖让就没有规矩。这样一来，日常起居就没大没小，长幼不分，家庭内部就会三代不和睦，朝廷上官爵就丧失了秩序。田猎中就会失去指挥，军队打仗就将失去控制，宫室建造就没有尺度，量具和祭器就丧失式样，五味也不能与四时调和，奏乐也失去了节制，车辆也不合规格，鬼神就失去了供品，丧事就不能表达悲哀，谈话不伦不类，百官失去了官职，政事失去了顺利实施，自身的举动和眼前的一切事情，都不适宜，像这样就没有办法先做表章而协和天下民众。"

【原文】

子曰："慎听之，女三人者，吾语女礼。犹有九焉，大飨有四焉。苟知此矣，虽在畎亩之中[①]，事之圣人已。两君相见，揖让而入门，入门而县兴[②]。揖让而升堂，升堂而乐阕。下管

【注释】

①畎（quǎn）亩：田间，田野。畎是田间水沟。

②县兴：悬挂的乐器，一起演奏。

《象》、《武》，《夏》、《籥》序兴，陈其荐俎，序其礼乐，备其百官，如此而后君子知仁焉。行中规，还中矩，和鸾中《采齐》，客出以《雍》，彻以《振羽》，是故君子无物而不在礼矣。入门而金作，示情也。升歌《清庙》，示德也；下而管《象》，示事也。是故古之君子，不必亲相与言也，以礼乐相示而已。”

【译文】

孔子说：“认真听着吧！你们三个人，我对你们说礼是怎么回事。礼有九项之多，其中的大飨之礼，就可再分为四项，如果有人通晓了这些礼，即使他是个种田人，只要能照礼行事，他就是个圣人了。当两位国君相见时，相互作揖谦让，然后进入庙门。进入庙门时，乐师用所悬的乐器奏起音乐，两人又相互作揖谦让，分别登上大堂。登上大堂，各就各位时，钟鼓之声也刚好停下了。这时大堂下又有管乐奏起《象》的乐曲，大《武》和《夏》《籥》的舞曲一个接一个进行。摆设鼎俎供品，按照顺序安排礼乐，百官执事一应俱全。这样做了以后，来访国君就感到了主国国君的盛情厚意。行动周旋，且合乎规矩，连车上的铃也和着《采齐》乐曲的节拍。客人出去时，奏起《雍》曲以送别，撤去席上的供品时则奏起《振羽》的乐章。所以君子的一举一动，没有一件事不符合礼。进门时钟鼓齐鸣，是表示主人欢迎的情意。登堂时演唱歌颂文王的《清庙》之诗，是表示国君崇敬文王的崇高美德。堂下吹起《象》的乐曲，是表示国君崇敬文王、武王的功业。所以，古代两君相见，不必用言语交谈，只用礼乐就可以互相传达情意了。”

【原文】

子曰：“礼也者，理也。乐也者，节也。君子无理不动，无节不作。不能《诗》，于礼缪。不能乐，于礼素[①]。薄于德，于礼虚。”子曰：“制度在礼，文为在礼[②]，行之其在人乎。”

【注释】

①素：质朴，没有文采。

②文为：符合礼仪的行为。

【译文】

孔子说："所谓礼，就是道理；所谓乐，就是节制。君子对于没有道理的事就不能行动，不加节制的事也不做。如果不懂得赋诗言志，行礼就难免会出现差错。如果不能用音乐来配合，那么礼就显得质朴枯燥了。如果道德浅薄，那么礼就流于空洞的形式了。"孔子又说："一切制度，都是由礼规定了的；一切文饰也都是由礼规定了的。但要实行它，还得要靠人啊。"

【原文】

子贡越席而对曰："敢问夔其穷与[①]？"子曰："古之人与？古之人也。达于礼而不达于乐谓之素，达于乐而不达于礼谓之偏。夫夔达于乐而不达于礼，是以传于此名也，古之人也。"

【注释】

①夔：传说夔是尧的乐官，精通音乐。穷：不通。意谓夔只精通于音乐，不通于礼。

【译文】

子贡离开坐席，问道："照您前面所说的，夔是不是也不能算作通于礼了呢？"孔子说："你问的夔不是指古代的人吗？他是古代的人啊。通晓礼而不通晓音乐，叫做质朴；通晓音乐而不通晓礼，就叫做偏颇。夔，就是只通晓音乐，而不太通晓礼，所以只流传下来一个精通音乐的名声。不过他毕竟是古代的贤人啊。"

【原文】

子张问政。子曰："师乎，前，吾语女乎。君子明于礼乐，举而错之而已[①]。"子张复问。子曰："师，尔以为必铺几筵升、降、酌献、酬、酢，然后谓之礼乎？尔以为必行缀兆，兴羽、籥[②]，作钟鼓，然后谓之乐乎？言而履之，礼也。行而乐之，乐也。君子力此二者，以南面而立，夫是以天下太平也。诸侯朝，万物服体，而百官莫敢不承事矣。礼之所兴，众之所治也。礼之所废，众之所乱也。目巧之室则有奥阼[③]，席则有上下，车则有左右，行则有随，立则有序，古之义也。室而无奥阼，则乱于堂室也；席而无上下，则乱于席上也；车而无左右，则乱于车也；

【注释】

①举而错之：指把礼乐施行于政治。

②羽、籥：跳舞的道具。

③目巧之室：指不用尺度，只凭眼力测量建成的房子。

行而无随，则乱于涂也；立而无序，则乱于位也。昔圣帝明王、诸侯，辨贵贱、长幼、远近、男女、外内，莫敢相逾越，皆由此涂出也。”三子者既得闻此言也于夫子，昭然若发矇矣。

【译文】

子张问到怎样行政。孔子说：“子张，你上前来，我对你说。君子通晓礼乐，拿来运用到行政上就可以了。”子张又问孔子这是怎么回事。孔子说：“子张，你以为必须摆下案几，铺下筵席，上下走动，献酒进馔，举杯酬酢，那才叫做礼吗？你以为一定要排下队列，挥舞羽籥，鸣钟敲鼓，这才叫做乐吗？其实，说的话能实现，这就是礼；实现了并能使人感到愉快，这就是乐。君子努力做到这两点，那么只要站在天子的位置向南面而立，就能使天下太平。诸侯都来朝拜，万事都很得体，百官没有人敢不奉公从事的。礼教兴起，百姓就会服从治理；礼教毁坏，民众就要犯上作乱。一座只凭眼力测量建造的房屋，也都有堂奥和台阶之分，坐席分上下，车轮分左右，走路则要前后相随，站立也要讲求次序。这是自古就有的道理。如果房屋不分堂奥和台阶，那么尊卑长幼的位置在室中就乱了；坐席不分上下，尊卑长幼的位置在席上就乱了；乘车不分左右，尊卑长幼的位置在车上就乱了；走路不分前后，尊卑长幼的位置在路上就乱了；站立不分次序，那么尊卑长幼的位置在站立时就乱了。从前圣明的帝王和诸侯，都要分辨贵贱、长幼、远近、男女、内外的次序，没有人敢超越，都是根据礼乐的道理而得来的。”三位弟子听了孔子这样一席话，心中豁然开朗，好像盲人重见光明了一样。

坊　记[①]

【原文】

子言之：“君子之道，辟则坊与[②]，坊民之所不足者也。大为之坊，民犹逾之。故君子礼以坊德，刑以坊淫，命以坊欲[③]。”

【注释】

①本篇以礼作“堤防”以防范人民的行为。故称为“坊记”。

②辟则：譬如。辟，通“譬”。坊：堤防。

③命：教命。欲：贪欲。

【译文】

孔子说：“君子的治国之道，就好比堤防吧！是用以防备人们德行的过失。即使严密地设置堤防，人们也还是有越规作恶的。所以君子用礼来防备道德的过失，用刑罚来防止人们淫邪，用法令来防范人们的贪欲。”

【原文】

子云：“小人贫斯约[①]，富斯骄。约斯盗，骄斯乱。礼者，因人之情而为之节文[②]，以为民坊者也。故圣人之制富贵也，使民富不足以骄，贫不至于约，贵不慊于上[③]，故乱益亡[④]。”

【注释】

①斯：则，即。约：窘迫。

②节文：制度和仪节。

③慊：不满而怀恨。

④益：更。亡：通“无”。

【译文】

孔子说：“小人生活贫穷就会感到窘迫，生活富裕就有骄横之气。心态感到窘迫就会去盗窃，作风有骄横之气就要乱来。所以，礼就是顺应人之常情而制定的节制形式，用来作为人们的规范。所以圣人制定法度，使人们富裕而不至于骄横，贫穷而不至于窘迫，尊贵而不至于怨恨君上。所以犯上作乱的事就日益减少了。”

【原文】

子云：“贫而好乐，富而好礼，众而以宁者，天下其几矣[①]。《诗》云：‘民之贪乱，宁为荼毒。’故制国不过千乘，都城不过百雉，家富不过百乘。以此坊民，诸侯犹有畔者[②]。”

【注释】

①几：稀少。

②畔：通“叛”。

【译文】

孔子说："贫穷而能自得其乐，富贵而能谦恭好礼，家族人多势众而能安守本分，这样的人天下很少见哪！《诗经》上说：'人们一心想作乱，宁愿为灾祸。'所以按照规定，诸侯的国家兵车不能超过一千辆，都城的城墙不能超过百雉，大夫家的兵车也不能超过一百辆。用这种制度来加以防范，然而诸侯还是有反叛的。"

【原文】

子云："夫礼者，所以章疑别微，以为民坊者也。故贵贱有等，衣服有别，朝廷有位[①]，则民有所让。"子云："天无二日，土无二王，家无二主，尊无二上，示民有君臣之别也。《春秋》不称楚、越之王丧。礼，君不称天，大夫不称君，恐民之惑也。《诗》云：'相彼盍旦[②]，尚犹患之[③]。'"子云："君不与同姓同车，与异姓同车不同服，示民不嫌也。以此坊民，民犹得同姓以弑其君。"

【注释】

①朝廷有位：在朝廷上有固定的班位。

②相：看，视。

③患：厌恶。

【译文】

孔子说："礼，就是用来断定那些疑惑不清、隐微不明的事情，以此来对人们加以防范的。有了礼，贵贱就有了等级，衣服就有了差别，朝廷上有了定位，这样人们就会互相谦让。"孔子说："天上没有两个太阳，地上没有两个君王，一家没有两个主人，至尊的地位不能有两个。这就是向人们显示君臣的区别。《春秋》不记载僭越称王的楚、越两国国君的丧葬之事。礼法规定，对诸侯国君不能像天子那样称为'天'，对大夫也不能像诸侯那样称为'君'，这就是担心人民对上下关系产生误会。《诗经》中说：'看那夜里呼唤到天明的盍旦鸟，人们尚且讨厌它。'更何况那些僭称越分之人呢？"孔子说："国君不与同姓的人同乘一辆车，如果与不同姓的人同乘一辆车时，也要穿着不同的衣服，这是为了向人们显示区别而不致误会。用这样的方法来提防人们，人民还是有同姓族人杀害君王的。”

【原文】

子云：“君子辞贵不辞贱，辞富不辞贫，则乱益亡。故君子与其使食浮于人也[①]，宁使人浮于食。”

【注释】

①食：俸禄。浮：胜过。人：指人的才能。

【译文】

孔子说：“君子推辞显贵而不推辞卑贱，辞让财富而不辞让贫穷。那么作乱的事就日益减少了。所以，君子与其使俸禄超出个人的德才，倒不如使自己的德才超过自己所得的俸禄。”

【原文】

子云：“觞酒，豆肉，让而受恶[①]，民犹犯齿[②]。衽席之上[③]，让而坐下[④]，民犹犯贵。朝廷之位，让而就贱，民犹犯君。《诗》云：‘民之无良，相怨一方。受爵不让，至于已斯亡。’”

【注释】

①受恶：接受粗陋的一份。

②犯齿：冒犯年长的人。

③衽席：宴席。

④坐下：坐在下首。

【译文】

孔子说：“分配酒肉，应该反复推让，然后接受最差的一份；即使如此，而人们仍然有冒犯年长的。安排座次，再三辞让后坐在下位；即使如此，人们仍然会有冒犯尊贵的。朝廷的爵位，一再推让后接受较为卑贱的爵位；即使如此，人们仍然会有冒犯君上的。《诗经》上说：‘人们行为的不善良，互相抱怨于一方，接受爵位而不相让，轮到自己就这样善忘。’”

【原文】

子云：“君子贵人而贱己，先人而后己，则民作让。故称人之君曰君，自称其君曰寡君。”

【译文】

孔子说：“君子尊重别人而贬低自己，让别人在前面而自己在后面，这样人们就学会了谦让。所以称别人的国君为‘君’，而称自己的国君为‘寡君’。”

【注释】

①偝：背弃。

②托：信赖。

③号无告：呼号无所控告。

【原文】

子云：“利禄先死者而后生者，则民不偝[①]；先亡者而后存者，则民可以托[②]。《诗》云：‘先君之思，以畜寡人。’以此坊民，民犹偝死而号无告[③]。”

【译文】

孔子说：“利益和荣誉，先给死者，而后给生者。这样人们就不会背弃死者；先给为国事奔波在外的人，后给生活在国内的人，这样人们就会感到国君可以信托。《诗经》上说：‘你应该思念死去的先君，来劝勉我这个未亡人。’用这样的方法来对人们加以防范，而人们仍然会背弃死者，致使死者的家人悲呼哀号而无所控告。”

【注释】

①贱禄：不吝啬爵禄的颁发。

②约言：少说话。

③先言：事先说大话。

【原文】

子云：“有国家者，贵人而贱禄[①]，则民兴让；尚技而贱车，则民兴艺。故君子约言[②]，小人先言[③]。”

【译文】

孔子说：“掌管国家的人，尊重贤人而不吝啬颁发爵禄，于是人们就兴起了谦让之风；崇尚人的技能，而不吝啬赐以车服，那么人们便会学习技艺。所以君子是多做事，少说话；小人则是没做事，先说大话。”

【注释】

①酌：斟酌参考。

②刍荛：割草砍柴的人。

【原文】

子云：“上酌民言[①]，则下天上施。上不酌民言，则犯也；下不天上施，则乱也。故君子信让以莅百姓，则民之报礼重。《诗》云：‘先民有言，询于刍荛[②]。’”

【译文】

孔子说："在上位的人斟酌听取民众的意见，那下层的民众就会尊重在上位人的措施。在上位的人不听取民众的意见，民众就会违反君上的政令；民众不尊重在上位人的政令，国家就会混乱。所以君子用诚心谦让的态度来对待百姓，那民众也必定会以礼相报。《诗经》上说：'古人有遗训，在上者要向樵夫咨询。'"

【原文】

子云："善则称人，过则称己，则民不争。善则称人，过则称己，则怨益亡。《诗》云：'尔卜尔筮，体无咎言。'"子云："善则称人，过则称己，则民让善。《诗》云：'考卜惟王，度是镐京。惟龟正之，武王成之。'"子云："善则称君，过则称己，则民作忠。《君陈》曰：'尔有嘉谋嘉猷[①]，入告尔君于内，女乃顺之于外，曰：此谋此猷，惟我君之德。於乎[②]，是惟良显哉！"子云："善则称亲，过则称己，则民作孝。《大誓》曰：'予克纣，非予武，惟朕文考无罪。纣克予，非朕文考有罪，惟予小子无良。'"

【注释】

①猷：道，方法。

②於乎：同"呜呼"，感叹词。

【译文】

孔子说："有了功劳就归功于他人，有了过错就归咎于自己，那么人们就不会发生争执。有了功劳就归功于他人，有了过错就归咎于自己，那么怨恨就会日益减少。《诗经》上说：'你曾经诚挚地进行占卜、算卦，卦体上本无不吉利。'"孔子说："有了功劳就归功于他人，有了过错就归咎于自己，那么人们就会在功劳面前谦让。《诗经》上说：'武王向神问卜，决定定都镐京；神龟示其吉兆，于是武王完成大业。'"孔子说："有了功劳就归功于君王的领导，有了过错就归咎于自己的责任，那么人们就会兴起忠君之心。《君陈》上说：'你有好的主意、好的方法，进去告诉你的君主，君主采纳了，你再到外面去施行。'并且说：'这主意、这办法，都是出于我们君主的功德。'啊！这只有良臣才使国君显扬于世！”孔子说：“有了功劳就归功于自己的父母，有了过错就归咎于自己，那么人们便会兴起孝道。《大誓》上说：‘我打败商纣，并不是我的武功，而是由于我的父亲没有过错，如果商纣打败了我，那不是我父亲有所过错，而是我自己无能。’”

【注释】

①令：友善。

②绰绰：宽容的样子。

③瘉：病。

④广孝：推广孝道。

⑤同位：处于尊卑相同的地位。

⑥辟不辟：指为君不像君。

⑦忝：辱。

【原文】

子云：“君子弛其亲之过而敬其美。”《论语》曰：“三年无改于父之道，可谓孝矣。”高宗云：“三年其惟不言，言乃讙。”子云：“从命不忿，微谏不倦，劳而不怨，可谓孝矣。《诗》云：‘孝子不匮。’”子云：“睦于父母之党，可谓孝矣。故君子因睦以合族。《诗》云：‘此令兄弟[①]，绰绰有裕[②]。不令兄弟，交相为瘉[③]。’”子云：“于父之执，可以乘其车，不可以衣其衣，君子以广孝也[④]。”子云：“小人皆能养其亲，君子不敬，何以辨？”子云：“父子不同位[⑤]，以厚敬也。《书》云：‘厥辟不辟[⑥]，忝厥祖[⑦]。’”子云：“父母在，不称老，言孝不言慈。闺门之内，戏而不叹。君子以此坊民，民犹薄于孝而厚于慈。”子云：“长民者，朝廷敬老则民作孝。”子云：“祭祀之有尸也，宗庙之有主也，示民有事也。修宗庙，敬祀事，教民追孝也。以此坊民，民犹忘其亲。”

【译文】

孔子说：“君子要忘掉父母的过错，而敬重他们的美德。《论语》上说：“居丧三年仍不改变父亲生前做事的原则，那就可以算孝了。”所以高宗说：“在父亲死后三年内，不讨论政教。丧期一过，就发布政令，天下人都欣然接受。”孔子说：“服从父母的命令，而不怠慢，即使父母有过错，也要慢慢地、缓和地劝谏，而不厌倦，为侍奉父母，即使劳苦也毫无怨言，这样就可以称得上孝顺了。《诗经》上说：‘孝子的孝心是永不匮乏的。’”孔子说：“与父母同辈的人和睦相处，可以称得上孝了。所以君子就依靠这种和睦的态度来联合宗族。《诗经》上说：‘兄弟间互相友善，大家就轻松融洽；而兄弟之间不友善，则大家互相说坏话。'"孔子说："对于和父亲同辈的人，地位如和自己相等，自己就可以乘他的车子，但不能穿他的衣服。这就是把对父亲的孝敬推广到对父亲的同辈、朋友的孝敬。"孔子说："小人也能供养父母，如果君子只供养父母而不是孝敬，那同小人有什么区别呢？"孔子说："父亲和儿子不能处在尊卑相同的位置上，这是为了增强敬重父亲的孝心。《书经》上说：'身为君主而没有君主的尊严，那就污辱了他的祖先。'"孔子说："父母健在，儿子不应该称自己年老，只谈如何对父母的孝敬，不谈父母如何慈爱儿女。在家里只能以游戏使父母愉快，而不应该在父母面前唉声叹气。君子用这样的礼法来规范人们，人们还是缺乏孝敬之心而疼爱儿女之情深厚。"孔子说："作为民众的统治者，如果能在朝廷上尊敬老人，那么人民就会兴起孝敬的风气。"孔子说："祭祀时设有'尸'，宗庙里立有神位，是为了向人们显示所侍奉的对象。修建宗庙，恭敬地进行祭祀，是为了教导人民继续对死者保持孝心。即使用这样的方式来教导人们，人们还是有忘记自己亲人的。"

【原文】

子云："敬则用祭器。故君子不以菲废礼①，不以美没礼②。故食礼，主人亲馈则客祭，主人不亲馈则客不祭。故君子苟无礼，虽美不食焉。《易》曰：'东邻杀牛，不如西邻之禴祭实受其福。'《诗》云：'既醉以酒，既饱以德。'以此示民，民犹争利而忘义。"

【注释】

①菲：菲薄。

②没：超过。

【译文】

孔子说："为了表示对宾客的尊敬，就用祭祀所使用的祭器。所以君子不因物品菲薄而废弃了礼，也不因为物品丰美而超过礼的规定。按照食礼，主人亲自致送的酒食，客人进食之前要先行祭食之礼；不是主人亲自致送的酒食，客人进食前就不需要行祭食之礼了。所以君子对待不符合礼的人的食物，即使是丰美的物品也不食用。《易经》上说：‘东邻杀了牛举行大祭，倒不如西邻举行禴祭能切实得到神的福佑。’《诗经》上说：‘已经醉人的是酒，已经饱人的是德。’以此来指导人们，人们还是会争夺利益而忘记道义。”

【原文】

子云：“七日戒，三日齐，承一人焉以为尸[①]，过之者趋走，以教敬也。醴酒在室，醍酒在堂，澄酒在下，示民不淫也。尸饮三，众宾饮一，示民有上下也。因其酒肉，聚其宗族，以教民睦也。故堂上观乎室，堂下观乎上。《诗》云：‘礼仪卒度[②]，笑语卒获。’”

【注释】

①承：奉事。

②卒度：尽合于法度。卒，尽。

【译文】

孔子说：“七天散斋，三天致斋，届时来侍奉一个人，把他当做‘尸’。从他面前经过的人都要小步快走。这是用以教导人们要恭敬。祭祀当中，将醴酒放在室中，盛着红色酒的酒樽放在堂上，而将盛着清酒的酒樽放在堂下，这是为了教导人们不要贪酒。尸饮酒三次，众宾客才饮一次，这是为了向人们显示尊卑上下的区别。凭借祭祀的酒肉，聚集宗族里的人会餐，是为了教导人们和睦相处。所以堂上的人观看室内的人怎样行礼，作为榜样；而堂下的人观看堂上的人怎样行礼，作为榜样。《诗经》上说：‘礼仪尽合制度，笑语尽得分寸。’”

【原文】

子云：“宾礼每进以让。丧礼每加以远：浴于中霤[①]，饭于牖下，小敛于户内，大敛于阼，殡于客位，祖于庭，葬于墓，所以示远也。殷人吊于圹[②]，周人吊于家，示民不偝也[③]。”子云：“死，民之卒事也。吾从周。以此坊民，诸侯犹有薨而不葬者。”

【注释】

①中霤：室中。

②圹：墓穴。

③不偝：不忘记死者。

【译文】

孔子说："行迎宾之礼，每进一步都要相互谦让。行丧葬之礼，每进行一项丧事活动，死者离原寝处更远了：初死时，在室中为死者沐浴，为死者喂饭在窗下，为死者小殓就在门内，大殓就在堂上东阶的主位上，停柩则在堂上西阶，祖奠到宗庙中庭，最后埋葬在城外墓地，这都是用以表示死者离原寝处越来越远了。殷人到墓穴去吊丧，周人则在孝子家中吊丧，这是为了教导人们不背弃死者。"孔子说："死是人的最终一件事。我赞同周人的丧葬之礼，在孝子家中吊丧。用这样的礼仪来规范人们，但诸侯还是有死了不得安葬的情况。"

【原文】

子云："升自客阶，受吊于宾位，教民追孝也。未没丧，不称君，示民不争也。故鲁《春秋》记晋丧曰：'杀其君之子奚齐，及其君卓。'以此坊民，子犹有弑其父者。"

【译文】

孔子说："入葬后，儿子从西阶登堂，在宾位上接受吊唁，这是教导人们追孝亡亲。丧期未满，儿子不能称为'君'，这是向人们表示自己不与父亲争位。所以《春秋》记载晋国的丧事说：'里克杀了他的国君之子奚齐以及国君卓。'用上面说的方法防范人们，人们还有杀他父亲的。"

【原文】

子云："孝以事君，弟以事长，示民不贰也。故君子有君不谋仕[①]，唯卜之日称二君。丧父三年，丧君三年，示民不疑也。父母在，不敢有其身，不敢私其财，示民有上下也。故天子四海之内无客礼，莫敢为主焉。故君适其臣，升自阼阶[②]，即位于堂，示民不敢有其室也。父母在，馈献不及车马[③]，示民不敢专也。以此坊民，民犹忘其亲而贰其君。"

【注释】

①有君：君王尚在。

②阼阶：东阶，是主人站的位置。

③馈献：奉送礼物。

【译文】

孔子说："用孝顺父母之心来侍奉君主，用悌道来侍奉官长，这是教导人们对君长忠心不贰。所以君主的儿子在君主健在时，不谋求官职，只有在代替君主进行占卜时，才可以自称为君主的副位。为父亲居丧三年，同样，为君主也服丧三年，这是向人们显示对君主的尊敬是不容置疑的。父母健在，儿子不敢把身体看做属于自己的，不敢把财产看做个人私有的，这是向人们显示有尊卑上下的分别。所以天子在天下都不行客礼，因为没有人敢做他的主人。所以君主到臣子家里，要从主人的台阶登堂，在堂上主位就座，这是向民众显示做臣子的不能把家庭看做个人私有的。父母健在，做儿子的不可以用车马之类贵重财物来赠送他人，这是向人们显示做儿子的不敢专擅家产。即使用这些礼法来对人们加以防范，人们还是有忘记父母而对君主心怀二心的。"

【原文】

子云："礼之先币帛也，欲民之先事而后禄也。先财而后礼则民利，无辞而行情则民争①。故君子于有馈者，弗能见，则不视其馈。《易》曰：'不耕获，不菑畬②，凶。'以此坊民，民犹贵禄而贱行。"

【注释】

①行情：直率地按自己的心情行事。

②畬：已垦种三年的田。

【译文】

孔子说："先行相见之礼，然后送上币帛来表达情意，这是希望人们先做事而后求利禄。如果是先送财物，然后行礼，人民就会相互争夺。所以君子对于送礼物的人，如果不能与他相见，那礼物看也不必看了。《易经》上说：'不耕种就有收获，不开垦就有良田，这是不吉利的。'用这样的方法来对人们加以防范，人们还是重利禄而轻德行的。"

【原文】

子云："君子不尽利以遗民。《诗》云：'彼有遗秉，此有不敛穧①，伊寡妇之利。'故君子仕则不稼，田则不渔，食时不力珍，大夫不坐羊，士不坐犬②。《诗》云：'采葑采菲，无以下体。德音莫违③，及尔同死。'以此坊民，民犹忘义而争利，以亡其身。"

【注释】

①穧：割倒而未捆的禾。

②不坐羊、不坐犬：是指不得无故宰杀羊犬。

③德音：美好的誓言。

【译文】

孔子说："君子不把所有利益都搜刮干净，而是留些利益给人民。《诗经》上说：'那里有一把掉下来的禾，这里有几颗未收的谷物，这些是留给孤儿寡妇，让他们也得点利。'所以，君子做了官就不种田；种田的就不同时捕鱼，食用的食品不必要求山珍海味，大夫不可无故杀羊，士不可无故杀狗。《诗经》上说：'采葑又采菲，不要连根拔；美好的誓言不要违背，人们能与你同生共死。'用这样的道理来对人们加以防范，人们还是会争利而忘道义，以致丢了性命的。"

【原文】

子云："夫礼坊民所淫，章民之别，使民无嫌，以为民纪者也。故男女无媒不交，无币不相见①，恐男女之无别也。以此坊民，民犹有自献其身②。《诗》云：'伐柯如之何？匪斧不克。取妻如之何？匪媒不得。艺麻如之何③？横纵其亩。取妻如之何？必告父母。'"

【注释】

①币：指男女订婚时的聘礼。

②自献其身：私下以身相许。

③艺：种植。

【译文】

孔子说："礼是用来防止人们淫乱、向人们表明男女有别的，使人们不产生两性关系上的怀疑，从而成为人们的生活纪律。所以男女之间没有媒人，就不建立联系；没有订婚的礼物，彼此不得私自见面，这就是害怕男女无别、界限不清。虽然用这些礼法来对人们加以防范，人们还是有私自以身相许以求异性的。《诗经》上说：‘怎样才能砍柴？没有斧头不行。怎样才能娶妻？没有媒人不成。怎样才能种麻？田垄要竖直横平。怎样才能娶妻？必须向父母禀明。’”

【注释】

①厚别：强调差别。

【原文】

子云：“取妻不取同姓，以厚别也[①]。故买妾不知其姓，则卜之。以此坊民，鲁《春秋》犹去夫人之姓曰‘吴’，其死曰‘孟子卒’。”

【译文】

孔子说：“娶妻不娶同姓的女子，是为了强调血缘的区别。如果是买妾，不知道她的姓氏，就要通过占卜来决定是否适宜。用这样的礼法来规范人们，鲁昭公居然还娶同姓吴国女子为妻，以至于《春秋》记载此事，不称其姓，只说‘孟子卒’。”

【注释】

①交爵：互相敬酒。

【原文】

子云：“礼，非祭，男女不交爵[①]。以此坊民，阳侯犹杀缪侯，而窃其夫人。故大飨废夫人之礼。”

【译文】

孔子说：“礼中规定，除非祭祀的时候，男女不得在一起交杯敬酒。用这样的礼法来防范人们，阳侯居然还杀了缪侯，强占了他的夫人。所以此后就废止了夫人参加大飨礼。”

【注释】

①有见：指见到他有特别的才能和技艺。

②大故：重大事故，如病、死亡之类。

③民纪：百姓的榜样。

【原文】

子云：“寡妇之子，不有见焉[①]，则弗友也，君子以辟远也。故朋友之交，主人不在，不有大故[②]，则不入其门。以此坊民，民犹以色厚于德。”子云：“好德如好色。诸侯不下渔色。故君子远色以为民纪[③]。故男女授受不亲。御妇人则进左手。姑、姊妹、女子子已嫁而反[④]，男子不与同席而坐。寡妇不夜哭。妇人疾，

问之，不问其疾。以此坊民，民犹淫佚而乱于族。”

④女子子：即女儿。反：通“返”，指回娘家。

【译文】

孔子说：“寡妇的儿子，如果他不是确实有才能，就不要跟他交朋友，这是因为君子应该远避嫌疑。所以朋友之间交往，如果男主人不在家，又不是遇到死丧之类的大事，就不要进入他的家门。用这样的礼法来防范人们，人们还是把美色看得比美德更重。”孔子说：“人们喜好美德应该像喜好美色一样。诸侯不能在自己的国中挑选美女，所以，君子应该远离美色来为人们作出榜样。男女不能亲手接受东西。男子为女子驾驭马车，应该双手揽着缰绳而左手在前。姑姑、姊妹及女儿等人出嫁后回到娘家，家里的男子不可跟她们同席而坐。寡妇不能在夜间哭泣，以免招惹是非。妇人有病，男人慰问时，不要问她得的是什么病。用这样的礼来防范人们，人们仍然荒淫放纵，干出有违伦理的事。”

【原文】

子云：“昏礼，婿亲迎，见于舅姑。舅姑承子以授婿[①]，恐事之违也。以此坊民，妇犹有不至者[②]。”

【注释】

①承：进。

②不至：女子不肯跟随男方。

【译文】

孔子说：“按照婚礼的规定，娶亲时，女婿要亲自迎娶新娘，拜见岳父岳母。岳父岳母亲自把自己的女儿交给他，还担心女儿侍奉丈夫、公婆有失误的地方。用这样的礼来防范人们，还是有些女子做不到。”

中　庸

【原文】

天命之谓性[①]，率性之谓道[②]，修道之谓教。道也者，不可须臾离也，可离非道也。是故君子戒慎乎其所不睹，恐惧乎其所不闻，莫见乎隐，莫显乎微，故君子慎其独也。喜怒哀乐之未发谓之中[③]，发而皆中节谓之和[④]。中也者，天下之大本也[⑤]；和也者，天下之达道也。致中和，天地位焉，万物育焉。

【注释】

①天命：指天对人的赋予。性：指人的本性。

②率：循，顺着。

③中：指含而未发的内心情感。

④中：适合，符合。节：标准，规矩。

⑤大本：根本。

【译文】

天所给予人的禀赋叫做"性"，遵循天性发展叫做"道"，修明此道而加以推广叫做"教"。道，是片刻不可以离开的，可以离开的那就不是道了。所以君子警戒谨慎于别人看不到的地方，小心畏惧于别人听不到的地方。没有什么比隐蔽的东西更能说明问题，没有什么比在细微的小事更容易显露了。所以君子特别谨慎自己独处时的行为和思想。人们喜怒哀乐之情未曾发生时，叫做"中"；表现出来而符合节度恰到好处，就叫做"和"。中，是天下各种感情和道理的本源；和，是天下一切事物通行的道理。努力达到中和的境界，天地间一切事物就各正其位，万物都能发育生长了。

【原文】

仲尼曰："君子中庸，小人反中庸。君子之中庸也，君子而时中[①]。小人之中庸也，小人而无忌惮也。"

【注释】

①时中：时时处处符合中的要求。

【译文】

孔子说："君子的言行符合中庸之道，而小人的言行则违反中庸之道。君子的常守中道，表现为君子的言行时时都处在适中的位置上。小人的违反中道为小人的言论肆无忌惮。”

【原文】

子曰：“中庸其至矣乎，民鲜能久矣。”子曰：“道之不行也[1]，我知之矣：知者过之[2]，愚者不及也。道之不明也，我知之矣：贤者过之，不肖者不及也。人莫不饮食也，鲜能知味也。”子曰：“道其不行矣夫！”

【注释】

①道：谓中庸之道。

②知者：智者。知，通“智”。

【译文】

孔子说：“中庸的道德大概是至高无上的了，人们很少能长久地做到它。”孔子说：“中庸之道的道理之所以不能实行，我知道了：聪明人做得太过分，愚蠢人却达不到。中庸之道之所以不能为世人所知道，我也知道了：贤人的理解过了头，无才德的人又理解不了。人没有不吃不喝的，但很少有人能确实品出真的滋味。”孔子说：“中庸之道大概是很难广泛推行了吧！”

【原文】

子曰：“舜其大知也与。舜好问而好察迩言[1]，隐恶而扬善，执其两端，用其中于民[2]，其斯以为舜乎。”

【注释】

①迩言：浅近的言论。

②中：无过与无不及。

【译文】

孔子说：“舜大概算得上大智的人啊！舜喜欢向人求教，善于考察那些浅近的言论，对别人能掩藏其过错，而宣扬其好的方面；他掌握了两种不同的对立观点，而对民众采用中庸之道。这就是舜之为舜的缘故吧！”

【原文】

子曰：“人皆曰予知，驱而纳诸罟擭陷阱之中[1]，而莫之知辟也[2]。人皆曰予知，择乎中庸，而不能期月守也[3]。”

【注释】

①罟（gǔ）：罗网。擭(huò)：设有机关的捕兽木笼

②辟：通“避”，避开。

③期月：满一个月。

【译文】

孔子说："人们都说自己聪明，可是被人赶到网罗陷阱中去，没有人知道怎样逃避。人们都说自己聪明，可是选择了中庸之道，却连一个月都不能坚持实行。"

【原文】

子曰："回之为人也，择乎中庸，得一善，则拳拳服膺而弗失之矣[①]。"子曰："天下国家可均也，爵禄可辞也，白刃可蹈也，中庸不可能也。"

【注释】

①服膺：放在心上。膺，胸。

【译文】

孔子说："颜回的为人，认定了中庸之道，每得到一个好的思想，就牢牢地坚持着，放在心上，永不丢失。"孔子说："天下国家可以和别人平分共治，官爵俸禄可以辞掉，闪光的刀刃可以踩上去，要完全做到中庸之道却没那么容易。"

【原文】

子路问强[①]。子曰："南方之强与？北方之强与？抑而强与[②]？宽柔以教，不报无道，南方之强也，君子居之。衽金革[③]，死而不厌，北方之强也，而强者居之。故君子和而不流，强哉矫[④]！中立而不倚，强哉矫！国有道，不变塞焉，强哉矫！国无道，至死不变，强哉矫！"

【注释】

①强：刚强。

②抑：或者，抑或。而：通"尔"，你。

③衽金革：枕卧在兵甲上睡觉。衽，卧席。金革，指兵器和甲胄。

④矫：强壮的样子。

【译文】

子路问怎样才叫刚强。孔子说："你问的是南方人的刚强呢，还是北方人的刚强呢，或者还是你自己所谓的刚强呢？用宽容温柔的态度教诲别人，不对蛮横无理的人进行报复，这是南方人的刚强，君子就守着这样一种刚强。枕着刀枪、穿着盔甲睡觉，战死也无悔，这是北方人的刚强，强悍的人就守着这种刚强。君子与人和睦相处，但不同流合污，这才是真正的刚强啊！坚守中庸之道不偏不倚，这才是真正的刚强啊！国家治理有方，走在正确道路上时，君子不改变自己穷困时的操守，这才是真正的刚强啊！国家治理无方，他宁愿死也不改变自己的正确主张，这才是真正的刚强啊！”

【原文】

子曰：“素隐行怪[①]，后世有述焉，吾弗为之矣。君子遵道而行，半涂而废，吾弗能已矣。君子依乎中庸，遁世不见知而不悔，唯圣者能之。”

【注释】

①素隐行怪：追求隐蔽的生活，行动诡怪。素，求。

【译文】

孔子说：“寻求隐蔽的生活，行动诡异，即使后代有人称述，但我绝不这样做。君子遵循正道前进，（有人）往往半途而废，我是绝不能中途停止的。君子依照中庸之道，遁世隐居而不被人理解，也不后悔，这只有圣人才能做到这一点。”

【原文】

“君子之道，费而隐[①]。夫妇之愚，可以与知焉，及其至也，虽圣人亦有所不知焉；夫妇之不肖，可以能行焉，及其至也，虽圣人亦有所不能焉。天地之大也，人犹有所憾。故君子语大，天下莫能载焉；语小，天下莫能破焉[②]。《诗》云：‘鸢飞戾天[③]，鱼跃于渊。’言其上下察也。君子之道，造端乎夫妇，及其至也，察乎天地。”

【注释】

①费：运用广泛。隐：微妙难察。

②破：分析。

③鸢（yuān）：老鹰。戾：至。

【译文】

“君子所说的中庸之道，用途广泛却又微妙难察。平常男女虽然愚钝，但也能知晓其中的浅近道理。但到了极其深奥之处，即使圣人也会有所不知。平常的男女虽然没有才德，但也能实行一般的道理，但到了极其深奥之处，即使是圣人也有办不到的地方。天地那么大，人们对它还有所缺憾呢。所以君子说到大事来，天下没有人能够承担其任；说到小事来，天下没有人能够把它剖析开。《诗经》上说：'老鹰飞上高天，鱼儿潜入深渊。'就是说的中庸之道的人能够知晓天上地下。君子的中庸之道，开始于平常夫妇的见闻，至于它的全部道理，就能明察天地万物。"

【注释】

①睨：斜看。

②慥慥：真诚笃实的样子。

③陵：通"凌"，欺凌，凌驾。

④徼幸：寻求偶然的幸运。

【原文】

子曰："道不远人，人之为道而远人，不可以为道。《诗》云：'伐柯伐柯，其则不远。'执柯以伐柯，睨而视之[①]，犹以为远。故君子以人治人，改而止。忠恕违道不远，施诸己而不愿，亦勿施于人。君子之道四，丘未能一焉：所求乎子以事父，未能也；所求乎臣以事君，未能也；所求乎弟以事兄，未能也；所求乎朋友先施之，未能也。庸德之行，庸言之谨，有所不足不敢不勉，有余不敢尽，言顾行，行顾言，君子胡不慥慥尔[②]！君子素其位而行，不愿乎其外。素富贵行乎富贵，素贫贱行乎贫贱，素夷狄行乎夷狄，素患难行乎患难：君子无入而不自得焉。在上位不陵下[③]，在下位不援上，正己而不求于人，则无怨：上不怨天，下不尤人。故君子居易以俟命，小人行险以徼幸[④]。"

【译文】

孔子说："中庸之道并不是远离人们的。有人想要实行道，而使道远离人们，那就不可以谓之中庸之道了。《诗经》上说：'砍斧柄啊砍斧柄，样式就在你眼前。'手执斧头来砍削一个斧柄，眼睛一斜就可以看到样子，还以为远吗？所以君子就用做人之道治理有过错的人们，直到他改正为止。做到忠和恕，那就离中庸之道不远了。施加到自己身上而自己不愿意做的事，就不要再施加到别人身上去。君子之道有四个方面，我孔丘尚未做到其中之一：我要求儿子对我做到的尽孝，可我还未做到对我的父亲尽孝；我要求属下对我做到的尽忠，可我自己还未做到对我的国君尽忠；我要求弟弟对我做到的，我先要能对我哥哥做到，可我未能完全这样做；我要求朋友对我做到的讲信义，我先要对我的朋友做到，可我自己还未能完全做到。在平常品德的实践、日常言论的谨慎方面，如果有不足之处，我不敢不努力去弥补；有长于别人的地方不敢完全显露。说话要顾及是否能实行，行为也要顾及是否与言论相符。君子能做到这一点，岂不是真诚笃实吗？君子根据自己现在所处的地位而行动，不羡慕自己地位之外的事。现在处在富贵的地位，就做富贵者该做的事；现在处在贫贱的地位，就做贫贱者该做的事；现在处在夷狄的地位，就做夷狄该做的事；现在处在患难中，就做患难中该做的事：君子无论到了什么地方，都能自得其乐。君子身居高位，就不会欺凌压迫下面的人；而身居下位，也不攀附、巴结上面的人，端正自己的行为而不乞求于别人，这样就无所怨恨了：对上不怨恨天命，对下不责怪别人。所以，君子守着平安的境地等待机遇，而小人进行冒险来寻求幸运。”

【原文】

子曰：“射有似乎君子：失诸正鹄，反求诸其身。君子之道，辟如行远必自迩，辟如登高必自卑。《诗》曰：‘妻子好合，如鼓瑟琴。兄弟既翕，和乐且耽①。宜尔室家，乐尔妻帑。’”子曰：“父母其顺矣乎！”

【注释】

①耽：深沉。

【译文】

孔子说：“射箭的方法跟君子的修养有相似之处：射不中靶子，就要回过头来在自己身上寻求技艺上的失误。君子的修养方法，又好比长途跋涉，一定要从近处起步；好比攀登高峰，一定要从低处开始。《诗经》上说：‘夫妻和好，就如同琴瑟和谐；兄弟融洽，和乐而且情深；搞好你的家庭，热爱你的妻子儿女。’”孔子说：“这样，父母也就顺心如意了。”

【原文】

【注释】

①齐明：斋戒沐浴。齐，通“斋”。盛服：穿戴隆重的礼服礼冠。

②洋洋：流动充满的样子。

③矧：何况。射：厌怠。

子曰：“鬼神之为德，其盛矣乎！视之而弗见，听之而弗闻，体物而不可遗，使天下之人齐明盛服[①]，以承祭祀，洋洋乎如在其上[②]，如在其左右。《诗》曰：‘神之格思，不可度思，矧可射思[③]！’夫微之显，诚之不可掩，如此夫！”

【译文】

孔子说：“鬼神所发挥的功德，那真是盛大啊！虽然看也看不见，听也听不到，但他的功德体现在一切事物上无所遗漏，使天下的人都斋戒沐浴，整齐地穿上庄重的礼服，来恭敬地祭祀，好像到处都充满、流动着鬼神的灵气，仿佛就在人们的头上，就在人们的左右。《诗经》上说：‘神的降临，不可预料，又怎能怠慢呢！’神是既隐蔽微妙，又显赫明著，其实诚信是这样不可掩蔽呀！”

【注释】

①笃：厚重，加强。

②申：加重。

【原文】

子曰：“舜其大孝也与。德为圣人，尊为天子，富有四海之内，宗庙飨之，子孙保之。故大德必得其位，必得其禄，必得其名，必得其寿。故天之生物，必因其材而笃焉[①]。故栽者培之，倾者覆之。《诗》曰：‘嘉乐君子，宪宪令德。宜民宜人，受禄于天。保佑命之，自天申之[②]。’故大德者必受命。”

【译文】

孔子说：“舜真是大孝啊！讲品德堪称圣人，讲尊贵他尊为天子，讲财富他拥有四海之内的一切，宗庙里供奉他，子子孙孙永远祭祀他。所以有大德的人必定得到相应的地位，相应的厚禄，相应的名誉，必能获得长寿。可见天生育万物，必定是依照万物不同的材质而分别对待的。可以栽培的就加以培植，要倾覆的就让它覆没。《诗经》上说：‘善良快乐的君子，美好品德多么辉煌，庶民百官都适宜，接受上天赐予的福禄，老天保佑他，并授命给他，加重他的福禄。’所以有大德的人必定能秉受天命。”

【原文】

子曰："无忧者，其唯文王乎。以王季为父，以武王为子，父作之，子述之。武王缵大王、王季、文王之绪①，一戎衣而有天下。身不失天下之显名，尊为天子，富有四海之内，宗庙飨之，子孙保之。武王末受命，周公成文、武之德②，追王大王、王季③，上祀先公以天子之礼。斯礼也，达乎诸侯、大夫，及士、庶人：父为大夫，子为士，葬以大夫，祭以士；父为士，子为大夫，葬以士，祭以大夫；期之丧达乎大夫，三年之丧达乎天子，父母之丧无贵贱一也。"

【注释】

①缵：继承。绪：事业。

②成：成就，完成。

③追王：追封为王。

【译文】

孔子说："没有忧愁的人大概只有周文王了。他有王季做父亲，有武王做儿子。父亲创业在前，儿子继承在后。武王继承了大王、王季、文王的功业，消灭了殷纣而取得了天下，武王得到了显赫于天下的美名。地位尊为天子，财富拥有四海之内的一切。后世建宗庙供奉他，子孙永远祭祀他。武王晚年接受天命，周公最后完成文王、武王的功业，追封太王、王季为王，又用天子之礼祭祀历代祖宗。并将这种礼法推广到诸侯、大夫以及士、庶人中：凡父亲身为大夫、儿子身为士，父亲死了，就用大夫之礼来安葬，用士之礼来祭祀；父亲是士，儿子是大夫，就用士礼安葬，用大夫之礼祭祀；（为旁亲）服齐衰之丧，实行到大夫为止；为父母服三年的丧期，实行到天子；对父母的服丧，无论身份贵贱，服期都是一样。"

【原文】

子曰："武王、周公其达孝矣乎。夫孝者，善继人之志，善述人之事者也。春秋修其祖庙①，陈其宗器②，设其裳衣，荐其时食③。宗庙之礼，所以序昭穆也；序爵④，所以辨贵贱也；序事，所以辨贤也；旅酬下为上⑤，所以逮贱也；燕毛，所以序齿也。践其位，行其礼，奏其乐，敬其所尊，爱其所亲，事死如事

【注释】

①修：修整，打扫。

②陈：陈设。宗器：指祭器。

③荐：进献，供奉。

④序爵：按爵位高低排列次序。

⑤旅酬：众人依次酬饮。

生，事亡如事存，孝之至也。郊社之礼，所以事上帝也。宗庙之礼，所以祀乎其先也。明乎郊社之礼，禘尝之义，治国其如示诸掌乎。”

【译文】

孔子说：“武王、周公可以说达到通孝了吧！这种孝，就是善于继承先人的遗志，善于完成先人的事业。每逢春秋季节，修整祖庙，陈列先人的祭器，摆设先人的衣裳，供奉时令食品。宗庙中的祭礼，就是要用来排列左昭右穆各个辈分的。按照爵位排列次序，是用以辨别身份贵贱的；安排祭中各项职事，是用以辨别子孙才能的高下。旅酬时，尊者酬卑者，是为了使地位卑贱的人也能参加宴饮。宴饮时按年龄排座位，是用以排列年龄大小的次序。站在自己的位置，举行祭祀之礼，演奏祭祀的音乐，对尊者表示敬意，对亲人表示爱戴；侍奉死者如同侍奉活人一样，祭祀亡灵如同侍奉他在世时一样，这真是孝的最高表现。祭祀天地之礼，是用来侍奉上帝（和地神）的；宗庙之礼，是用来祭祀自己祖先的。明白了祭天祭地之礼，懂得了四时进行祭礼的意义，那么，治理国家如同观看自己掌中事物一样的清楚明了了。”

【原文】

天下之达道五，所以行之者三，曰：君臣也，父子也，夫妇也，昆弟也，朋友之交也，五者天下之达道也；知、仁、勇三者，天下之达德也，所以行之者一也。或生而知之，或学而知之，或困而知之：及其知之一也。或安而行之，或利而行之，或勉强而行之，及其成功一也。

【译文】

天下的通理有五条，用来实践这五条道理的有三德，就是：君臣关系、父子关系、夫妻关系、兄弟关系、朋友交往，这五条是天下的通理。智、仁、勇，这三项是天下的通德，是用以推行五理的。有的人是生来就知晓这些道理的，有的人则须经过学习才能知晓，还有的人是经历了困苦之后才知晓的：等到他们都知晓了也就一样了。有的人是心安理得地去实践这些道理，有的人为了名利才去实践，还有的人是勉强地去实践，等到他们都实践成功的时候也就一样了。

【原文】

子曰："好学近乎知，力行近乎仁，知耻近乎勇。知斯三者则知所以修身，知所以修身则知所以治人，知所以治人则知所以治天下国家矣。凡为天下国家有九经[①]，曰修身也，尊贤也，亲亲也，敬大臣也，体群臣也[②]，子庶民也[③]，来百工也[④]，柔远人也，怀诸侯也[⑤]。修身则道立，尊贤则不惑，亲亲则诸父、昆弟不怨，敬大臣则不眩，体群臣则士之报礼重，子庶民则百姓劝，来百工则财用足，柔远人则四方归之，怀诸侯则天下畏之。齐明盛服，非礼不动，所以修身也；去谗远色，贱货而贵德[⑥]，所以劝贤也；尊其位，重其禄，同其好恶，所以劝亲亲也；官盛任使，所以劝大臣也；忠信重禄，所以劝士也；时使薄敛[⑦]，所以劝百姓也；日省月试，既廪称事[⑧]，所以劝百工也；送往迎来，嘉善而矜不能，所以柔远人也；继绝世，举废国，治乱持危，朝聘以时，厚往而薄来，所以怀诸侯也。凡为天下国家有九经，所以行之者一也：凡事预则立，不预则废。言前定则不跲[⑨]，事前定则不困，行前定则不疚[⑩]，道前定则不穷。在下位不获乎上[⑪]，民不可得而治矣；获乎上有道，不信乎朋友，不获乎上矣；信乎朋友有道，不顺乎亲，不信乎朋友矣；顺乎亲有道，反诸身不诚，不顺乎亲矣；诚身有道，不明乎善，不诚乎身矣。诚者，天之道也；诚之者，人之道也。诚者不勉而中，不思而得，从容中道，圣人也。诚之者，择善而固执之者也。博学之，审问之，慎思之，明辨之，笃行之。有弗学，学之弗能，弗措也[⑫]；有弗问，问之弗知，弗措也；有弗思，思之弗得，弗措也；有弗辨，辨之弗明，弗措也；有弗行，

【注释】

①为：治理。九经：九条常规。

②体：体恤。

③子：爱。庶民：百姓。

④来百工：劝勉各种工匠。

⑤怀：安抚。

⑥货：财货。

⑦时使：役使有时。薄敛：减轻赋税。

⑧既廪（xìlǐn）称事：给的俸禄与其工作匹配。既，通"饩"。称，相称。

⑨跲（jiá）：绊倒。

⑩疚：忧虑。

⑪获乎上：得到上级的信任。

⑫措：放弃。

行之弗笃，弗措也。人一能之，己百之；人十能之，己千之。果能此道矣，虽愚必明，虽柔必强。”

【译文】

孔子说：“爱好学习就接近于智了，努力实行就接近于仁了，知道羞耻就接近于勇了。知道这三点的人，就知道怎样修养自身了；知道怎样修养自身，就知道怎样治理别人了；知道怎样治理别人，就知道怎样治理天下国家了。治理天下国家有九条纲领：修养自身，尊重贤人，爱戴亲人，尊敬大臣，体恤群臣，爱护民众，鼓励工匠，怀柔四夷，安抚诸侯。修养自身，那么道德就能确立；尊重贤人，那么遇事就不会昏聩；爱戴亲人，那么父辈和兄弟就不会产生怨恨；尊敬大臣，做事就不会紊乱；体恤群臣，那么士人就会以礼相报；爱护民众，那么百姓就会更加努力侍奉君上；鼓励工匠，那么财物用品就会充足；怀柔四夷，那么四方的人就会闻讯归顺朝廷；安抚各路诸侯，那么天下的人就会敬畏朝廷。斋戒沐浴身着盛装，不做不符合礼法的事，这是用以修身的。远离谗言和美色，鄙视财货，而看重道德，这是用来劝勉贤人的方法。提高他们的爵位，增加他们的俸禄，统一他们的爱好和厌恶，这是用以劝勉他们爱戴亲人的方法。给大臣安排众多的属官，供他们使用，这是用以奖励大臣的。给予信任，加重俸禄，这是用以奖励士人的。适时使用，减少征税，这是用以奖励百姓的。每日省察，每月考核，按照其功劳大小发放口粮，这是用以奖励各种工匠的。派人送往迎来，表彰有善行的人，同情无能的人，这是用以优待远方之人的。延续断绝了的诸侯，恢复灭亡了的小国；为之平治内乱，扶持危亡，让诸侯按时来朝见聘问，天子赏赐的财物要厚重，而减少诸侯贡纳的礼物，这是用来安抚诸侯的方法。治理天下国家有九条纲领，而用以实行这九条纲领的方法只有一个，那就是：凡事预先计划好就能成功；不预先计划好就会失败。说话之前要先想好，到时就不会栽跟头；做事之前要先打定主意，到时就不会困窘；行动之前要先打定主意，到时就不会走投无路。处在下位的人，如果得不到上位人的信任，那就不可能治理好民众了。获得上级的信任是有方法的：如果不能取信于朋友，那就不能得到上面人的信任。想取信于朋友也是有一定的方法的：如果不能孝顺父母，那就不能取信于朋友了。孝顺父母也是有一定方法的：如果反省自身不能至诚，那就不能孝顺父母了。自身诚实也是有一定方法的：如果不明白什么是善，那就不能自身诚实了。真诚，是天的德行；使自身真诚，是人的德行。天生至诚的人，是不必勉强而处世就能合理的，不必思虑而言行就能得当，自然而然地就能达到道的要求，这只有圣人才能做到。通过实践达到诚，就是选择了善道并且紧抓不放。这种人就要广泛地学习，详细地探究，谨慎地思考，明晰地分辨，坚定地实行。有的知识要么不学，一旦去学，学不成就不放弃。有的知识要么不问，一旦去问，不理解就不放弃。有的事情要么不思考，一旦思考，没有所得就不放弃。有的疑点要么不辨析，一旦辨析，不辨个明白就不放弃。有的工作要么不实行，一旦实行，不切实就不放弃。别人付出一分努力就能达到的，我要付出百分努力；别人付出十分努力能做到的，我就付出千分努力。如果能照这个方法去做，那么，即使是愚蠢的人也一定会变得聪明，即使是柔弱的人也一定会变得刚强。”

【原文】

自诚明，谓之性；自明诚，谓之教。诚则明矣，明则诚矣。

【译文】

由内心诚实从而明达事理，这就是先天的本性；由明察事理而导致诚实的，则是后天的教化。真诚就一定能使人明白事理，明白事理也一定能导致真诚。

【原文】

唯天下至诚，为能尽其性[①]，能尽其性，则能尽人之性；能

【注释】

①尽其性：充分实现天赋的本性。

②与天地参：与天地并列为三。

尽人之性，则能尽物之性；能尽物之性，则可以赞天地之化育；可以赞天地之化育，则可以与天地参矣[②]。

【译文】

只有具备了天下至诚的人，才能充分发挥自己的天性；能够充分发挥自己的天性，才能够充分发挥人的天性；能充分发挥人的天性，才能够充分发挥万物的本性；能够充分发挥万物的天性，就可以帮助天地化育万物；能够帮助天地化育万物，就可以与天地相参配了。

【原文】

其次致曲[①]。曲能有诚，诚则形[②]，形则著[③]，著则明[④]，明则动[⑤]，动则变[⑥]，变则化。唯天下至诚为能化。

【注释】

①致：推究。曲：指事物的某一个方面，大道的某一个细节。

②形：表现出来。

③著：显著。

④明：光明。

⑤动：感动人心。

⑥变：指弃恶从善。

【译文】

其次是将真诚推至细小的事情上。在细小的事情上能够真诚，真诚就会体现于外，有所体现就会日益显著，日益显著就会发出光明，发出光明就会感动人心，感动人心就能引起变化，使人转变就能完成教化。只有达到天下至诚的人，才能完成教化。

【原文】

至诚之道，可以前知。国家将兴，必有祯祥[①]；国家将亡，必有妖孽[②]。见乎蓍龟[③]，动乎四体，祸福将至，善必先知之，不善必先知之。故至诚如神。

【注释】

①祯祥：指吉祥的征兆。

②妖孽：指凶兆。

③见：通“现”。

【译文】

掌握最真诚的德行，就可以预测未来。国家将要兴盛，必定会出现吉祥的征兆。国家将要灭亡，必定会出现灾祸的萌芽。这些预兆都会在占卜中显示出来，在人们的举止动作中体现出来。祸福将要到来时，好事一定能预先知道，坏事也一定能预先知道。所以说掌握至诚的人就如同神明一样先知先觉。

【原文】

诚者自成也，而道自道也。诚者物之终始，不诚无物。是故君子诚之为贵。诚者非自成己而已也，所以成物也。成己，仁也；成物，知也。性之德也，合外内之道也，故时措之宜也。故至诚无息，不息则久，久则征[①]，征则悠远，悠远则博厚，博厚则高明。博厚所以载物也，高明所以覆物也，悠久所以成物也。博厚配地，高明配天，悠久无疆。如此者，不见而章，不动而变，无为而成。天地之道可一言而尽也：其为物不贰，则其生物不测。天地之道博也，厚也，高也，明也，悠也，久也。

【注释】

①征：效验。

【译文】

诚是自己完成的，而道是自己运行的。诚贯穿于一切事物的始终，没有诚就没有事物，所以君子以诚为贵。至诚的人不仅自我完善而已，同时要用以成就事物。自我完善，就叫做“仁”；成就事物，就叫做“智”。仁、智两者都是本性共有的品德，也是内外之道结合的方式，所以随时应用都能适宜。所以最高的诚是永不止息的，不停息就能长久，长久就能验证，有了验证就能悠久无穷，悠久无穷就能广博深厚，广博深厚就能高大光明。广博深厚就可以承载万物，高大光明就可以覆盖万物，悠久无穷就可以成就万物的生长。广博深厚可以与地相配，高大光明可以与天相配，悠久无穷如同时间一样无穷无尽。如果这样，那么不用自我展现就已经很彰明了，不必行动，自然就能变化万物；无所作为，自然就能获得成功。天地的道理可以用一个字概括：这就是“诚”。天地真诚不贰，那么其生长万物的奥秘就神奇莫测了。天地的道理，真是广博、厚重、高大、光明、悠久、无穷啊！

【原文】

【注释】

①昭昭：一点光明。

②振：收容。

③一卷石：拳头大的石头。卷，通“拳”。

今夫天，斯昭昭之多[1]，及其无穷也，日月星辰系焉，万物覆焉。今夫地，一撮土之多，及其广厚，载华岳而不重，振河海而不泄[2]，万物载焉。今夫山，一卷石之多[3]，及其广大，草木生之，禽兽居之，宝藏兴焉。今夫水，一勺之多，及其不测，鼋、鼍、蛟、龙、鱼、鳖生焉，货财殖焉。《诗》曰："维天之命，于穆不已！"盖曰天之所以为天也。"於乎不显，文王之德之纯。"盖曰文王之所以为"文"也，纯亦不已。

【译文】

且说这个天，当初看上去只不过这么一点点光亮，但论及它的无穷，上面悬挂着日月星辰，下面覆盖着万事万物。且说这个地，当初只不过是一撮一撮的土组成的，但论及它的广阔和深厚，承载着华山而不觉沉重，收容了河海却不漏掉一滴水，上面承载着万物。再说这个山，当初只不过是一块块小石头组成，但论及它的高大，草木生长，禽兽居住，连宝藏也是从山内开发的。再说这个水，当初只不过是一瓢一瓢的水组成的，但论及它的深广不测，却生长着鼋、鼍、蛟、龙、鱼、鳖，生殖着这无尽的财富。《诗经》上说："只有上天的道理，美好无比，永无止境。"这大概就是说的天之所以成为天的道理。"宏大光明，文王之德，多么纯净"，这大概就是说明文王之所以被命名为"文王"的道理，是他的品德真诚纯洁，像天地一样永无止境地运行不已。

【原文】

大哉，圣人之道！洋洋乎[1]，发育万物，峻极于天。优优大哉[2]！礼仪三百，威仪三千，待其人然后行。故曰"苟不至德，至道不凝焉[3]"。故君子尊德性而道问学，致广大而尽精微，极高明而道中庸，温故而知新，敦厚以崇礼。是故居上不骄[4]，为下不倍[5]，国有道其言足以兴，国无道其默足以容。《诗》曰："既明且哲，以保其身。"其此之谓与。

【注释】

①洋洋：充沛广大的样子。

②优优：充足有余的样子。

③凝：聚集，形成。

④不骄：对下不骄傲。

⑤不倍：对上不违逆。

【译文】

多么伟大啊，圣人的道理！它广博无边，发育着万物；它高大无比，可以与天并齐。多么充足宽裕啊！大的礼仪约有三百，礼的细节有三千，等待那真正的贤人出来然后施行。所以说，“假如不是具备最高的德行，那最伟大的道理就不会凝聚形成”。所以君子一定要尊重先天的道德本性而从事学问；既遍有广大宽宏的领域，又尽心于精妙细微之处；既达到高明的境界，又遵循着中庸之道。温习旧知识，以便进一步探求新知识；加强道德修养，使道德更加深厚，用以崇尚礼。所以君子身居高位而不骄横傲慢，身为臣下而不悖逆。国君治国有方，他的言论足以振兴社会；国君治国无方，他的沉默足以避祸容身。《诗经》上说：“精明而又智慧，可以保全自身。”大概说的就是这种处世态度吧。

【原文】

子曰：“愚而好自用，贱而好自专，生乎今之世反古之道[①]，如此者，灾及其身者也。”非天子不议礼，不制度，不考文。今天下车同轨，书同文，行同伦。虽有其位，苟无其德，不敢作礼乐焉。虽有其德，苟无其位，亦不敢作礼乐焉。

【注释】

①反：通“返”，恢复。

【译文】

孔子说：“愚昧而又喜欢刚愎自用，卑贱而又喜欢独断专行，生活在现在的社会，却偏要恢复古代的治国方针，像这样的人，灾难就会降到他们的身上。”不是天子，就不应该议论礼，不得制定法度，不得考订文字。当今天下统一，车轨的距离相同，书写的文字相同，行为准则也相同。虽然身有天子的地位，如果没有圣人的道德，仍然是不敢制礼作乐的。同样，虽然有圣人的道德，如果没有天子的地位，也不敢随便制礼作乐。

【原文】

子曰：“吾说夏礼，杞不足征也。吾学殷礼，有宋存焉。吾

【注释】

①寡过：少犯过错。

②本诸身：从自身做起。

③质：质问，质询。

④法：法则。

⑤则：规矩。

⑥射(yì)：通“厌”。

学周礼，今用之，吾从周。”王天下有三重焉，其寡过矣乎[①]。上焉者，虽善无征，无征不信，不信民弗从；下焉者，虽善不尊，不尊不信，不信民弗从。故君子之道，本诸身[②]，征诸庶民，考诸三王而不缪，建诸天地而不悖，质诸鬼神而无疑，百世以俟圣人而不惑。质诸鬼神而无疑[③]，知天也；百世以俟圣人而不惑，知人也。是故君子动而世为天下道，行而世为天下法[④]，言而世为天下则[⑤]，远之则有望，近之则不厌。《诗》曰：“在彼无恶，在此无射[⑥]。庶几夙夜，以永终誉。”君子未有不如此而蚤有誉于天下者也。

【译文】

孔子说：“我述说夏代之礼，但夏朝的后代杞国，却不足以考证。我学习殷代之礼，如今还有殷朝后代宋国存在。我学习周代之礼，那正是今天我们正实行着的，所以我遵从周礼。”治理天下的人能把握夏商周三代的礼，大概就很少会有过错了。前代的礼虽然好，但无法验证；无法验证，就不能使人相信；不能使人相信，那人们就不会遵从。身在下位的人所提倡的礼虽然好，但自己地位不尊，所以他制定的礼没有权威，没有权威那么人们也就不会遵从。所以君王制定礼法，是以自身的德行为根本，在民众中得到验证，与三王的立法没有差错，建立于天地之间而不违背自然，对证于鬼神而心无疑虑，等到千百年以后的圣人来验证也没有疑惑。之所以对证于鬼神而心无疑虑，这是由于自己通晓天理；让千百年以后的圣人验证而没有疑惑，这是由于通晓人情。所以君子的一切举动，都能世世代代作为天下的楷模；国君的行为，都能世世代代让天下人效仿；国君的言论都能世世代代作为天下人的法则。离国君远的人就会感到十分渴望，离国君近的人也永无厌倦之意。《诗经》上说：“在那里没有人怨恨，在这里没有人厌倦，几乎日夜不懈怠，以永葆好声誉。”身居上位的人没有不这样做而能早有声誉于天下的。

【原文】

仲尼祖述尧、舜，宪章文、武，上律天时①，下袭水土②。辟如天地之无不持载、无不覆帱③，辟如四时之错行④，如日月之代明。万物并育而不相害，道并行而不相悖，小德川流，大德敦化，此天地之所以为大也。

【注释】

①律：取法。

②袭：因顺，适应。

③帱(dào)：覆盖。

④错行：循环运行。

【译文】

仲尼远承尧舜的传统，近取文王、武王的法则，上顺天时变化规律，下因循着地理。圣人之德好比天地那样，没有什么装载不下的，也没有什么覆盖不了的。好比四季的交替运行，日月的交替照耀，万物共同发育，而不互相妨害；各种规律一并施行，而不互相违背。小德像条条河流，奔流不息；大德敦厚化育之功，无穷无尽。这就是天地之所以伟大之处。

【原文】

唯天下至圣，为能聪明睿知足以有临也，宽裕温柔足以有容也，发强刚毅足以有执也①，齐庄中正足以有敬也，文理密察足以有别也。溥博渊泉②，而时出之。溥博如天，渊泉如渊，见而民莫不敬，言而民莫不信，行而民莫不悦。是以声名洋溢乎中国，施及蛮貊，舟车所至，人力所通，天之所覆，地之所载，日月所照，霜露所队③，凡有血气者，莫不尊亲，故曰配天。

【注释】

①执：主持，决断。

②溥博：周遍广阔。渊泉：深渊。

③队：通“坠”，坠落。

【译文】

唯有天下最伟大的圣人，才能做到聪明智慧，足以君临天下；宽广充裕，温和柔顺，足以包容天下；精神奋发，刚毅果断，足以决断国政；仪态恭敬庄重，中和公正，足以令人敬畏；文章条理，缜密明察，足以辨别是非曲直。圣人的德行广博而深沉，深沉如同深潭一样。每当他一出现，人们没有不崇敬的，他一说话，人们没有不信服的，他一做事，人们没有不喜悦的，所以他的美好名声充盈了整个中国，并传播到异族。凡是车船能到达的地方，人力能通行的地方，天所覆盖、地所承受的地方，日月所照耀的地方，霜露所坠落的地方，凡是一切有生命血气的人，没有不尊敬他、亲近他的。所以说圣人之德行可以与天相配。

【原文】

唯天下至诚，为能经纶天下之大经[①]，立天下之大本，知天地之化育。夫焉有所倚？肫肫其仁[②]！渊渊其渊[③]！浩浩其天！苟不固聪明圣知达天德者，其孰能知之？

【注释】

①经纶：规划。

②肫肫：诚恳的样子。

③渊渊：深沉的样子。

【译文】

唯有天下最真诚的人，才能规划天下的大纲领，确立天下的根本，知晓天地的化育之功。他哪里还需要依赖其他事物？他的仁爱是多么诚恳，他的思想像渊水一样深沉，他的胸襟像天空一样浩荡。如果不是确实聪明智慧、道德通天的人，谁又能真正理解他呢？

【原文】

《诗》曰："衣锦尚絅。"恶其文之著也。故君子之道，暗然而日章，小人之道的然而日亡[①]。君子之道淡而不厌，简而文，温而理，知远之近，知风之自，知微之显，可与入德矣。《诗》云："潜虽伏矣，亦孔之昭。"故君子内省不疚，无恶于志。君子之所不可及者，其唯人之所不见乎。《诗》云："相在尔室，尚不愧于屋漏[②]。"故君子不动而敬，不言而信。《诗》曰："奏假无言，时靡有争。"是故君子不赏而民劝，不怒而民威于鈇钺。《诗》曰："不显惟德，百辟其刑之。"是故君子笃恭而天下平。《诗》云："予怀明德，不大声以色[③]。"子曰："声色之于以化民。末也。"《诗》曰："德輶如毛。"毛犹有伦，"上天之载，无声无臭[④]"，至矣。

【注释】

①的然：鲜明的样子。

②不愧于屋漏：意谓即使在无人看见的情况下，一个人独处室中，面对空壁，也不做有愧于心的事。

③大声以色：发出严厉的声音，摆出严肃的面孔。

④臭：气味。

【译文】

《诗经》上说："锦袍穿在内，外面罩上单衣。"这就是厌恶锦服的文采过于显露。所以君子之道，开始时虽然暗淡，却一天天逐渐显示出内在的光辉；小人之道表面虽然鲜艳，却一天天逐渐失去外表的光彩。君子之道，清淡而不使人厌倦，简朴而有文采，温和而有条理。如果知道由远及近的道理，知道风气的形成是来自哪里，知道事物总是从微小走向显著，这样就可以进入圣德的境界了。《诗经》上说："鱼儿潜伏在水中，但也被看得很分明。"所以君子反省自己，也就无愧于心了。君子有常人所不能达到的，大概就在这种别人所看不见的地方吧！《诗经》上说："看你独自在屋里的时候，也能光明无愧于心。"所以君子尚未动作，就得到人们的崇敬；尚未说话，就能得到人们的信任。《诗经》上说："奏起大乐默无声，此刻大家没有喧争。"所以君子不必行赏，而民众就已经相互鼓励；不必发怒，而民众对他的敬畏就已经超过了对刑戮的畏惧。《诗经》上说："多么光辉的德行，诸侯都要来效法。"所以君子只要笃实恭敬，天下就自然太平。《诗经》上说："我怀念文王的美德，他从不靠声色吓唬人。"孔子说："依靠严厉的声色来教化民众，那是最下等的方法。"《诗经》上说："用德教民轻易得如同举毫毛。"然而羽毛还是有类可比、可以形容的东西。而"上天生万物，无声又臭"，这才是德的最高境界呀！

表 记

【注释】

① 择（dù）言：坏话。择，通“殬”。

【原文】

子言之：“归乎！君子隐而显，不矜而庄，不厉而威，不言而信。”子曰：“君子不失足于人，不失色于人，不失口于人。是故君子貌足畏也，色足惮也，言足信也。《甫刑》曰：‘敬忌而罔有择言在躬[①]。’”

【译文】

孔子说：“回去吧！君子即使隐居山林，他的名声也会远扬四方的；不需故作矜持之态，神情却自然庄重；不曾严厉，但威仪使人敬畏；不必多说话，就得到别人的信任。”孔子说：“君子，对人的一举一动没有失礼的地方，对人的一颦一笑没有失礼的地方，对人的一言一语也没有失礼的地方。所以君子的仪容足以使人畏服，神色足以使人害怕，言语足以使人信任。《甫刑》说：‘外表恭敬，内心戒惧，要使别人在自己身上说不出一点可以挑剔的语言。’”

【注释】

①不相因：不能照样做。因，因循。

【原文】

子曰：“裼、袭之不相因也[①]，欲民之毋相渎也。”

【译文】

孔子说：“在行礼中，有时以敞开礼服露出裼衣为敬，有时以掩着裼衣外面的礼服为敬，不能照样做，为的是不要让人们彼此亵渎。”

【注释】

①极：尽。

【原文】

子曰：“祭极敬不继之以乐[①]，朝极辨不继之以倦。”

【译文】

孔子说："祭祀要尽量表达敬意，不能祭祀完就接着尽情欢乐；朝廷上的事要尽力处理好，不能因为疲倦而最后草草了事。"

【原文】

子曰："君子慎以辟祸，笃以不揜，恭以远耻。"子曰："君子庄敬日强，安肆日偷。君子不以一日使其躬儳焉[①]，如不终日。"子曰："齐戒以事鬼神[②]，择日月以见君，恐民之不敬也。"子曰："狎侮死焉而不畏也。"子曰："无辞不相接也，无礼不相见也，欲民之毋相亵也。《易》曰：'初筮告，再三渎，渎则不告。'"

【注释】

①儳焉：儳然。散乱而无所检束。

②齐戒：斋戒。齐，通"斋"。

【译文】

孔子说："君子要行为谨慎，以此来避免祸患，用笃厚的修养来解除困迫，用恭敬待人来远离耻辱。"孔子说："君子端庄恭敬，从而意志一天比一天强，小人总是安乐淫逸，从而他的品行一天比一天苟且委靡。君子绝不让自己的身心有一天无所检束，如同小人那样惶惶不可终日的样子。"孔子说："斋戒之后来奉祀鬼神，挑选好的日子去拜见国君，这样做，是担心人们的不恭敬。"孔子说："在上位的人如果轻狎侮慢而失去庄重恭敬之心，那么到死人们也不会畏惧。"孔子说："朝聘聚会的时候，如果没有用言辞就不互相接待；如果没有用见面礼，就不互相接见。这样做，为的是让人们不要相互亵渎。《易经》上说：'第一次筮占，是显示吉凶的，但是第二次问、第三次问，就变成亵渎神灵了。既然亵渎神灵，就不再显示吉凶了。'"

【原文】

子言之："仁者天下之表也，义者天下之制也，报者天下之利也[①]。"

【注释】

①报：回报。即以德报德，以怨报怨。

【译文】

孔子说："仁是天下行为的标准；义是裁断天下事物的原则；互相报答是天下行礼的好处。"

【原文】

子曰："以德报德则民有所劝，以怨报怨则民有所惩。《诗》曰：'无言不雠，无德不报。'《大甲》曰：'民非后无能胥以宁，后非民无以辟四方。'"子曰："以德报怨则宽身之仁也[①]，以怨报德则刑戮之民也。"

【注释】

①宽身：用恩惠来回报别人的怨恶，以换取自身的苟安。宽，犹爱。

【译文】

孔子说："用恩惠来报答别人给自己的恩惠，这样人们就会有所劝勉；用怨恨来回报别人对自己的怨恨，这样人们就会有所警戒。《诗经》说：'别人跟我说话，我一定会回答；别人对我有恩惠，我一定会报答。'《大甲》上说：'民众没有君主，就不能相互安宁；君主没有民众，就不能君临四方。'"孔子说："用恩惠来回报别人对自己的怨恨，这是求苟安的人；用怨恨来回报别人对自己的恩惠，这一定是应该刑杀的恶人。"

【原文】

子曰："无欲而好仁者，无畏而恶不仁者，天下一人而已矣。是故君子议道自己，而置法以民。"子曰："仁有三，与仁同功而异情。与仁同功，其仁未可知也；与仁同过，然后其仁可知也。仁者安仁，知者利仁，畏罪者强仁。仁者右也，道者左也；仁者人也，道者义也。厚于仁者薄于义，亲而不尊；厚于义者薄于仁，尊而不亲。道有至，义有考[①]。至道以王，义道以霸，考道以为无失。"

【注释】

①道有至，义有考：郑玄认为这里应作"道有至，有义，有考。"有至，兼有仁义。有义，只有义而没有仁。有考，在以往的旧法中选取某一点来实行。

【译文】

孔子说："自身没有任何私欲，而爱好仁德的，以及自身无所畏惧，而憎恶不仁的，在人世间只有极少数这样的人。因此，君子在议论事理时，一定从自身出发，尽自己能做到的说；而制定法律时，一定要根据民众的实情来制定。”孔子说：“仁的行为有三种情况，施行仁道时功效相同而出发点不同。能够造成与仁的同样的效果，从效果上看，看不出他们各自的出发点是什么；施行仁道时犯了错误，然后就能知道他们各自施行仁的出发点是什么。第一种是有道德的仁爱之人，他们的天性是泛爱众人；第二种是有智慧的人，他们可以有目的地利用仁；第三种是怕犯罪受刑罚的人，他们只是被动地勉强去行仁。仁就像人的右手，道就像人的左手。仁是人情，道是道义。如果过分地偏重于仁，那么义就会做得不够，这样一来人们就会过分亲近他，但不尊敬他；如果过分地偏重于义，那么仁就会做得不够，这样一来人们对他就会尊敬，但不敢去亲近。道有最高的道，有合于法则的道，有择取旧法而成的道。推行最高的道，可以为天下之王；推行合于法则的道，可以称霸诸侯；至于推行择取旧法而成的道，可以避免过失。”

【原文】

子言之：“仁有数，义有长短小大。中心憯怛，爱人之仁也。率法而强之，资仁者也。《诗》云：‘丰水有芑[①]，武王岂不仕？诒厥孙谋，以燕翼子。武王烝哉[②]！’数世之仁也。《国风》曰：‘我今不阅[③]，皇恤我后[④]。’终身之仁也。”

【注释】

①芑：通“杞”，枸杞。

②烝：美。

③阅：容纳。

④皇：通“遑”，没有工夫。

【译文】

孔子说：“仁有几种，有程度高低；义也有几种，有长短大小。发自内心的悲痛，这是爱人的仁；依据法律而强力推行仁，这是借助仁来达到自己的目的。《诗经》说：‘丰水边有杞树，周武王又怎能不惦念天下事？他留给了子孙良谋善策，使他们得享安乐。周武王真是英明伟大的君主啊！’这就是惠及后代的仁。《国风》说：‘我现在尚且不能自容，哪里还有时间忧虑我的后代呢？’这就是有关终生的仁。”

【原文】

子曰：“仁之为器重，其为道远，举者莫能胜也，行者莫能致也。取数多者，仁也。夫勉于仁者，不亦难乎？是故君子以义度人则难为人，以人望人则贤者可知已矣。”

【译文】

孔子说：“仁就像一件沉重的器物，一条遥远的路，提举的人没有谁能胜任，行走的人也没有谁能走完这段路，也只能从程度的比较上，较多地算作仁了。像这样勉力行仁，不是很难吗？所以君子从义理上衡量人，那就很难找到合乎标准的人了；如果用人与人比较，那么就可以知道谁是贤人了。”

【原文】

子曰：“中心安仁者，天下一人而已矣。《大雅》曰：‘德輶如毛[①]，民鲜克举之。我仪图之[②]，惟仲山甫举之，爱莫助之。’《小雅》曰：‘高山仰止，景行行止[③]。’”子曰：“《诗》之好仁如此。乡道而行，中道而废，忘身之老也，不知年数之不足也，俛焉日有孳孳，毙而后已。”

【注释】

①輶（yóu）：轻。

②仪图：揣度。

③景行：大道。

【译文】

孔子说：“从内心里爱好行仁的人是非常少的。《大雅》说：‘道德就像羽毛一样轻，但很少有人能举起它。仔细揣摩一下，唯有仲山甫能举起它，可惜没人能帮助他。’《小雅》说：‘高山为大家所仰望，大路为民众所共行。’”孔子说：“《诗》爱好仁道到了这样的地步。面向大道前进，走到半路因力尽而停止；忘了自己已经衰老，也不知道自己剩下的日子不多了，仍然毫不懈怠，勉励向前，死而后已。”

【原文】

子曰：“仁之难成久矣！人人失其所好。故仁者之过，易辞也。”

【译文】

孔子说：“行仁道难以成功，这已经很长时间了！从而人们已经失去了爱慕仁道的心。所以仁者在理解和实践上难免出现过失，这就很容易理解了。”

【原文】

子曰：“恭近礼，俭近仁，信近情。敬让以行，此虽有过，其不甚矣。夫恭寡过，情可信，俭易容也，以此失之者，不亦鲜乎？《诗》曰：‘温温恭人，唯德之基。’”

【译文】

孔子说：“恭敬接近礼，节俭接近仁，诚信接近真情。如果做人能恭敬谦让，那么即使有过错，也不会太严重。如果为人能够恭敬且少犯错误，真情可以令人信任，节俭就易于被容纳，由于这样做而犯错误的人，不也是很少见的吗？《诗经》说：‘恭敬谦让地待人，这才是道德的根基。’”

【原文】

子曰：“仁之难成久矣，惟君子能之。是故君子不以其所能者病人，不以人之所不能者愧人。是故圣人之制行也，不制以己，使民有所劝勉、愧耻，以行其言。礼以节之，信以结之，容貌以文之，衣服以移之，朋友以极之，欲民之有一也。《小雅》曰：‘不愧于人，不畏于天。’是故君子服其服，则文以君子之容；有其容，则文以君子之辞；遂其辞，则实以君子之德。是故君子耻服其服而无其容，耻有其容而无其辞，耻有其辞而无其德，耻有其德而无其行。是故君子衰、绖则有哀色，端、冕则有

【注释】

①鹈：水鸟名，即鹈鹕。

敬色，甲、胄则有不可辱之色。《诗》云：‘惟鹈在梁[①]，不濡其翼。彼记之子，不称其服。’”

【译文】

孔子说：“行仁道难以成功，这由来已久了，只有君子才能成功。所以君子不会用只有自己做得到的事去责备别人，也不用别人做不到的事去羞辱别人。所以圣人制定规范准则，不用自己的行为作标准，而是使一般人能互相勉励，知道有羞耻心，从而来实行圣人的训导。用礼来节制人，用诚信来团结人，用庄敬的仪容来使人文明，用衣服来改变人的心志，教朋友怎样相处以尽真情：这些都是希望人们一心向善。《小雅》说：‘对人既问心无愧，对天亦心中无畏。’所以君子穿上他们的衣服，就要以君子的仪容来修饰；有了君子的仪容，还要以君子的言辞来文饰；言辞高雅了，还要以君子的道德来充实。所以君子羞愧于只有君子的服饰而没有君子的仪容，羞愧于只有君子的仪容而没有君子高雅的辞令，羞愧于只有君子的辞令而没有君子的美德，羞愧于只有君子的美德而没有君子高尚的行为。所以君子穿了丧服，脸上就会有悲哀的表情；身穿礼服，就会有恭敬的神色；身穿盔甲，脸上就会有威武不可侵犯的神色。《诗经》说：‘鹈鹕在鱼梁上捉鱼，还能够不沾湿它的翅膀；那些没有德行的小人，不配穿上他们的衣服。’”

【原文】

子言之：“君子之所谓义者，贵贱皆有事于天下。天子亲耕[①]，粢盛秬鬯[②]，以事上帝，故诸侯勤以辅事于天子。”

【译文】

孔子说：“君子所谓的义，就是无论尊卑贵贱的人，在天地间都要认真地做各人的事。譬如天子那么尊贵，也要亲自耕田，用黍稷和香酒来尊奉上天，所以各路诸侯也都勤勉地辅佐天子。”

【注释】

①亲耕：古代天子耕籍田，亲自掌犁推行三周，表示劝农。

②秬鬯（jùchàng）：祭祀时灌地所用的酒。

【原文】

子曰："下之事上也，虽有庇民之大德，不敢有君民之心，仁之厚也。是故君子恭俭以求役仁，信让以求役礼，不自尚其事，不自尊其身，俭于位而寡于欲，让于贤，卑己而尊人，小心而畏义，求以事君，得之自是，不得自是，以听天命。《诗》云：'莫莫葛藟[①]，施于条枚。凯弟君子[②]，求福不回[③]。'其舜、禹、文王、周公之谓与。有君民之大德，有事君之小心。《诗》云：'惟此文王，小心翼翼。昭事上帝，聿怀多福。厥德不回，以受方国。'"

【注释】

①葛藟(lěi)：葛藤。

②凯弟：又作"恺悌"，快乐和易。

③不回：常行正路，不走邪道。

【译文】

孔子说："在下位的侍奉在上位的，是理所当然的事，然而在上位的即使有庇护民众的大德，也不敢有君临民众的心意，这是仁爱的深厚。所以君子恭敬节俭，以求服务于仁道；诚信谦让，以求合于礼义，不自己夸耀自己的事业，不自己抬高自己的地位，对地位不奢求，对欲望不放纵，要谦恭让贤，谦卑自己而尊重别人，小心谨慎而怕违背道义；希望能用这样的态度侍奉君主，得意时是这样，失意时也是这样，一切听从天命的安排。《诗经》说：'茂密的葛藤，蔓延缠绕到大树的枝干上；快乐和易的君子，求福不走邪道。'这大概说的是舜、禹、文王、周公吧。因为他们都有治理民众的大德，又有侍奉君主的谨慎小心。《诗经》又说：'周文王恭敬小心，昭明地侍奉上天，得到了许多福利。他的品德高尚，不走邪道，因此受到四方诸侯的拥戴。'"

【原文】

子曰："先王谥以尊名，节以一惠，耻名之浮于行也。是故君子不自大其事，不自尚其功，以求处情；过行弗率[①]，以求处厚；彰人之善，美人之功，以求下贤。是故君子虽自卑而民敬尊之。"子曰："后稷天下之为烈也，岂一手一足哉？唯欲行之浮于名也，故自谓'便人[②]'。"

【注释】

①率：遵循。

②便人：一般习于普通事情的人。

【译文】

孔子说："先王按例为死去的公侯卿大夫加一个谥号，借以尊崇那个人的名声；定谥号时，只是截取那个人的一种突出优点作代表，这是因为不愿意让一个人的名声超过他的实际品行。所以君子不自己夸大自己所做的事，不自己推崇自己的功绩，以求处于情实之中；有了过失的行为，就不再要求别人把自己作为楷模而跟着做，目的是使自己处于仁厚之道；表彰别人的优点而赞美别人的功劳，目的是对贤能的人表示敬意。所以君子虽然自己谦卑，民众却尊敬他。"孔子说："后稷创始农业，建立的是天下的功业，受益的只是一两个人吗？但他为了使自己的行为超过名声，所以就自称一个熟悉种庄稼的人。"

【原文】

子言之："君子之所谓仁者，其难乎。《诗》云：'凯弟君子[①]，民之父母。'凯以强教之，弟以说安之[②]。乐而毋荒，有礼而亲，威庄而安，孝慈而敬，使民有父之尊，有母之亲，如此，而后可以为民父母矣。非至德，其孰能如此乎？今父之亲子也，亲贤而下无能；母之亲子也，贤则亲之，无能则怜之。母亲而不尊，父尊而不亲。水之于民也，亲而不尊，火尊而不亲；土之于民也，亲而不尊，天尊而不亲；命之于民也，亲而不尊，鬼尊而不亲。"

【注释】

①凯弟：凯是欢乐，弟是平易。

②说：通"悦"。

【译文】

孔子说："君子所说的仁，大概是很难做到的吧！《诗经》说：'和乐平易的君子，是民众的父母。'和乐，就是用乐于自强不息的精神教育民众；平易，就是用欢悦的情绪安定民众。做到快乐而不荒废事务，有礼而彼此相亲，威严庄重而安好，孝顺慈爱而恭敬，使民众像尊敬父亲一样尊敬自己，像亲近母亲一样亲近自己，然后就可以做民众的父母了。除非具有极高品德的人，又有谁能够这样呢？现在做父亲的爱儿子，是亲爱贤能的，鄙视无能的；做母亲的爱儿子，是亲爱贤能的，怜爱无能的。所以母亲容易亲近但不够威严，父亲有尊严但很难亲近。就像水对于人来说，是可亲近而不可尊的，火是可尊的但不能亲近的；土地对于人来说，是可亲近而不可尊的，上天是有尊严但无法接近的；命运对人来说，是可亲近但不可尊的，鬼神是有尊严但不可亲近的。”

【原文】

子曰：“夏道尊命，事鬼敬神而远之①，近人而忠焉②，先禄而后威，先赏而后罚，亲而不尊。其民之敝，蠢而愚，乔而野③，朴而不文。殷人尊神，率民以事神，先鬼而后礼，先罚而后赏，尊而不亲。其民之敝，荡而不静，胜而无耻。周人尊礼尚施，事鬼敬神而远之，近人而忠焉，其赏罚用爵列，亲而不尊。其民之敝，利而巧，文而不惭，贼而蔽。”子曰：“夏道未渎辞④，不求备，不大望于民⑤，民未厌其亲。殷人未渎礼，而求备于民。周人强民，未渎神，而赏、爵、刑罚穷矣。”

【注释】

①远之：不以鬼神之道教民。

②近人：近于人情。

③乔：通“骄”，骄狂。

④辞：言辞。引申为政令。

⑤望：侈求。

【译文】

孔子说：“夏代治国原则是尊崇政令，敬奉鬼神但敬而远之，亲近人而待人忠厚。先是发给俸禄而后施与威严，先赏赐后刑罚，所以他们的治国方针是亲切但缺乏尊严。夏代这种政教给民众造成的弊病是，人们鲁钝而愚笨，骄横而放肆，质朴而不文雅。殷代的人尊崇鬼神，国君率领民众来侍奉鬼神，推崇鬼神为先而以礼教为后，以重视刑罚为先而以赏赐为后，所以他们的治国措施是有尊严但不可亲近的。殷代这种政教给民众造成的弊病是，人们放荡而不守本分，争胜免罚而不知羞耻。周代的人推崇礼法，广施恩惠，敬事鬼神，而使之远离政教，亲近人而忠厚待人，赏赐或刑罚的轻重，以爵位的高低作等级，所以他们的政风是可亲近而不可尊的。周代这种政教给民众造成的弊病是，人们贪利取巧，善于文饰而不知羞耻，相互残害而手法隐蔽。”孔子说："夏代政令较简单，对民征税不求充备，不多责求于民，所以民众还没厌弃亲近的感情。殷代的政教简约，但对民征税力求充备。周代强行对民施行教化，虽然没有崇尚鬼神，然而在赏赐晋爵及刑罚等方面的手段已经用到了尽头。"

【原文】

子曰："虞、夏之道寡怨于民，殷、周之道不胜其敝。"子曰："虞、夏之质，殷周之文，至矣。虞、夏之文不胜其质，殷、周之质不胜其文。"子言之曰："后世虽有作者，虞帝弗可及也已矣。君天下，生无私，死不厚其子，子民如父母，有憯怛之爱[①]，有忠利之教，亲而尊，安而敬，威而爱，富而有礼，惠而能散。其君子尊仁畏义，耻费轻实，忠而不犯，义而顺，文而静，宽而有辨。《甫刑》曰：'德威惟威，德明惟明。'非虞帝，其孰能如此乎？"

【注释】

①憯怛（cǎn dá）：忧伤悲苦。

【译文】

孔子说："虞、夏的治国之道质朴单纯，所以民众很少有怨恨的情绪。而殷、周的治国之道，却繁杂到无法克服的地步了。"孔子说："虞、夏的质朴，殷周的文饰，都达到了顶点。虞、夏虽有文饰，但胜不过它的质朴；殷、周虽也有质朴，但远远不如文饰多。"孔子说："后代即使有明王出世，也不可能赶上虞舜了。虞帝治理天下，在世时没有一点私心，死后也不厚待自己的儿子；对待民众犹如父母对待儿子一样，既有发自内心的慈爱，也有忠实利民的教诲；使人感到亲近而又不失尊严，安详而恭敬，既有威严而又感到仁爱，使民众富庶却彬彬有礼，广施恩惠而又没有丝毫偏颇。虞帝的臣下都尊崇仁德而敬畏道义，以浪费为耻而又不看重钱财，忠心耿耿而又不犯上，坚持正义而又态度恭顺，文雅而持重，宽容而有原则。《甫刑》上说：'舜德的威严使人敬畏，舜德的明察善恶受到大家的尊敬。'除非虞舜，还有谁能做到这样呢？"

【原文】

子言之："事君先资其言[①]，拜自献其身，以成其信。是故君有责于其臣，臣有死于其言。故其受禄不诬，其受罪益寡。"子曰："事君大言入则望大利，小言入则望小利。故君子不以小言受大禄，不以大言受小禄。《易》曰：'不家食，吉。'"

【注释】

①资：谋定，考虑好。

【译文】

孔子说："侍奉国君，应该先考虑好治国的大计，然后拜见国君，国君采纳，自己拜受君命，以便实现这一计划。所以国君可以责成他的臣下，而臣下对自己的建议有效死实现的决心。所以侍奉君主的人接受的俸禄，就应该与担当的责任相称，这样遭受罪责就会日益减少。"孔子说："侍奉国君，有大的建议被采纳了，就期望给国家带来大的利益；有小的建议被采纳了，就期望给国家带来小的利益。所以，君子不会因小的建议被采纳而接受大的赏赐，也不会因大的建议被采纳而只接受小的赏赐。《易经》上说：'国君家中有大的积蓄，不是只跟家人享用，而应该招贤授禄，这样才能得到吉利。'"

【原文】

子曰："事君不下达，不尚辞，非其人弗自。《小雅》曰：'靖共尔位，正直是与。神之听之，式谷以女[①]。'"

【注释】

①式：用。以：通"与"，给。

【译文】

孔子说："侍奉国君，不应该向君主陈述自己的私事以图私利，也不要崇尚浮华辞令，如果不是德行高尚的正直君子，就不与他亲近交往。《小雅》说：'认真做好你的本职工作，与正直贤能的人相处。神明能知道这些，就会赐给你福禄的。'"

【原文】

子曰："事君，远而谏，则谄也[①]；近而不谏，则尸利也。"

【注释】

①谄(chǎn)：通"谄"，用卑顺的态度奉承人。

②瑕：胡，为什么。

子曰："迩臣守和，宰正百官，大臣虑四方。"子曰："事君欲谏不欲陈。《诗》云：'心乎爱矣，瑕不谓矣[②]？中心藏之，何日忘之？'"

【译文】

孔子说："侍奉国君，如果与国君疏远的小臣越级献议，就有阿谀奉承的嫌疑；如果在国君左右供职，有事而不进行规劝，那就是白受俸禄不干事，像祭祀中的'尸'一样，徒有虚名了。"孔子说："国君身边的近臣，应当谨守调和国君的品德行为，宰相整治百官；大臣们谋划四方大事。"孔子说："侍奉国君，如果国君有了过失，作为臣下的就应该劝谏而不应当到处宣扬。《诗经》说：'我在心里爱着他，为什么总不告诉他呢？这种感情深深地埋在我心底，何时才能忘记呀？'"

【原文】

子曰："事君难进而易退，则位有序；易进而难退，则乱也。故君子三揖而进，一辞而退，以远乱也。"

【译文】

孔子说："君子侍奉国君，最难的事就是升官，而最容易的事就是主动辞退。这样职位的升降，就井然有序了。如果只图升官，不愿引退下来，那么贤能的人和无能的人就无法分辨了。所以君子宾主相见时，三次作揖然后进门，告辞一次就要退出，这样做就是为了避免混乱。"

【原文】

子曰："事君三违而不出竟[①]，则利禄也。人虽曰不要[②]，吾弗信也。"

【译文】

【注释】

①竟：通"境"。

②要：通"徼"，求也。

孔子说："侍奉国君，如果多次与国君意见不合，而没有离开国境，就是贪图俸禄了。即使别人说他无所企求，我也是不相信的。"

【原文】

子曰："事君慎始而敬终。"子曰："事君可贵可贱，可富可贫，可生可杀，而不可使为乱。"

【译文】

孔子说："侍奉国君，要以谨慎尽忠开始，恭敬勤勉而告终。"孔子说："侍奉国君，国君无论使他地位尊贵、卑贱，还是使他富足、贫乏，甚至可以赦免他的死罪或者杀死他，他都可以接受，但就是不可以使他违背义理地乱来。"

【原文】

子曰："事君，军旅不辟难[①]，朝廷不辞贱。处其位而不履其事，则乱也。故君使其臣，得志则慎虑而从之，否则孰虑而从之，终事而退，臣之厚也。《易》曰：'不事王侯，高尚其事。'"

【注释】

①辟：通"避"。

【译文】

孔子说："侍奉国君的人，在军队中不躲避危险的任务，在朝廷上不推辞卑贱的官职。因为如果处在其位而不行其责，那就会造成混乱。所以国君派臣下办事，如果称心，就慎重考虑后积极从事；如果不称心，就深思熟虑后积极从事，完成使命后就引退，这是做臣子应有的忠厚态度。《易经》上说：'这并不是侍候王公诸侯，而是使自己的志向保持高尚。'"

【原文】

子曰："唯天子受命于天，士受命于君。故君命顺则臣有顺命，君命逆则臣有逆命。《诗》曰：'鹊之姜姜，鹑之贲贲[①]。人之无良，我以为君。'"

【注释】

①姜姜、贲贲：都是争斗凶恶的样子。

【译文】

孔子说："只有天子受命于天，而臣下都是由天子任命的。所以如果国君顺应天命，那么臣子就跟着顺应天命；如果国君违背天命，那么臣子就会跟着违背君命。《诗经》说：'大鹊拼命地在上面争斗，小鹑也死命地在下面争斗。那个人啊没有天良，我却以他为君上。'"

【原文】

子曰："君子不以辞尽人。故天下有道，则行有枝叶；天下无道，则辞有枝叶。是故君子于有丧者之侧，不能赙焉，则不问其所费；于有病者之侧，不能馈焉，则不问其所欲；有客不能馆，则不问其所舍。故君子之接如水，小人之接如醴；君子淡以成，小人甘以坏。《小雅》曰：'盗言孔甘①，乱用是馁②。'"

【注释】

①盗：谗人。

②乱用是馁：因此就带来了祸乱。

【译文】

孔子说："君子不根据一个人的言辞就断定他整个为人。所以当社会风气淳美的时候，人们做的就比说的多；当社会风气浮华的时候，人们说的就比做的多。所以君子在那些有丧事的人旁边，如果不能资助他，就不问人家要多少花费；在病人旁边，如果无力馈赠他，就不问人家需要什么东西；有远方的客人来访，如果不能让客人留住，就不要问人家住在何处。所以君子之间的交情清淡如水，小人之间的交情浓如甜酒；君子之间的交情虽然很淡薄，却能办成大事；小人之间的交情虽然很浓厚，反而会坏事。《小雅》说：'坏话虽然很甜蜜，祸乱却因此而来。'"

【原文】

子曰："君子不以口誉人，则民作忠。故君子问人之寒则衣之，问人之饥则食之，称人之美则爵之。《国风》曰：'心之忧矣，于我归说①。'"子曰："口惠而实不至，怨菑及其身。是故君子与其有诺责也，宁有已怨②。《国风》曰：'言笑晏晏③，信誓旦旦。不思其反④，反是不思，亦已焉哉！'"

【注释】

①说：所悦的人，指忠信的人。

②已：拒绝。

③晏晏：温柔的样子。

④不思：想不到。反：反复，变心。

【译文】

孔子说："君子不用空话称赞人，那么人们就会形成忠实的风气。所以君子询问别人是否感觉到冷，就会送衣服给他穿；询问别人是否感到饥饿，就会送食物给他吃；赞誉某人的品德高尚，就要给以爵位。《国风》说：'你使我感到忧虑！还是和我一起到那些忠信的君子那里去吧！'"孔子说："答应给人家的好处，却不实现，这样做怨恨和灾难就会一起降到你的身上。所以君子不轻易地答应别人的要求，宁愿受到别人的埋怨。《国风》说：'当初你有说有笑，而且赌咒发誓，忠实恳切。谁料到你却反复无常，既然你连往日的诺言都想不起，那也只好恩断义绝。'"

【原文】

子曰："君子不以色亲人。情疏而貌亲，在小人则穿窬之盗也与。"子曰："情欲信，辞欲巧。"

【译文】

孔子说："君子不会装模作样讨好别人。如果感情疏远却装作亲密的样子，这在平民百姓中，不就是钻墙洞的盗贼吗？"孔子说："感情要真实，言辞要美好。"

【原文】

子言之："昔三代明王，皆事天地之神明，无非卜、筮之用，不敢以其私亵事上帝，是故不犯日月，不违卜、筮。卜、筮不相袭也。大事有时日，小事无时日，有筮。外事用刚日[①]，内事用柔日[②]，不违龟、筮。"子曰："牲牷，礼乐齐盛，是以无害乎鬼神，无怨乎百姓。"

【译文】

孔子说："从前夏、殷、周三代的圣王，都祭祀天地神明，做大事没有不用卜筮决定的，不敢以私意亵渎上帝，所以不冲犯

【注释】

①外事：指四郊以外的事，如祭祀天地、兵事等。

②柔日：又叫阴日。即指乙、丁、己、辛、癸五日。

不吉利的日子，不违背卜筮所示的吉凶。用卜了就不要用筮，二者不相重复。大的祭祀要有固定的日子和时刻，小的祭祀就没有固定的时间，只用筮来决定。祭祀天地选用刚日，祭祀宗庙选用柔日，这些都不能违背龟筮的结果。”孔子说：“祭牲、各种礼仪、乐舞以及黍稷等祭品齐盛，因此对鬼神都适意无害，使百姓都满意无怨。”

【原文】

子曰：“后稷之祀易富也[1]，其辞恭，其欲俭，其禄及子孙。《诗》曰：‘后稷兆祀[2]，庶无罪悔，以迄于今。’”

【注释】

①富：备。

②兆：今《毛诗》作“肇”，开始。

【译文】

孔子说：“对后稷的祭祀俭易而完备，祝祷的言辞恭敬，欲望俭素，所获的福禄施及子孙。《诗经》说：‘自从后稷开始祭祀，希望没有什么遗憾，一直受福到了今天。’”

【原文】

子曰：“大人之器威敬。天子无筮。诸侯有守筮[1]。天子道以筮。诸侯非其国不以筮，卜宅寝室。天子不卜处大庙。”

【注释】

①守筮：守国的筮。有事然后用。

【译文】

孔子说：“身居高位的人的器物，很有威严，很受敬重。天子用卜不用筮。诸侯在国居守，有事才占筮。天子出行在路上就占筮。诸侯不在自己的封国内就不用占筮，但改换居室寝宫要用占卜来决定。天子的太庙建在何处不必用占卜。”

【原文】

子曰：“君子敬则用祭器。是以不废日月，不违龟筮，以敬事其君长。是以上不渎于民，下不亵于上。”

【译文】

孔子说："君子为了表示恭敬，宴飨时就用祭祀的器皿。所以臣下都按照规定来卜筮谒见君长的日子，不违背龟筮的结果，这样来恭敬地侍奉自己的君长。所以在上位的人不亵渎民众，在下位的人也不轻慢上面的人。"

缁　衣

【原文】

子言之曰："为上易事也，为下易知也，则刑不烦矣。"

【译文】

孔子说："如果做君主的不苛虐，臣子就容易侍奉；如果做臣子的忠诚，君主就很容易了解。这样一来刑罚就不繁多了。"

【注释】

①试：用。

②仪刑：效法。

③孚：信。

【原文】

子曰："好贤如《缁衣》，恶恶如《巷伯》，则爵不渎而民作愿，刑不试而民咸服[①]。《大雅》曰：'仪刑文王[②]，万国作孚[③]。'"

【译文】

孔子说："如果能像《缁衣》篇里所说的那样爱好贤能之人，像《巷伯》篇里所说的那样憎恨恶人，那么君主就不会把官爵随便赏人，而民众也就形成了忠厚的风气，不必动用刑罚，而人民都会恭敬服从。《大雅》篇说：'只有效法周文王，万国才会兴起诚信。'"

【注释】

①格：本，至。

②遁：逃。

③倍：通"背"，背叛。

④孙（xùn）：通"逊"，顺从。

⑤匪：通"非"。命：政令。

【原文】

子曰："夫民教之以德，齐之以礼，则民有格心[①]。教之以政，齐之以刑，则民有遁心[②]。故君民者，子以爱之，则民亲之；信以结之，则民不倍[③]；恭以莅之，则民有孙心[④]。《甫刑》曰：'苗民匪用命[⑤]，制以刑，惟作五虐之刑，曰法。'是以民有恶德，而遂绝其世也。"

【译文】

孔子说："用道德来教育民众，用礼来约束民众，那么民众就有进取向善的愿望。用政令来教育民众，用刑罚来约束民众，那么民众就有逃避刑罚的想法。所以统治者像爱护自己的儿女那样来爱护民众，那么民众就会亲近他；用诚实的态度来团结民众，那么民众就不会背叛他；用恭敬的态度来对待民众，那么民众就会有顺服之心。《甫刑》上说：'苗民（的君主）不用政令来教育民众，用刑罚来制裁民众，于是制定了五种酷刑而称作法。'因此他们的民众品行日益恶劣，最终绝了后代。"

【原文】

子曰："下之事上也，不从其所令，从其所行。上好是物，下必有甚者矣。故上之所好恶，不可不慎也，是民之表也。"子曰："禹立三年，百姓以仁遂焉[①]，岂必尽仁？《诗》云：'赫赫师尹，民具尔瞻。'《甫刑》曰：'一人有庆，兆民赖之。'《大雅》曰：'成王之孚，下土之式。'"子曰："上好仁，则下之为仁争先人。故长民者章志，贞教，尊仁，以子爱百姓，民致行己，以说其上矣[②]。《诗》云：'有梏德行[③]，四国顺之。'"

【注释】

①遂：达，成。

②说（yuè）：通"悦"。③梏：高大、正直的样子。

【译文】

孔子说："下级侍奉上级，不是听从他的命令，而是追随他的行为。上级爱好某种东西，下级一定会比他爱得更甚。所以上级的好恶，不可不慎重，因为他是民众的表率。"孔子说："禹登君位才三年，老百姓在仁德方面就有所成就，难道他们的本性就一定都喜欢仁德吗？《诗经》说：'地位显赫的尹太师啊，民众都在注视着您呢！'《甫刑》上说：'天子一人有了善德，那么天下万民就会因此得到好处。'《大雅》说：'周成王的诚信，是天下人民的楷模。'"孔子说："在上位的人喜好仁，在下位的人就会争先行仁，唯恐落后。所以领导民众的人，就应该表明自己行仁的志向，用政道教化民众，尊崇仁德，爱护百姓，民众就会去努力修养品行，来取悦领导的欢心了。《诗经》说：‘有正直高尚的德行，四方诸侯都会顺从。’”

【原文】

子曰：“王言如丝，其出如纶；王言如纶[1]，其出如綍[2]。故大人不倡游言。可言也不可行，君子弗言也；可行也不可言，君子弗行也。则民言不危行[3]，而行不危言矣。《诗》云：‘淑慎尔止，不諐于仪[4]。’”

【注释】

①纶：带子。

②綍：通“绋”，引棺的大绳索。

③危：通“诡”，违背。

④諐（qiān）：过失。

【译文】

孔子说：“君王所说的话本来如丝那么细小，可是传到臣民的耳中，却变成带子那样粗大；如果君王所说的话真有带子那样粗大，那么传到臣民耳中，就会变成引棺的大绳那样粗大了。所以在上位的人不应提倡虚浮不实的言论。可说而不可做的话，君子不说；可做而不可说的事，君子不做。如果能够做到这样，那么民众就会言行相符，言论不会超出行为，行为也不会超越言论。《诗经》说：‘好好地谨慎行动，不要在礼仪上出现过失。’”

【原文】

子曰：“君子道人以言[1]，而禁人以行。故言必虑其所终，而行必稽其所敝，则民谨于言而慎于行。《诗》云：‘慎尔出话，敬尔威仪。’《大雅》曰：‘穆穆文王，於，缉熙敬止[2]。’”

【注释】

①道（dǎo）：通“导”，引导。

②缉熙：品德光明正大的样子。

【译文】

孔子说：“君子用语言教导人向善，使他们忠信，用行动谨防人学坏。所以说话必须考虑它的后果，而行动必须核查是否有弊端，那么，民众就会谨言慎行了。《诗经》说：‘你开口说话要谨慎，举止行为要威仪。’《大雅》说：‘端庄恭敬的周文王，啊，品德高尚而又恭谨。’”

【原文】

子曰："长民者衣服不贰[①]，从容有常，以齐其民，则民德一。《诗》云：'彼都人士，狐裘黄黄。其容不改，出言有章。行归于周，万民所望。'"

【注释】

①贰：差池。

【译文】

孔子说："作为领导民众的人，服装样式不变，举止仪表要有一定的规矩，用以约束民众，这样民众的道德才会有统一的准则。《诗经》说：'那些京都的人士，个个都在狐皮袍上罩上黄衫。他们的仪容不改，说话出口成章。行为以忠信为本，因而受到万民的敬仰。'"

【原文】

子曰："为上可望而知也，为下可述而志也，则君不疑于其臣，而臣不惑于其君矣。《尹诰》曰：'唯尹躬及汤，咸有一德。'《诗》云：'淑人君子，其仪不忒[①]。'"

【注释】

①忒(tè)：差错。

【译文】

孔子说："做君主的人光明磊落使人一见就知他的心思，做臣下的言行可称述记载，君主就不会怀疑他的臣下，而臣下也就不疑惑他的君主了。《尹诰》说：'伊尹自身和汤，都有纯一的道德。'《诗经》说：'那位善人君子，举止仪容没有差错。'"

【原文】

子曰："有国者，章善瘅恶[①]，以示民厚，则民情不贰。《诗》云：'靖共尔位[②]，好是正直。'"

【注释】

①瘅：憎恨。

②靖：安。共：通"恭"。

【译文】

孔子说："拥有国家的君主，表彰正义而憎恨邪恶，以此来让民众知道自己治理国家的深厚之情，这样民众就会立志向善，专一不二。《诗经》说：'安分恭敬地做好本职工作，亲近正直贤良的人。'"

【注释】

①援：引。

②板板：反复无常的意思。

③瘅：病。

④共：通"恭"，指忠于职守。

⑤邛：辛劳。

【原文】

子曰："上人疑，则百姓惑；下难知，则君长劳。故君民者，章好以示民俗，慎恶以御民之淫，则民不惑矣。臣仪行，不重辞，不援其所不及①，不烦其所不知，则君不劳矣。《诗》云：'上帝板板②，下民卒瘅③。'《小雅》曰：'匪其止共④，惟王之邛⑤。'"

【译文】

孔子说："在上位的人多疑，那么老百姓就会迷惑；在下位的人虚伪奸诈，那么君主就会格外劳神。所以统治者应该表明自己的爱好，用以引导民众的风俗趋向；禁戒罪恶的行为，用以控制民众的贪淫，这样民众就不迷惑了。臣下按照义的要求行事，不注重浮华辞令，不要求君主做力所不及的事，也不烦扰他所不能知的事，那么君主就不会劳苦了。《诗经》说：'君主乖戾暴横，下民就都要遭殃。'《小雅》说：'不是他们奉行职责，只是造成君王的劳苦大增。'"

【注释】

①迪：道。

【原文】

子曰："政之不行也，教之不成也，爵禄不足劝也，刑罚不足耻也，故上不可以亵刑而轻爵。《康诰》曰：'敬明乃罚。'《甫刑》曰：'播刑之不迪①。'"

【译文】

孔子说："政令之所以不能推行，教化之所以不能成功，是爵禄的赏赐不足以鼓励人们向善，刑罚的实施不足以使人感到羞耻，因此居上位的人不可以滥用刑罚而轻易将爵禄赏人。《康诰》上说：'施用刑罚一定要谨慎公平。'《甫刑》也说：'施用刑罚于不遵循道义的人。'"

【原文】

子曰："大臣不亲，百姓不宁，则忠敬不足，而富贵已过也。大臣不治，而迩臣比矣[①]。故大臣不可不敬也，是民之表也。迩臣不可不慎也，是民之道也。君毋以小谋大，毋以远言近，毋以内图外，则大臣不怨，迩臣不疾，而远臣不蔽矣。叶公之顾命曰[②]：'毋以小谋败大作，毋以嬖御人疾庄后[③]，毋以嬖御士疾庄士，大夫、卿、士。'"

【注释】

①迩臣：近臣。比：私下相亲。

②顾命：临死前的遗言。

③嬖(bì)御人：指宠妾。庄后：端庄得体的后妃。

【译文】

孔子说："大臣不亲近君主，致使百姓不得安宁，这是君臣之间的忠诚和敬重不够，而他们的富贵已远远超过他们应得的程度造成的。这样一来，大臣不愿为国君治理国政，而近臣就会趁机结党营私，欺骗国君。所以国君对大臣不能不恭敬，因为大臣是人民的表率；国君对近臣不能不谨慎防范，因为近臣是民众联系国君的途径。国君不要和小臣商议大臣的事，不要和远臣谈论近臣的事，也不要与内臣图谋外臣的事，能做到这样，大臣就不会抱怨，而近臣就不会忌妒，远臣就不会被人阻隔蒙蔽了。叶公的临终遗嘱说：'不要用小臣的计谋来破坏了大臣的作为，不要因为宠爱的姬妾而忌恨庄重的皇后，也不要因为宠幸的小臣而排斥庄重得礼的重臣。'"

【原文】

子曰："大人不亲其所贤，而信其所贱，民是以亲失，而教是以烦。《诗》云：'彼求我则，如不我得。执我仇仇[①]，亦不我力。'《君陈》曰：'未见圣，若己弗克见[②]。既见圣，亦不克由圣[③]。'"

【注释】

①仇仇：犹"謷謷"，傲慢。

②克：能。

③由：用。

【译文】

孔子说："在上位的人不亲近贤人，而信任那些卑鄙小人，那么民众就会因此失去亲近的人，而教化也会由此变得紊乱了。

《诗经》说：‘当初君王求我从政时，好像唯恐得不到我。等得到我后，反而怠慢我，不肯重用我。’《君陈》上说：‘当人们没有见到圣人时，好像自己不可能见到；见到圣人之后，却又不能应用圣人。’”

【原文】

子曰：“小人溺于水，君子溺于口，大人溺于民，皆在其所亵也。夫水近于人而溺人；德易狎而难亲也[1]，易以溺人；口费而烦[2]，易出难悔，易以溺人；夫民闭于人而有鄙心[3]，可敬不可慢，易以溺人。故君子不可以不慎也。《太甲》曰：‘毋越厥命[4]，以自覆也[5]。’‘若虞机张，往省括于厥度则释[6]。’《兑命》曰：‘惟口起羞，惟甲胄起兵，惟衣裳在笥，惟干戈省厥躬。’《太甲》曰：‘天作孽可违也，自作孽不可以逭[7]。’《尹诰》曰：‘惟尹躬天见于西邑夏，自周有终，相亦惟终。’”

【注释】

①狎：轻狎，轻慢。

②费：说空话。

③闭：阻塞。

④厥：其。

⑤覆：败。

⑥括：矢括。指箭的末端。度：打算射箭的角度。释：放。

⑦逭（huàn）：逃避。

【译文】

孔子说：“小人由于爱玩水常常被水淹没；君子由于喜欢议论，常常以此招致怨恨；在上位的人则常常被淹没在民众的洪流里，都是在于他们有所轻慢不忿造成的。水接近人而能淹没人；有德的人容易接近，却很难亲近，因此容易让人有沉溺于大水之感；人们喜欢说空话而且唠唠叨叨，可是话容易出口，却难以追悔，所以也就容易招致灭顶之灾；一般的百姓闭塞于人情事理，却存有卑贱的心理，对他们只可敬重不可怠慢，否则他们很容易淹没人。因此，君子是不可以不慎重的。《太甲》说：‘不要轻易发布命令，而自取覆败’；‘治理人民，应该审慎。就像打猎的人，先要张开弓弦，等瞄准了目标再放箭。’《说命》说：‘嘴用来说话，但会招来羞辱，盔甲是抵御敌人的，却能引起战争。朝服祭服是穿着行礼的，不用就妥善放在箱子里。盾牌和矛戈是用于征讨的，要严于反省，不可妄加无辜。’《太甲》说：‘上天降给我们的灾难，我们还可以躲避；自己招来的灾难，是无处逃避的。’

《尹诰》说：‘我伊尹的先祖曾看到夏代西邑的政局，夏代的君主用忠信治国而多得善终，辅助君主的臣子也都能善终。’”

【原文】

子曰：“民以君为心，君以民为体。心庄则体舒[①]，心肃则容敬。心好之，身必安之；君好之，民必欲之。心以体全，亦以体伤；君以民存，亦以民亡。《诗》云：‘昔吾有先正，其言明且清。国家以宁，都邑以成，庶民以生。’‘谁能秉国成，不自为正，卒劳百姓。’《君雅》曰[②]：‘夏日暑雨，小民惟曰怨。资冬祁寒，小民亦惟曰怨。’”

【注释】

①庄：通“壮”，大的意思。

②《君雅》：当作《君牙》。君牙是周穆王的大司徒。

【译文】

孔子说：“民众把君主当做心脏，君主把民众当做身体。心胸宽广，那么身体就会安舒，心情严肃，那么容止就恭敬。心中有所爱好，那么身体一定会去适应；君主所爱好的，民众必定想做到。心脏因身体的保护才不会受损害，但也因身体的不健康而受到损害；君主因为有了民众的拥戴才得以生存，但也会因为民众的不满而导致灭亡。《诗经》说：‘从前我们有位先世的贤臣，他讲的话通达事理而且公正严明。国家得以安宁，城市得以繁荣，民众也都安居乐业。’‘但在今天谁又能执掌国家的大事而取得成功呢？他们自己居官不正，最终劳苦老百姓了。’《君牙》上说：‘夏天炎热而多雨，小民只顾抱怨老天；而到了冬天酷寒，小民也埋怨天。’”

【原文】

子曰：“下之事上也，身不正，言不信，则义不一，行无类也。”

【译文】

孔子说：“臣下侍奉君主，如果自身不正，言而无信，那么情义就不能专一，行为也就不像人臣了。”

【原文】

子曰："言有物而行有格也，是以生则不可夺志。死则不可夺名。故君子多闻，质而守之[1]；多志，质而亲之；精知，略而行之[2]。《君陈》曰：'出入自尔师虞、庶言同[3]。'《诗》云：'淑人君子，其仪一也。'"

【注释】

①质：质正，即证明是正确的。

②略：精要。

③师：众。虞：考虑。

【译文】

孔子说："说话要用事实验证，而行为是有一定规则的，所以活着的时候不能没有坚定不移的志向，死后也不可被剥夺名声。因此，君子要多见博闻，正确的就坚守不移；要多结识人才，选择主要的而加以亲近；学问要博大精深，运用其精要的加以实行。《君陈》上说：'内外政令都应该采纳众人的意见，要使大家的意见一致再实施。'《诗经》说：'那位善人君子，仪容行为始终如一。'"

【原文】

子曰："唯君子能好其正，小人毒其正。故君子之朋友有乡[1]，其恶有方。是故迩者不惑，而远者不疑也。《诗》云：'君子好仇[2]。'"

【注释】

①乡：通"向"，方向。

②仇：匹，朋友。

【译文】

孔子说："只有君子能爱好正直的德行，而品行低劣的小人则最厌恶正直的德行。因此君子有志同道合的朋友，也有共同的好恶。所以，接近他们的人对他们无所迷惑，而远离他们的人也不生怀疑。《诗经》说：'君子喜欢品德相当的朋友。'"

【原文】

子曰："轻绝贫贱而重绝富贵，则好贤不坚而恶恶不著也，人虽曰不利，吾不信也。《诗》云：'朋友攸摄[1]，摄以威仪。'"

【注释】

①攸：所。摄：辅助，佐理。

【译文】

孔子说："容易与贫贱而贤能的朋友绝交，而难于与富贵而邪恶的朋友绝交，这就是好贤之心不坚定，而疾恶之心不显明，即使有人说这种人不是为了个人的私利，我也不相信。《诗经》说：'朋友相辅正，辅正用礼义。'"

【原文】

子曰："私惠不归德[1]，君子不自留焉。《诗》云：'人之好我，示我周行。'"

【注释】

①私惠：私下赠送礼物。

【译文】

孔子说："私自把恩惠施给别人而不符合德义，君子不把这样的人留在身边。《诗经》说：'人如喜欢我，指示我大道。'"

【原文】

子曰："苟有车必见其轼，苟有衣必见其敝[1]，人苟或言之必闻其声，苟或行之必见其成。《葛覃》曰：'服之无射[2]。'"

【注释】

①敝：通"蔽"，遮蔽。

②射：厌倦。

【译文】

孔子说："如果有车，就一定能看到车前的横木；如果有衣服，就一定可以看到用它遮蔽身体；如果有人在讲话，就一定能听到声音；如果有人真在做事，就一定会看到结果。《葛覃》说：'衣服穿不厌。'"

【原文】

子曰："言从而行之，则言不可饰也；行从而言之，则行不可饰也。故君子寡言而行以成其信，则民不得大其美而小其恶。《诗》云：'白圭之玷，尚可磨也。斯言之玷，不可为也。'《小雅》曰：'允也君子，展也大成。'《君奭》曰[1]：'昔在上帝，周田观文王之德，其集大命于厥躬。'"

【注释】

①《君奭》：周公给召公的信。

【译文】

孔子说："依照所说的话去做，那么所说的话就不可掩饰；依照着所做的事去说，那么所做的事就不可掩饰。因此君子顾及自己的言论而行事，来成全个人的威信，这样民众就不能随意地夸大他的优点，而掩饰他的缺点了。《诗经》说：'白玉上面的污点，还可以琢磨干净。但说的话有了毛病，就无法挽回了。'《小雅》说：'诚信的君子，真诚而有大成就。'《君奭》上说：'以前上天慎重地观察文王的德行，才将伟大的使命降于他身上。'"

【原文】

子曰："南人有言，曰：'人而无恒，不可以为卜筮。'古之遗言与。龟、筮犹不能知也，而况于人乎？《诗》云：'我龟既厌，不我告犹。'《兑命》曰：'爵无及恶德，民立而正事。''纯而祭祀，是为不敬，事烦则乱，事神则难。'《易》曰：'不恒其德，或承之羞。''恒其德贞，妇人吉，夫子凶。'"

【译文】

孔子说："南方人有句话说：'人如果性行无常，就不能替他卜筮。'这大概是古人留下的一句话吧！这种人的吉凶连龟筮都不知道，何况是凡人呢？《诗经》说：'我们的灵龟都已经厌烦了，不再把谋划的吉凶告诉我们了。'《说命》说：'爵禄不要赏赐给品行恶劣的人，否则，人们将视之为效仿的目标。''事情繁杂而进行祭祀，这是对鬼神最大的不敬。事情繁杂，就扰乱了典礼，祭祀鬼神也难以得福。'《易经》说：'如果不能恒久地保持美德，有时就会受到羞辱。'又说：'占问保持恒久的德行，对于女子可获吉祥，对于男子则有凶险。'"

儒 行

【原文】

鲁哀公问于孔子曰："夫子之服，其儒服与？"孔子对曰："丘少居鲁，衣逢掖之衣；长居宋，冠章甫之冠。丘闻之也，君子之学也博，其服也乡，丘不知儒服。"

【译文】

鲁哀公问孔子说："先生穿的衣服，是儒者的服饰吗？"孔子回答说："我孔丘小时候住在鲁国，穿鲁国人常穿的大袖子单衣；长大后居住在宋国，戴宋国人所戴的章甫冠。我听说过这样的话，君子的学问要广博，穿衣服要入乡随俗。我不知道什么样的服装是儒者所特有。"

【原文】

哀公曰："敢问儒行。"孔子对曰："遽数之不能终其物[①]，悉数之乃留[②]，更仆未可终也[③]。"

【注释】

①遽：急。

②留：久。

③更：替换。

【译文】

哀公又问："请问儒者的行为准则是什么？"孔子回答说："急匆匆地述说，不能将这些事情完全说清；如果要将其全部细说清楚，需要很长的时间，以致等到仆侍换班的时候，也还不能说完。"

【原文】

哀公命席。孔子侍，曰："儒有席上之珍以待聘，夙夜强学以待问，怀忠信以待举[①]，力行以待取：其自立有如此者。

【注释】

①待举：等待举荐。

【译文】

哀公命人铺设坐席。孔子陪侍一旁，说："儒者有如席上的国宝，等待诸侯行聘时使用；早晚加强学习，来等待别人询问；心怀忠信，来等待推举；尽力而行，以等待别人录取：儒者自立于世就是像这样的。

【原文】

"儒有衣冠中[①]，动作慎；其大让如慢，小让如伪；大则如威，小则如愧；其难进而易退也，粥粥若无能也[②]：其容貌有如此者。

【注释】

①中：正。

②粥粥：谦卑的样子。

【译文】

"儒者穿戴适中，不异于常人，举止、动作谨慎。对于大事而辞让，似有傲慢之情；对于小事而辞让，却有如虚伪。处理大事审慎，有畏惧之色；处理小事恭谨，似有惭愧之色，唯恐做不好。他们不愿与人争，但愿退让，柔弱谦卑的样子好像是无能之辈：儒者的容貌就是像这样的。

【原文】

"儒有居处齐难[①]，其坐起恭敬，言必先信，行必中正，道涂不争险易之利，冬夏不争阴阳之和，爱其死以有待也，养其身以有为也：其备豫有如此者[②]。

【注释】

①齐难：庄重、恐惧。

②备：防祸害。豫：先行善道。

【译文】

"儒者平日起居的态度十分庄重小心，无论坐或立都非常恭敬。说话必以信用为先，行为必定中正不偏。在行路上，不与人争平坦险阻；冬天夏天，不与人争暖和凉快的住处。珍惜生命，为了有所等待，以发挥作用的机会；保养身体，是希望有所作为：儒者预先准备的功夫就是像这样的。

【原文】

“儒有不宝金玉，而忠信以为宝；不祈土地[①]，立义以为土地；不祈多积，多文以为富；难得而易禄也[②]，易禄而难畜也。非时不见，不亦难得乎？非义不合，不亦难畜乎？先劳而后禄，不亦易禄乎？其近人有如此者。

【注释】

①不祈：不贪图。

②易禄：轻视高官厚禄。

【译文】

“儒者不以金玉为宝，而把忠信当做宝；不祈求拥有土地，而把建立道义当做立身的土地；不祈求聚敛财富，而把具有渊博的知识作为富有。儒者很难得到，而容易供养，容易供养而难以驯服。不是政治清明的时代，儒者隐居不仕，这不是很难得到吗？如果国君的行为不合义理，他们就不予合作，这岂不是很难驯服吗？他们以事业为先，受禄为后，这不是很容易供养吗？儒者接近人的原则是像这样的。

【原文】

“儒有委之以货财，淹之以乐好[①]，见利不亏其义；劫之以众，沮之以兵[②]，见死不更其守[③]；鸷虫攫搏不程勇者，引重鼎不程其力；往者不悔，来者不豫；过言不再，流言不极，不断其威，不习其谋：其特立有如此者。

【注释】

①淹：腐蚀。

②沮：恐怖。

③更：改变。

【译文】

“对于儒者，当给他财物或用娱乐去腐蚀他时，他不会见利而忘义；用众人去威胁他，用兵器去恐吓他，即使在死亡面前他也不变更操守；遇到凶禽猛兽，就奋不顾身地去搏击，而不是先衡量自己的勇力；遇到要举重鼎，尽力而为，不考虑自身的体力够不够；对于自己做过的事，不再追悔，对于未来的事，不预先妄加猜测；说错的话不会再说；对于流言飞语，不屑于穷根究底，始终保持自己的威严；只要应该做的，不反复考虑才决定去做：儒者的独特就是像这样的。

【注释】

①溽：恣意讲究滋味。

【原文】

“儒有可亲而不可劫也，可近而不可迫也，可杀而不可辱也。其居处不淫，其饮食不溽[①]，其过失可微辨而不可面数也：其刚毅有如此者。

【译文】

“儒者可以亲近，但不可以威胁；可以接近，而不可以强迫；可以杀掉，而不可以侮辱。他们对住处不追求奢侈华丽，饮食也不讲究，有了过失可以委婉地辨析而不可当面指责：儒者的刚毅就是像这样的。

【原文】

“儒有忠信以为甲胄，礼义以为干橹，戴仁而行，抱义而处，虽有暴政，不更其所：其自立有如此者。

【译文】

“儒者将忠信当做像铠甲头盔一样的护身装备，把礼义作为像大小盾牌一样的防御武器；头戴仁而行，怀抱义而居，即使国家遇到暴虐的政治，也不改变他们所立的操守：儒者的自立就是像这样的。

【注释】

①易衣而出：全家只有一件像样的衣服，谁出门谁穿。易衣，轮换着穿衣。

②谄：奉迎巴结，谄媚。

【原文】

“儒有一亩之宫，环堵之室，筚门，圭窬，蓬户，瓮牖，易衣而出[①]，并日而食。上答之，不敢以疑；上不答，不敢以谄[②]：其仕有如此者。

【译文】

“儒者有一亩地的宅院，住着周围一丈见方的房间；门是用树枝编成的，只有一扇小门，用蓬草来遮掩，用破瓦器为边框做的圆窗；全家只有一件像样的外衣，谁出门就换上这件衣服，两天吃一天的饭。国君答应采纳他的建议，他就不敢产生怀疑；国君不采用他的建议，他也绝不去取媚于人：儒者对于做官的态度就是像这样的。

【原文】

“儒有今人与居，古人与稽[①]；今世行之，后世以为楷；适弗逢世，上弗援，下弗推，谗谄之民有比党而危之者，身可危也，而志不可夺也；虽危，起居竟信其志[②]，犹将不忘百姓之病也：其忧思有如此者。

【注释】

①稽：合。

②起居：犹言一举一动。

【译文】

“儒者虽与当今之人一起居住，思想行为却与古人相合；儒者今世的行为，可以作为后世学习的榜样；如果没有遇到政治清明的时代，上边得不到国君的提拔，下边也得不到基层官吏的推举，造谣之徒又相互勾结来危害他，他却身遭害，志操不可动摇；虽处危境举动行事终究要伸展他的志向，仍将念念不忘百姓的患难疾苦：儒者的忧国思民之心就是像这样的。

【原文】

“儒有博学而不穷，笃行而不倦[①]，幽居而不淫，上通而不困，礼之以和为贵，忠信之美，优游之法，举贤而容众，毁方而瓦合：其宽裕有如此者[②]。

【注释】

①笃：纯。

②宽裕：指胸襟开阔。

【译文】

“儒者有广博的学识而不停止学习，切实地实行而不厌倦，隐居独处而不做淫邪放纵之事，上通达仕于君上而不会为政务所困窘，以礼待人、以和为贵，具有忠信的美德，优游从容的风度，思慕贤人而又能团结众人，犹如磨毁自己方正的棱角而融合众人，犹如房瓦之切合：儒者的宽广胸怀就是像这样的。

【原文】

“儒有内称不辟亲[①]，外举不辟怨，程功积事[②]，推贤而进达

【注释】

①称：推举。辟：通“避”。

②程：较量，考核。

之。不望其报，君得其志；苟利国家，不求富贵：其举贤援能有如此者。

【译文】

“儒者推荐贤人，对内不会因为亲属关系而不推举；对外不会因为此人和自己有私仇而不推荐。在推举前，对被推举人的功业、历年的事迹进行考核，推荐贤能而使他们获得任用。推举贤者，并不企望对方报答，但求如国君用贤的心愿，只要有利于国家，不是通过荐贤来求得个人富贵：儒者推举引用贤能的人就是像这样的。

【注释】

①任举：保举和推荐。

【原文】

“儒有闻善以相告也，见善以相示也，爵位相先也，患难相死也，久相待也，远相致也：其任举有如此者[①]。

【译文】

“儒者之间，听到有益的话就相互告知，看到好的行为就相互传示。在爵位面前，朋友之间互相谦让；在患难面前，就争相捐躯。有的友人长期不得志，自己愿意等待与他一同出仕；有的友人在远方不得志，就想方设法招致他来入仕：儒者任用和推荐志同道合的友人就是像这样的。

【注释】

①澡身：犹言洁身。浴德：沐浴于德，即以道德自律。

②深：地位低下的人。

③不沮：不废弃己志，即不放弃个人的理想。

【原文】

“儒有澡身而浴德[①]，陈言而伏，静而正之，上弗知也；粗而翘之，又不急为也；不临深而为高[②]，不加少而为多；世治不轻，世乱不沮[③]；同弗与，异弗非也：其特立独行有如此者。

【译文】

“儒者洁身自好不为污浊所染，处处以道德自律。陈述自己的建议而静听君命，并默默地坚持正道。如果国君不理解他，就略加启发，又不急于求成。在地位低下的人面前，不显示自己的高贵，不夸大自己的功绩。遇到盛世，群贤并处而不自轻；遇到乱世，坚守正道而不沮丧。与自己观点相同的人，不和他结党营私；与自己观点不同的人，也不对他妄加非议：儒者的特立独行就是像这样的。

【原文】

“儒有上不臣天子，下不事诸侯，慎静而尚宽，强毅以与人，博学以知服，近文章，砥厉廉隅[①]，虽分国，如锱铢，不臣不仕：其规为有如此者。

【注释】

①砥厉：即“砥砺”，磨刀石，精为砥、粗为砺。

【译文】

“儒者有上不为天子的，下不侍奉于诸侯的；谨慎安详而崇尚宽和，坚强刚毅而又善于与人交，学识渊博又能服膺贤人。亲近礼乐法度，以磨砺个人方正的品格。即使把国家分封给他，在他看来却像小事一样微不足道，不愿臣服于人，也不愿出仕做官：儒者规范自己的行为就是像这样的。

【原文】

“儒有合志同方，营道同术[①]，并立则乐，相下不厌[②]，久不相见，闻流言不信。其行本方立义，同而进，不同而退：其交友有如此者。

【注释】

①术：方法。

②不厌：不嫌弃。

【译文】

“儒者有志同道合的朋友，方向一致，营求道义，路数相同，并立于世就都高兴；如地位互有上下高低，彼此也不嫌弃。与友人长期不见，听到关于他的流言飞语，自己绝不相信。他们的行为要本于方正，建立于道义之上。与自己志同道合的，就接近与他交往；与自己志向不同的，就退避疏远：儒者交朋友的原则就是像这样的。

【原文】

【注释】

①孙：通“逊”。

“温良者，仁之本也；敬慎者，仁之地也；宽裕者，仁之作也；孙接者[1]，仁之能也；礼节者，仁之貌也；言谈者，仁之文也；歌乐者，仁之和也；分散者，仁之施也。儒者皆兼此而有之，犹且不敢言仁也：其尊让有如此者。

【译文】

“温柔善良，是仁的根本；恭敬谨慎，是仁的土壤；宽宏大量，是仁的行动；谦逊待人，是仁的功能；礼节是仁的外貌；说话谈吐高雅，是仁的文化；吹歌弹唱，是仁的和谐；分散钱财，赈济贫穷，是仁的布施。儒者兼有这几种美德，尚且不敢自称达到仁了：儒者恭敬谦让就是像这样的。

【原文】

“儒有不陨获于贫贱[1]，不充诎于富贵[2]，不慁君王[3]，不累长上，不闵有司[4]，故曰‘儒’。今众人之命儒也妄，常以‘儒’相诟病。”

【注释】

①陨获：困迫失志的样子。

②充诎：充，盈满。诎，失节。

③慁：辱。

④闵：病，患害。

【译文】

“儒者不因为贫贱困迫而丧失意志，不因富贵享乐而骄奢失节；不因君王的困辱、卿大夫的恐吓，不因官吏的刁难而远道失常，因此叫做‘儒’。现在人们对‘儒’的看法是不正确的，故而常常拿‘儒’者这个名称来相互羞辱。”

【原文】

孔子至舍。哀公馆之：“闻此言也，言加信，行加义，终没吾世，不敢以儒为戏。”

【译文】

孔子至馆舍，鲁哀公款待他，说：“听了前面你说的话后，知道儒者的言论更加可信，行为更加合理，一直到我死也不敢拿儒者来开玩笑了。”